Richard Süßmeier

Der Napoleon der Wirte

Im Andenken an meine Mama.

*Meinen Kindern Barbi und Michi
und meiner Frau gewidmet.*

Richard Süßmeier

Der Napoleon der Wirte

*Geschichten aus dem Leben
eines Münchner Originals*

Aufgezeichnet von Bernd Dost

Bibliografische Information der Deutschen Nationalbibliothek:
Die Deutsche Nationalbibliothek verzeichnet diese Publikation in der
Deutschen Nationalbibliografie; detaillierte bibliografische Daten sind im Internet
über http://d-nb.de abrufbar.

Für Fragen und Anregungen:
richardsuessmeier@mvg-verlag.de

Nachdruck 2013
© 2007 by mvg Verlag, ein Imprint der Münchner Verlagsgruppe GmbH
Nymphenburger Straße 86
D-80636 München
Tel.: 089 651285-0
Fax: 089 652096

Lektorat: Astrid Becker
Umschlaggestaltung: Vierthaler &Braun, München
Umschlagabbildung: photodisc, Guido Krzikowski
Satz: M. Zech, Redline GmbH
Druck: Books on Demand GmbH, Norderstedt
Printed in Germany

ISBN Print 978-3-86882-456-8
ISBN E-Book (PDF) 978-3-86415-490-4

Weitere Informationen zum Verlag finden Sie unter

www.mvg-verlag.de

Beachten Sie auch unsere weiteren Verlage unter
www.muenchner-verlagsgruppe.de

Inhalt

Erstes Kapitel:
Das Licht der Welt 9

Zweites Kapitel:
Heul Hitler 15

Drittes Kapitel:
Der Hochbunker 21

Viertes Kapitel:
Auf den Hund gekommen 27

Fünftes Kapitel:
Der Wirtsbua 33

Sechstes Kapitel:
Die Ambulanten 39

Siebtes Kapitel:
Trauern, feiern 47

Achtes Kapitel:
Närrisches Treiben 57

Neuntes Kapitel:
Der Schnallenball 67

Zehntes Kapitel:
Der Traum von der Wiesn 79

Elftes Kapitel:
Die Wiesn-Baracke 85

Zwölftes Kapitel:
Eine Gans für ein Hendl 93

Dreizehntes Kapitel:
Die Abfuhr 99

Vierzehntes Kapitel:
Das Du 107

Fünfzehntes Kapitel:
Der Schankbaron 117

Sechzehntes Kapitel:
Die Bewerbung beim Herrn Kommerzienrat 127

Siebzehntes Kapitel:
Der Wirtsregent und der Vergnügungswart 133

Achtzehntes Kapitel:
Ein Bier hat ein Gesicht 141

Neunzehntes Kapitel:
Der Abschied von der Mama 161

Zwanzigstes Kapitel:
Den Vogel abgeschossen 171

Einundzwanzigstes Kapitel:
Mein ruhiger Tag 181

Zweiundzwanzigstes Kapitel:
Die Weißwurst in der Großmarkthalle 187

Dreiundzwanzigstes Kapitel:
König Ludwig und Richard Wagner 195

Vierundzwanzigstes Kapitel:
Bierfrei 203

Fünfundzwanzigstes Kapitel:
Eine Frage der Ehre 211

Sechsundzwanzigstes Kapitel:
Die entführte Braut 217

Siebenundzwanzigstes Kapitel:
Vogeljakob und Knödelgesicht 229

Achtundzwanzigstes Kapitel:
Gauweiler sieht dich 235

Neunundzwanzigstes Kapitel:
Das Bierwunder von München 241

Dreißigstes Kapitel:
Razzia und Aus 251

Einunddreißigstes Kapitel:
Verbannt in alle Ewigkeit 259

Zweiunddreißigstes Kapitel:
Keine Krapfen mehr 267

Dreiunddreißigstes Kapitel:
Wörnbrunn brennt 275

Vierunddreißigstes Kapitel:
Was bleibt 279

Personenverzeichnis 287

Erstes Kapitel:

Das Licht der Welt

Beim besten Willen kann ich nicht behaupten, dass ich am 22. August 1930 das Licht der Welt erblickte, denn es war Nacht, als es soweit war. Ich könnte höchstens behaupten, dass ich ein elektrisches Licht erblickte, und dass ich froh war, dass ich da war. Meine erste Umgebung war sehr freundlich, und alles war sehr sauber. Anwesend bei meiner Geburt war meine Mama, außerdem noch geschultes Personal der Klinik an der Maistraße.

Ich bin also, um es zusammenzufassen, im August in der Maiklinik in München auf die Welt gekommen. Ich hätte natürlich auch nichts dagegen einwenden können, wenn ich im Mai in der Augustenstraße auf die Welt gekommen wäre. Es gibt Dinge im Leben, die muss man einfach hinnehmen. Obwohl es auch manchmal Dinge gibt, die man nicht hinnehmen kann.

Nach ein paar Tagen Klinikaufenthalt wollte meine Mama wieder nach Hause. Ich hatte nichts dagegen, war sehr gespannt, mein Zuhause kennenzulernen. Das Taxi brachte uns in das *Kapuzinereck*, einem kleinen Wirtshaus am Baldeplatz. Diese erste Fahrt in meinem Leben, die in ein Wirtshaus führte, sollte richtungsweisend für meine spätere Berufslaufbahn sein.

Zuerst schaute ich, dass ich auf die Beine kam, was mir im Lauf der Zeit auch gut gelang, obwohl mich später so mancher Großkopferte von den Beinen holen wollte. Für meine alsbald fällige Taufe lag die Maximilianskirche günstig, sie war von der Pfarrei her zuständig. Die Maximilianskirche liegt unmittelbar an der Isar, sodass ich mich Zeit meines Lebens rühmen kann, mit echtem Isarwasser getauft worden zu sein.

Ohne mein Einverständnis einzuholen, war für mich der Vorname Josef vorgesehen, da als Taufpate ein Onkel gleichen Vornamens ins Auge gefasst war. Er schied nach längerer Beratung für das Amt des Taufpaten aus, weil die Familie sich erinnerte, dass er schon einmal, nämlich bei der Taufe meines älteren Bruders Ernst den hierfür festgelegten Termin versäumt hatte. Er war kurz nach seiner Ankunft im Münchner Hauptbahnhof beim nahe gelegenen Großwirtshaus *Mathäser* gestrandet, wo er nach dem Weg zur Kirche fragen wollte.

So fiel das Los auf seine Frau, also auf meine Tante, die sich für diese Aufgabe bereitwillig und gerne zur Verfügung stellte. Allerdings hieß meine Tante Centa und mit diesem Vornamen hätte ich es wahrscheinlich nicht leicht gehabt in meinem späteren Leben. Selbiges ging auch meiner Tante und meiner Mama auf, und sie beschlossen, mich auf den Namen Richard taufen zu lassen. Wenngleich die beiden Schwestern auch sonst nicht immer einer Meinung waren, in diesem einen Falle waren sie ein Herz und eine Seele: Sie schwärmten beide für den soeben in München gastierenden weltberühmten Tenor Richard Tauber.

Da hatte ich zum ersten Mal richtiges Glück in meinem Leben. Denn gleichzeitig sang für die Münchner der nicht minder berühmte Beniamino Gigli. Obwohl: Beniamino Süßmeier wäre auch nicht von schlechten Eltern gewesen.

Nach der Taufe ging es wieder zurück in das *Kapuzinereck*, dem kleinen Gasthaus, das meine Eltern als Wirtsleute betrieben. Mein Vater war ein ausgezeichneter Metzger und Wirt, meine Mama eine exzellente Köchin, besser hätte ich es nicht treffen können. Als *Bodyguard* diente mir eine gutmütige Dogge, die Alma, die nur einen Nachteil hatte, nämlich den, dass sie mir hin und wieder die Wiener Würstl wegfraß, die man mir in die Hand gedrückt hatte.

Ein Jahr nach meiner Geburt bekam ich Gesellschaft in Gestalt meines jüngeren Bruders Walter. Nun wurde das *Kapuzinereck* für uns alle zu eng, und meine Eltern bewarben sich für den geräumigeren *Straubinger Hof* in der Blumenstraße.

Auf diese Weise bekam ich im Juli 1932 eine neue Adresse. Ich war knapp zwei Jahre alt. Unsere Wohnung lag im Rückgebäude des Wirtshauses, und ich wuchs in den ersten Jahren mit bayerischem Bier und bayerischen „Schmankerln" auf. Sie müssen schon lang suchen, bis Sie sich zum Ursprung des Wortes „Schmankerl" durchgelesen haben. In den g'scheiten Büchern wird der Begriff als „Leckerbissen" erklärt. Doch das Wort „Leckerbissen" kommt einem Bayern schwer über die Lippen. Das liegt weniger am „Bissen", denn so wie wir sagen:

„I hob heit no koan Tropfa trunka",
sagen wir auch:

„I hob heit no koan Biss'n obibracht",
weil man am Vortag möglicherweise zu viele „Leckerbissen" obidruckt, auf Hochdeutsch: „vertilgt" hat. „Lecker", so was sagt ein Bayer nicht – nicht ums Sterben.

Er sagt, wenn er schon loben will, vielleicht

„Guat schmeckt's",
aber „lecker", nein, lieber beißt er sich die Zunge ab. „Lecker" gibt's für einen Bayern nur in dem einzig möglichen Zusammenhang: „der kann mi am A… lecka."

Woher der Leckerbissen kommt, das wissen wir. Aus dem Norden und dem Westen Deutschlands. Im Rheinland gibt es sogar – Sie werden es nicht für möglich halten – lecker Jungs.

Als Kind war ich immer davon überzeugt, kein anderer würde seinen Beruf so gut ausüben wie mein Vater oder meine Mutter. Die Würste, die mein Vater gemacht hat, waren die besten überhaupt. Meine Mutter hat am besten gekocht, keine Frage: Die Mutter war die beste Köchin, und der Vater war der beste Metzger. Es gab damals kaum eine

Wirtschaft in München, wo der Wirt nicht selber seine eigenen Wurstwaren hergestellt hätte. Der Vater ist von seinen Gästen sehr honorig behandelt worden. Er war lustig, fröhlich, hat die Leut' immer unterhalten. Er war für sie nur „der Michl". Viele Geschichten hat er erzählen können, und auch selber einige erfunden, deftige G'schichterl. Die Mama wollte nicht, dass wir ins Lokal hinausgehen und die Sprüche der Gäste oder gar die meines Vaters hören. Die waren mehr für ausgewachsene Mannsbilder gedacht: Herrenwitze würde man wohl sagen.

Meine Mutter war sehr abhängig von meinem Vater. Er war derjenige, der, wenn man es hochtrabend formulieren würde, die Politik bestimmt hat. Was der Vater gesagt hat, das ist dann auch gemacht worden. Es wurde zwar vieles untereinander besprochen – aber die „Richtlinien" der Politik hat der Vater festgelegt. Er war auch Vorstand beim Verein der Gastwirtsmetzger sowie Obmann der Wirtschaftsgruppe Gaststätten, so hieß das im Dritten Reich. Da habe ich dann mit ihm und meinem älteren Bruder Ernst Informationsblätter und Benachrichtigungen verteilt, im Dritten Reich ist ja alle Augenblicke irgendeine Information rausgegangen. Und so habe ich dann diese ganzen Wirtshäuser in dem Bezirk, in dem mein Vater Obmann war, kennengelernt. Und habe sie heute noch im Kopf. Die Wirtshäuser, die gar nicht mehr existieren.

Der Vater hat es zu etwas gebracht. Er ist aus dem Ersten Weltkrieg zurückgekommen, war verwundet, hatte zu dieser Zeit noch keinen Beruf. Später hat er sich dann emporgearbeitet. Er wollte mehr, wollte immer weiter aufsteigen. Wir waren überzeugt, dass wir eines Tages eine größere oder eine große Wirtschaft bekommen. Das hat er in mich hineingelegt.

Mein erster Vorsatz in meinem Leben war, die größtmögliche Unabhängigkeit zu erreichen. Ganz unabhängig ist man nie auf der Welt, man ist immer von allem Möglichen abhängig. Ich habe das nach dem Tod meines Vaters spüren müssen, dass man meistens der Dumme ist, wenn man abhängig ist. Derjenige, der möglichst unabhängig aufrecht steht, führt ein ganz anderes Leben – als g'standenes Mannsbild. Die größtmögliche Unabhängigkeit, das war es, was ich erreichen wollte. Unabhängig sein, selbstständig sein.

Ich will Ihnen zwei Beispiele geben: Meine Frau Gitta, unsere zwei Kinder, Michael und Barbara, und ich wohnten Anfang der sechziger Jahre in der Schleißheimer Straße. Eines Tages wollten die Kinder hinaus zum Spielplatz hinter dem Haus. Doch die rückwärtige Türe war zugesperrt, weil die Hausmeisterin der Meinung war, die Kinder würden zu viel Dreck hereintragen. Sie hatte die Tür einfach abgesperrt. Jetzt mussten die Kinder immer vorne die Ausfahrt der Tiefgarage überqueren, und das war sehr gefährlich, weil die Autos mit hoher Geschwindigkeit herauf fuhren. Da habe ich mir gesagt: Nein, ich werde dafür sorgen, dass wir nie mehr von einer Hausmeisterin abhängig sind.

Jetzt ein zweites Beispiel: Unser Wirtshaus, der *Straubinger Hof*, war zur Hälfte zerbombt, die rückwärtige Seite mit dem Stiegenhaus lag in Trümmern, notdürftig war einiges wieder aufgebaut worden, und wir hatten eine Wohnung im ersten Stock, mit einem Ofen im Bad, den man mit Briketts geschürt hat. Meine Mutter verlangte daher von der Brauerei einen Durchlauferhitzer. Da sagte der von der Brauerei Zuständige zu meiner Mama:

„Ja, meine liebe Frau Süßmeier, dann müssen S' z'erst a bissl mehra Bier verkaufen, bevor wir Ihnen einen solchen Durchlauferhitzer hereinstellen können."

Von einem solchen Menschen oder von der Zahl der Hektoliter möchte ich wirklich nicht mehr abhängig sein. Die Unabhängigkeit, die Freiheit! Das ist das Entscheidende. Dass ich entscheide, was gemacht wird, und wo etwas investiert wird, und wo ich es einfacher haben will, und wo ich es besser haben will. Dass ich das entscheide und nicht ein Gremium, das dann sagt:

„Ja, des geht nicht, Herr Süßmeier."

So betrachtet war der jährliche Aufbau meines Zeltes auf der Wiesn immer ein Erlebnis, wenn man etwas selber in die Hand nehmen kann und selber bestimmen kann.

Aber woher kommt das „Schmankerl"? Der Germanist und Mundartforscher Prof. Andreas Schmeller erklärt das so: Das Schmankerl, oder wie er es nennt „Schmänkelein" ist das, was vom „Brey oder Mus" übrig beziehungsweise am Geschirr angebraten geblieben ist.

Oder wie Franz Ringseis (eigentlich: Prof. Dr. Anton Neuhäusler) in seinem „Neuen Bayerischen Wörterbuch" aufführt: Das „Ramerl", der Rest oder Rückstand, kommt vom Braten oder auch von der Dampfnudel, in der Pfanne oder im Tiegelrand zurückgelassen. Im Volksmund heißt es:

„Das Graserl vom Stein und das Fleischerl
vom Bein sollen das Beste sein."

Das Graserl überlassen wir dabei gerne den Ziegen oder Gemsen, aber das Fleischerl vom Bein schmeckt uns allen, sofern unsere Zähne nichts dagegen haben.

Man sieht's und manchmal hört man's sogar, wenn die Biergartenbesucher an ihren „Spareribs" herumfieseln.

Das Schmankerl, das haben wir jetzt mitbekommen, ist was „Extrig's", scheinbar was Rares. Und: es ist nichts Extravagantes, sündhaft Teures, es ist einfach was Guats.

Was Guats. Was einem besonders schmeckt und besonders uns Bayern. Wir sagen:

„Dieses Schmankerl ess' ich für mein Leben
gern."

Zweites Kapitel:

Heul Hitler

Bei uns sind die Bäume nicht in den Himmel gewachsen, aber wir haben ein Kindermädchen gehabt, die Toni. Die war allerdings sehr streng, hat sehr auf Disziplin geschaut, besonders darauf, dass unsere Fingernägel sauber sind. Fingernägel-Appell nannte sie das. Denn so schön und scheinbar sorgenlos es sich in einer Wirtsfamilie leben lässt, ein großer Nachteil ist fast immer dabei: Die Eltern haben zu wenig Zeit für ihre Kinder. Bei uns war es nicht anders. Mit einem Kindermädchen wurde versucht, dieses Manko auszugleichen.

Die Toni war in erster Linie nicht für meinen älteren Bruder Ernst, sondern vor allem für uns jüngere Geschwister, also für meinen Bruder Walter und mich, eingestellt worden. Sie war keine besonders auffallende Erscheinung, sie trug eine schwarz gefasste Brille mit runden Gläsern, die ihr ein gouvernantenhaftes Aussehen verliehen. Die Haare hatte sie glatt nach hinten gekämmt, mit einem Dutt als Abschluss. Sie blickte immer streng durch ihre Gläser, sogar wenn sie lachte. Sie ließ uns beiden nichts „nausgehen", wie man so sagt, wählte für uns die Spielkameraden aus, wobei sie hierbei sehr kritisch vorging. Die Spielkameraden, ob Bub oder Mädel, waren alle miteinander so brav und harmlos, dass ich mich an niemanden mehr erinnern kann.

Toni sorgte dafür, dass wir viel an der frischen Luft waren, was sie dadurch erreichte, dass wir uns meistens an der Isar aufhielten oder zum Englischen Garten wanderten. Lange Wege machten ihr nichts aus. Sie war schlank, rank und sehr gehfreudig. Als Wegzehrung gab es gewöhnlich leichten Tee mit Zitronensaft, Puffreis und gezuckerte Tomaten. Süßigkeiten wie Schokolade oder Bonbons standen bei ihr, und damit auch für uns, auf der schwarzen Liste.

Ja, sie führte ein strenges Regiment, oft zum Leidwesen der Mama, die unter dem harten, aber immer gerechten Drill mehr litt als wir selber. Jedoch, wenn die Faschingszeit kam, war die Toni wie ausgewechselt. Mit Feuereifer machte sie sich daran, uns Kinder zu verkleiden, schneiderte die Kostüme nach ihren Vorstellungen mit eigener Hand und verwandelte uns abwechselnd in stolze Maharadschas, elegante Biedermeiergestalten, farbenprächtige Clowns und kleine Teufelchen. Unsere Mama wiederum war von diesem Klamauk nicht besonders begeistert, für sie grenzte derlei Maschkera an Ausschweifung, zumindest aber an Spinnerei.

Hin und wieder durften wir Brüder zusammen mit der Toni den Onkel und die Tante in der Holledau besuchen. Hier hatten wir das Paradies auf Erden, denn Onkel und Tante waren ständig bemüht, das Erziehungssystem der Toni aufzuweichen. Toni hatte nach der Rückkehr immer alle Hände voll zu tun, den alten Regeln wieder zur Wirksamkeit zu verhelfen.

Eines Tages ging die Toni-Ära zu Ende. Unser Kindermädchen hatte einen soliden Witwer kennengelernt, der die erzieherische Tätigkeit seiner Braut in allem unterstützte. Er korrigierte ebenfalls unsere Ausdruckweise und kontrollierte unsere Fingernägel. Er hatte etwas Militärisches an sich, obwohl er beim Roten Kreuz arbeitete – was der Toni offensichtlich imponierte. Sie landete im Hafen der Ehe, und wir, mein jüngerer Bruder Walter und ich im Kindergarten bei den Armen Schulschwestern im Angerkloster.

Dort waren wir wirklich gut aufgehoben und haben sehr viel gelernt – ob schreiben, rechnen, malen oder an Weihnachten Plätzchen backen. Wir haben uns viel bewegt, im Klosterhof hatten wir Roller und den vierrädrigen „Holländer", auf dem man sitzend einen Hebel hin- und herschieben musste, damit der dann losfuhr.

Die Schwestern im Kloster waren die Güte in Person; ich kann mich an kein einziges lautes oder gar böses Wort erinnern, das über ihre Lippen gekommen wäre. Mit Engelsgeduld wurde uns beigebracht, dass man nicht mit offenen Schuhbandeln umeinander läuft, dass man sich alle Augenblicke die Hände wäscht, dass man einem anderen Kind nichts wegnimmt und schon gar nicht auf die Nase haut. Und dass man seine nassen Hände über der Schüssel so lange ausschüttelt, bis sie trocken sind. Damit ja kein Tropfen Wasser verloren geht.

Gerne erinnere ich mich an die Schwester Oktavia, die die Ausstrahlung einer über alle Maßen gutmütigen Großmutter hatte, und besonders gern denke ich an die wesentlich jüngere Schwester Stanislava zurück, deren Schönheit, trotz der fast alles verdeckenden Schwesterntracht, sogar einem kleinen Kindergartenzögling wie mir ins Auge fiel und mein Herz höher schlagen ließ.

Als die Kindergartenzeit vorbei war, waren wir traurig. Hätte es Zeugnisse gegeben, wäre bei jedem von uns unter „Betragen" gestanden: Ein braves Kind. Das sollte sich bald ändern. Die Schulzeit nahte – und der Krieg.

Meine Eltern, die beide den Ersten Weltkrieg miterlebt haben, hatten einen Horror vor diesem Krieg. Meine Mutter wollte von Politik nichts wissen. Sie hatte ja ihre Arbeit, und das war ihr genug. Wenn man sich vorstellt, was die Frauen damals leisten mussten! Es gab ja keine Waschmaschine. Die Wäsche wurde im Keller gewaschen, dann auf den Speicher in den fünften Stock getragen, dort getrocknet und wieder hinuntergeschleppt in die Wohnung. Der Vater hatte mehr Interesse für die Politik, hat aber nie versucht, mich und meine zwei Brüder in irgendeine Richtung zu beeinflussen.

Ich kann mich an die Reichskristallnacht erinnern, wie man es nannte, weil in dieser Nacht das Kaufhaus *Uhl-*

felder verwüstet worden ist. Die Schaufenster waren eingeschlagen worden, SA-Leute „sicherten" das Geschäft und
einer von ihnen verkaufte heimlich die Ware. Entsinnen
kann ich mich auch noch, wie sich die Eltern über den
Brand in der Synagoge unterhalten haben. Sie waren sehr
betroffen. Nicht zuletzt deswegen, weil wir auch jüdische
Gäste hatten, Besitzer von Wollgeschäften im Rosental.
Auch unser Kinderarzt Dr. Julius Spanier war Jude. Er
überlebte das KZ, kam nach dem Krieg zurück und wurde Präsident der israelitischen Kultusgemeinde. Auch Dr.
Julius Hamburger, der hoch geschätzte Hausarzt meiner
Tante Anni in Wolnzach, war Jude, und die Tante hat immer gesagt:

> *„Wenn der Dr. Hamburger nicht gewesen wäre,*
> *dann hätten wir dich bei deiner Lungenent-*
> *zündung nicht durchgebracht."*

Also, wir haben von den Juden eine ganz andere Vorstellung gehabt – sie waren honorige Leute, sie waren unsere
Gäste. Und plötzlich durften sie nicht mehr in unser Lokal.
Sie mussten sich ihr Essen an der Gassenschänke abholen
und haben den Judenstern getragen.

Naziparolen wurden uns nur beim Jungvolk eingetrich-
tert – und das nicht ohne Erfolg. Wir haben uns anstecken
lassen. Sie nannten es politischen Unterricht. In der Schule,
besonders in der höheren, unterrichteten viele ältere Lehr-
kräfte – die jüngeren waren alle eingezogen. Diese älteren
Lehrer hatten eine reservierte Haltung zu den neuen Macht-
habern. Die Unterrichtsstunde begann mit dem Hitlergruß
„Heil Hitler". Der Lehrer kam herein, wir sprangen auf, der
Lehrer rief „Heil Hitler", und wir grüßten mit angewinkel-
tem Ellbogen zackig zurück. Nicht so Professor Braun. Er
betrat die Klasse, murmelte undeutlich: „Heul Hitler". Das
konnte kein Schüler verstehen, und so blieb uns der Gruß
oft im Halse stecken.

Der berühmte Karl Valentin war ja kein besonders po-
litischer Mensch – na, ganz so genau weiß ich das nicht –

aber er hat kaum politische Sketche gemacht. Doch es gibt einen, der geht so:

Karl Valentin betritt das Amtsbüro einer Behörde und grüßt: „Heil ...", er zögert, blickt sich suchend um und fragt: „Wia hoaßt a jetzt wieder?"

Wir lachen heute, doch es gab nichts zu lachen, der Führer und der Krieg waren allgegenwärtig. Bei meiner Aufnahmeprüfung zur „Oberschule für Jungen an der Müllerstraße in München" 1941 sah die im Fach Rechnen zu lösende Aufgabe – im Hinblick auf die „großartigen Erfolge" des späteren Generalfeldmarschalls Rommel auf dem nordafrikanischen Kriegsschauplatz – so aus:

»General Rommel, der Befehlshaber des Dt. Afrikacorps, verfügt über 500 Panzer, davon 280 schwere und 220 leichte, bzw. Panzerspähwagen. Auf 100 km verbraucht ein schwerer Panzer 180 Liter Kraftstoff, ein leichter 60 Liter. Die Entfernung von Tobruk nach Kairo beträgt 720 km. Rechne die Kraftstoffmenge aus, die General Rommel benötigt, um mit seinen Panzern die Strecke Tobruk – Kairo zu bewältigen."

Mit einem wahren Feuereifer stürzte ich mich auf die Lösung dieser Rechenaufgabe – an mir sollte es wirklich nicht liegen – und bekam dafür auch eine gute Note. Während ich damit die Aufnahmeprüfung zur Oberschule bestand, kam Rommel allerdings nicht nach Kairo.

Das Benzin war ihm ausgegangen. Das war natürlich ärgerlich, wo ich doch alles so schön ausgerechnet hatte.

Drittes Kapitel:

Der Hochbunker

Der Krieg hat den ganzen Alltag über den Haufen geworfen; ich habe bis Ende '44 und auch im Februar '45 die Bombennächte in München miterlebt. Die Angriffe folgten immer derselben Dramaturgie. Zuerst ist der Kuckuck im Radio gekommen. Wenn es während einer Sendung „Kuckuck, Kuckuck" rief, dann mussten wir den Sender Laibach einstellen. Der Sender Laibach war in der Befehlsstelle des Gauleiters im *Bierkeller am Nockherberg* untergebracht. Von dort kam in kurzen Abständen der Lagebericht. Also: feindlicher Anflug über der Steiermark – meistens sind sie ja zum Schluss vom Süden gekommen –, da wussten wir noch nicht, welche Stadt es treffen würde. Dann kam die Vorwarnung. Dann wussten wir, es trifft uns. Die Alarmsirenen brüllten, ein auf- und abschwellender Heulton – der ist durch Mark und Bein gegangen.

Wir haben das Glück gehabt, dass einer der wenigen Hochbunker Münchens direkt gegenüber dem *Straubinger Hof* stand. Wer weiß, ob wir überhaupt noch am Leben wären ohne diesen Bunker – oder ob wir im eigenen Keller überlebt hätten. Im Bunker konnte uns, der Meinung waren wir Kinder und mein Vater, nichts passieren. Diejenige, die am meisten darunter zu leiden hatte, war meine Mutter. Sie hatte entsetzliche Angst. Meine Mutter ist immer samt Gewand im Bett gelegen. Ihr ständiger Ausspruch war:

„Wenn das nur endlich vorbei wäre!
Diese Angriffe! Lieber jeden Tag nur eine
Brotsuppe als diese Bombennächte!"

Man war ja machtlos, man hat ja gar nichts machen können. Der Vater hatte weniger Angst, er hat auf sein Nachthemd nicht verzichtet. Und so ist er halt tatsächlich einmal, weil es schon höchste Zeit war, im Nachthemd in den Bunker hinüber und hat sich dann von einem Polizisten, den er gekannt hat, dessen Mantel ausgeliehen. So ist er dann mit Nachthemd und Polizeimantel im Bunker gesessen.

Im Bunker haben wir uns sicher gefühlt. Ganz in der Nähe des Bunkers ist einmal eine Bombe runter. Dann ging zwar das Licht aus, aber wir hatten noch eine Notbeleuchtung. Die kräftigen Männer mussten dafür in das oberste Stockwerk des Bunkers steigen und dort mit der Kraft ihrer Arme einen Dynamo betreiben. Am schlimmsten trafen uns gegen Ende des Krieges die Doppelangriffe mit Sprengbomben und Brandbomben. Die Amerikaner kamen beim ersten Mal und warfen Sprengbomben, nach zwei Stunden kamen sie ein zweites Mal und warfen Brandbomben, oder umgekehrt: zuerst Brandbomben und dann Sprengbomben. Das war wirklich schlimm, aber als Bub habe ich merkwürdig wenig Angst gehabt.

Unser Wirtshaus, der *Straubinger Hof*, lag nahe dem Viktualienmarkt, dort wo es heute auch noch liegt. Wir wohnten im Rückgebäude. In unserer Nähe ist viel kaputt gegangen, die Häuser brannten, der *Kustermann* am Markt, das ganze Rosental, das Kaufhaus *Kepa*, Luftminen zerstörten die halbe Reichenbachstraße. Der Vater wollte, dass wir die Wohnung aufgeben, wollte uns in Sicherheit bringen, die Mama wollte nicht, wollte nichts evakuieren. Sie hat gesagt: „Naa, naa – niemals". Nein, sie sorgte sich um unsere Sachen, es musste alles da bleiben. So ist auch alles da geblieben und auch wirklich alles kaputt gegangen. 1943 zerstörten Sprengbomben unsere Wohnung. Wir waren im wahrsten Sinne des Wortes ausgebombt. Auch das Gartenhaus fiel in Trümmer, RUMMMS. Wir hatten dann wirklich nichts mehr. Damals gab es ja so gut wie keine Möbelgeschäfte mehr, so sind wir halt zum Tandler gegangen und haben alte Möbel zusammengekauft.

Die meisten Fliegerangriffe kamen am Abend oder in der Nacht. Erst gegen Ende des Krieges, als die deutsche Luftabwehr praktisch nicht mehr existierte, flogen die Bomber München am helllichten Tag an. Wir haben mittags drei Gerichte angeboten. Da gab es das sogenannte

- Stammgericht,
- das Hausgericht
- und das Fleischgericht.

Das Stammgericht war besonders beliebt, weil man dazu keine Lebensmittelmarken brauchte. Das Hausgericht war fleischlos und bestand aus sogenannten Nährmitteln wie Nudeln und Gemüse. Zum Fleischgericht gab es meistens ein Rindfleisch, für das 100-Gramm oder 50-Gramm-Fleischmarken hingelegt werden mussten. Ich schrieb die Speisenkarte, und unten setzte ich, der Not gehorchend, hinzu: *Die verehrten Gäste werden gebeten, das Besteck selber mitzubringen.*

Wie der geneigte Leser unschwer erkennt, war das keine Schmankerlküche, die wir zu bieten hatten. Heute haben die bayerischen Wirte das Schmankerl schon längst für ihre Speisenkarten in Besitz genommen. Die einen offerieren eine eigene Schmankerlkarte, die anderen präsentieren ihren Schmankerlkoch oder sie schreiben einfach auf die Karte: „Unser heutiges Schmankerl".

Grundvoraussetzung ist freilich, dass das Schmankerl nicht aus der Tüte, Dose oder sonst wo herkommt, sondern nach althergebrachtem Rezept eigens hergestellt worden ist. Also, alles andere als ein *„Fastfood"*! Ein *„Fastfood"* ist kein Schmankerl, wenn's auch schmeckt. Was zählt nun zu den Schmankerln, den oberbayerischen?

Vergessen wir ein wenig die Zeiten der Not und stellen uns ein Menü zusammen. Wir beginnen – klassisch –

mit einer Vorspeise. Eine Vorspeise, oder, hochtrabend ein „*Hors-d'œuvre*", hat es früher in Bayern, vom Königshaus und anderen noblen Häusern einmal abgesehen, nicht gegeben. Das einzige was der Einheimische vor dem Essen zu sich nahm, war a Semmel oder a Brez'n.

Die Ausnahme stellte das Hochzeitsmahl dar, vor allem auf dem Land.

Dort gab es sozusagen als Voressen a saures Lüngerl oder das Kalbsgekröse, fein geschnitten und wie ein Lüngerl zubereitet. Das war natürlich nicht als ein *Amuse-Gueule* gedacht, als Gaumenschmeichler, wie die Übersetzung lautet, sondern das Voressen hatte den schlichten Auftrag, den ersten großen Hunger zu stillen, bevor die Suppe und der Braten serviert wurde.

Das Bürgertum, das gute wohlgemerkt, kannte noch eine eigene Art der Vorspeise, nämlich den Frühschoppen. Ein Ladenbesitzer oder ein begüterter Privatier ging zum Frühschoppen, das gehörte sich so und war begründet:

Zum einen galt es, die Zeit vom Frühstück zum Mittagessen zu verkürzen, und zum anderen war es notwendig, sich für den Mittagstisch den notwendigen Appetit zu holen. Das gelang nur mit einer Auswahl von ziemlich ausgewachsenen Magentratzern: Ein kleines Gulasch, ein Beuscherl, ein Tellerfleisch, ein saures Bries oder Kalbfleisch, Kalbsbratwürstl in der Nudelsuppe, eine Milzwurst in der Brotsuppe, zwei bis drei Weißwürst'.

Wie Sie feststellen, war es fast nur Gekochtes, meistens a bissl sauer angerichtet, damit die Mägen nicht sonderlich belastet und die Geschmacksnerven trotzdem erfreut wurden. So gewappnet konnte man gelassen der Mittagstafel entgegen sehen.

Ich will die *Nouvelle Cuisine* nicht herabsetzen. Aber wenn der Gast zum Ober sagt:

„*Was soll denn der feuchte Teller hier?*"
und der Ober pikiert antwortet:

„*Mein Herr, das ist die Suppe*",

dann ist das – spaßhaft gesagt – *Nouvelle Cuisine.*

Bayerische Landsleute, die nicht gerade als besonders gottesfürchtig gelten, antworten, wenn man sie nach ihrem Glauben befragt:

> *„Des oanzige, wos i glaab is, dass a paar*
> *Pfund Fleisch a guate Supp'n geb'n."*

Man könnte auch sag'n: „a g'scheite Supp'n." Weil alles, was gut is, bei uns auch „g'scheit" is.

Also, a g'scheite Supp'n muss es sein, keine „Wasserschnalz'n", und keine „Einäugige", in der uns nur ein trauriges Fettauge entgegenblickt.

In der kargen Nachkriegszeit nach '5 habe ich weiter die tägliche Speisenkarte auf eine Tafel geschrieben und wie gewohnt den Satz dazugesetzt: *Die verehrten Gäste werden gebeten, das Besteck selber mitzubringen.*

Damit war mein Deutschprofessor überhaupt nicht einverstanden. „Das ist falsch!" sagte er. „Das muss heißen *selbst* mitbringen. *Selber* mitbringen ist österreichisch." Darum habe ich fortan geschrieben: *Die verehrten Gäste müssen das Besteck selbst mitbringen.*

Viertes Kapitel:

Auf den Hund gekommen

Unser Gymnasium lag in Trümmern, vom 1. Januar 1945 an fiel der Unterricht in München aus. Also bin ich nach Garmisch, um dort zur Schule zu gehen. Ich hätte sonst ein ganzes Jahr verloren. Allerdings war ich dort nur zwei Monate. Am 28. Februar wurden wir in München ausgebombt. Die ganze Familie zog daher in die Nähe von Wolnzach, nach Starzhausen zu unseren Verwandten, zu Onkel Josef und Tante Anni. Dort ging ich in die Rupprecht-Oberrealschule in Pörnbach zusammen mit dem Maier Poldi, dem jetzigen Ehemann von Caroline Reiber. Da feierten wir am 20. April 1945 – man muss sich das einmal vorstellen, ein paar Tage darauf war der Krieg ja aus – Führers Geburtstag. Es gab Rindfleisch mit gemischtem Kartoffel-Löwenzahnsalat, wobei wir den Löwenzahn am Tag vorher suchen mussten, und so sangen wir unerschrocken am 20. April noch das Deutschlandlied: Von der Maas bis an die Memel, wobei es da ja gescheiter gewesen wäre, wir hätten gesungen: von der Isar bis zum Lech.

Wir haben das Kriegsende in Starzhausen bei Wolnzach erlebt. Wir waren froh, dass es vorbei war, und dass die Amerikaner gekommen sind. Eine SS-Formation hatte noch an der Donau Widerstand geleistet, die amerikanischen Truppen hatten beim Übergang über die Donau Verluste. In Wolnzach hat schließlich eine einfache Bürgerin, Frau Mechtild Vieracker, auf dem Kirchturm die weiße Fahne gehisst: Im gleichen Moment wurde das Feuer eingestellt. So wie in München nicht der Oberbürgermeister, sondern sein

Stellvertreter, Oberrechtsrat Dr. Meister, auf dem Marienplatz einem amerikanischen Major das Rathaus übergab. Ohne Formalitäten ging das ab. Wenn das Ende kommt, gibt's keine Formalitäten mehr.

Das war ungefähr so wie es König Ludwig III. ergangen ist. Da kam ein einfacher Mann und sagte:

„Majestät, Revolution ist. Schau'n S',
dass hoam kumma."

Majestät ist dann heimgegangen.

In dem Dorf Starzhausen nahe Wolnzach, in dem wir bei Onkel und Tante untergekommen waren, war weit und breit niemand da, der eine weiße Fahne gehisst hätte. Es hat ja auch kein höheres Haus gegeben, also keine Kirche, aus der man eine Fahne hätte heraushängen können. Die Amerikaner schossen in das Dorf hinein, dabei gingen zwei oder drei Häuser in Flammen auf, aber das war eigentlich nur eine Drohgebärde. Wir versteckten uns im Keller, und am Vormittag kam dann die kämpfende Truppe herein – mit dem Gewehr im Anschlag:

„Who is SS?"

Sie nahmen meinen jüngeren Bruder Walter als Kugelfang. Er musste sie durch das Haus führen und ihnen die Zimmer öffnen, weil die Soldaten SS-Männer suchten. Doch die SS war längst Richtung Alpen abgezogen. Meine Mutter hat gezittert und gemeint, dass sie den Walter umbringen werden.

Die G.I.s waren furchtbar laut. Sie haben mit den Gewehrkolben an die Türe geschlagen und sind dann in den Keller hinuntergestürmt. Wir sind sofort aus dem Keller herausgelaufen. Aber sie wollten von meiner Tante nur Eier und die größte Pfanne. Und dann haben sie sich die Eier gebraten.

Im Herbst kehrten wir wieder zurück nach München. Der *Straubinger Hof* war nach dem Angriff im Februar 1945 stark beschädigt. Das Stiegenhaus deckten wir notdürftig ab und hausten im ersten Stock. Es ging eine Maurertreppe hinauf, eingeschalt mit Brettern und Querlatten, und über der Wohnung gab es ein notdürftiges Blechdach, da hat es immer hereingeregnet, und wir haben den Regen in Töpfen und Schüsseln aufgefangen. Erst im nächsten Jahr, 1946 wurde das Dach wieder eingedeckt, wir hatten das Glück, dass uns ein Goldschmied half, der im Hause wohnte: der Josef Füß. Er hat das goldene Parteiabzeichen entworfen, und Hitler hatte ihn vor 1933 öfters besucht.

Mein Vater konnte in einem Spruchkammerverfahren „auf Grund des Gesetzes zur Befreiung von Nationalsozialismus und Militarismus" – so hieß das damals – „glaubhaft" bestätigen, dass er – obwohl Parteimitglied – nach außen hin nie als Nationalsozialist aufgetreten ist. Er wurde als „Mitläufer" eingestuft. Meine Mama war eher eine Gegnerin der Partei gewesen. Sie hatte bei einem Streit mit einem Beamten dem Vater zur Seite gestanden und von einer anderen Zeit gesprochen, die für sie, die Nazis, schon noch kommen werde. Sie wurde angezeigt, von der Gestapo verhört und entkam nur knapp einer Verhaftung.

Ich war bei Kriegsende 14 Jahre alt. Im Herbst haben wir den *Straubinger Hof* wieder aufgesperrt, doch nur mittags. Es gab ja so gut wie nichts. Meine Schule im Dritten Reich, die Oberschule an der Müllerstraße, wurde nach dem Krieg umgetauft in Neues Realgymnasium, so hatte sie früher auch schon mal geheißen. Doch das altehrwürdige Gebäude war nach dem Krieg ein Trümmerhaufen – und so ist die Schule umgezogen in die umliegenden Wirtshäuser, sofern sie noch existierten. Wir haben zwei Räume zur Verfügung gestellt, mit den erforderlichen Tischen, Stühlen und Bänken ausgestattet, sowie den Schülern und dem Lehrpersonal die Mitbenützung der Toiletten ermöglicht. Und ich hatte die Freude, im eigenen Wirtshaus zur Schule zu gehen, in Hausschuhen – und mit meiner Boxerhündin.

Der Hund hat bei uns Tradition. Ein Wirt kommt gern auf'n Hund. Will sagen: zu einem Hund oder manchmal auch bloß zu einem Hunderl. Im *Kapuzinereck* am Baldeplatz hatte mein Vater eine Dogge namens Alma als Wirtshund. Die Alma war so gewaltig groß, dass sie ohne Anstrengung die Semmeln in den Brotkörberln auf den Wirtshaustischen hätte nachzählen können. Die Gäste im *Kapuzinereck* regten sich über den Hund nicht sonderlich auf, und wir Kinder haben uns von Anfang an daran gewöhnt, dass die Alma uns die Würstl aus der Hand wegfraß. Später sind die Hunde bei uns dann kleiner geworden, wenngleich ein Boxerhund auch nicht gerade zu den Schoßhunderln zählt.

Ich bin also im *Straubinger Hof* mit meiner Boxerhündin Anka in die Schule gegangen. Unser Mathematiklehrer, Professor Dr. Thürlings, rief vor Beginn des Unterrichts jedes Mal – wir hatten immer in der ersten Stunde Mathematik:

> *„Ist der Richard da? Ist der Hund auch da?*
> *Dann können wir anfangen."*

Der Hund musste freilich vor der Mittleren Reife die Schule quittieren: Er schlief während der Lektionen gerne tief und fest, aber einmal wurde der Deutschprofessor sehr laut und schrie einen Schüler zusammen. Da ist die Anka aufgewacht, auf den Professor losgegangen und hat ihn zusammengebellt. Daraufhin bat der Rektor des Gymnasiums meinen Vater, mir doch nahe zu legen, auf die Mitnahme des Hundes zu verzichten. Der Hund bekam daraufhin einen Verweis und flog zu meinem größten Bedauern von der Schule. Auch der Hund hat das lange nicht verwunden. Verstanden hat er es sowieso nicht.

Als Wirt war ich später nie ohne Hund. Mein letzter Vierbeiner war ein kleiner Mischling ohne jegliche Erziehung – die Nanni. Sie führte sich auf, als wäre sie in freier Wildbahn aufgewachsen – was wahrscheinlich auch der Fall war. Ohne Leine ging bei ihr gar nix – sie wäre sonst auf und davon. Einer Laufmaschine gleich zog sie davon und mich mit, wenn ich auf meinem Radl beim *Forsthaus Wörnbrunn* durch den Wald strampelte. Einmal hielten mich zwei ältere Damen auf:

> *„Sagen S' amal, ham Sie koa schlecht's*
> *G'wissen, Sie aufm Radl drob'n und der arme*
> *Hund nebenher?"*

> *„Naa, sag i, denn morgen is es wieder umge-*
> *kehrt. Da derf er fahr'n, und i muaß renna."*

Vierzehn Jahre lang war diese Nanni mein Haus- und Hofhund. Nanni hatte ich sie deswegen getauft, weil, wenn ich gefragt wurde, ob der Hund auch folgt, ich sagen musste:

> *„Naa."*

Und auf die Zusatzfrage: Kann man dem Hund nix beibringen, musste ich wahrheitsgetreu antworten:

> *„Nie!"*

Naa-nie! Vor ein paar Jahren blieb mir nichts anderes übrig, als Nanni einschläfern zu lassen. Alle tierärztliche Kunst hatte nichts mehr geholfen. Fragte mich im *Wirtshaus Wörnbrunn* kurz darauf eine Frau:

> *„Wia geht's denn Eahnam Hunderl?"*

Ich erzählte ihr, was passiert war.

> *„Tean S' Eahna aba glei wieda oan her",*

meinte sie. Darauf ihr Mo mit einer abschlägigen Handbewegung:

> *„In sei'm Alter werd a si no an Hund her toa."*

Sag' i drauf:

> *„Ich brauch doch dem Hund net sag'n, wia alt*
> *dass i bin."*

Mein Freund Willy Heide aus Planegg ist ebenfalls ein Hundenarr. Der letzte Hund, ein Schäferhund, den er sich ang'schafft hat, ist ein ehemaliger Polizeihund. Er ist bei der Inspektorenprüfung bei einem Eignungstest durchg'fallen: Er hat zwei Regensburger net von a Paar Wiener unterscheiden kenna.

Also, des braucha S' jetzt net glaub'n.

Fünftes Kapitel:

Der Wirtsbua

Ich war in der siebten Klasse der Oberschule, als mein Vater starb, 1948, drei Tage vor der Währungsreform. Mir blieb nichts anderes übrig, als von der Schule abzugehen, die Mama konnte man ja nicht alleine lassen. Ich habe dann versucht, der Mutter in der Wirtschaft zur Seite zu stehen. Ich war 17. Der *Straubinger Hof* war unsere Existenz, unser Dach über dem Kopf. Ich habe mich schon in jungen Jahren gerne mit den Gästen abgegeben. Es machte mir Spaß; es war nicht so, dass ich gesagt hätte:

> *„Ah, und meine ganzen Pläne sind über den*
> *Haufen geworfen worden."*

Ich habe es gerne gemacht. Und habe halt dann versucht, mir nebenbei anzueignen, was man als Wirt braucht.

Der Tod meines Vaters kam für uns alle überraschend. Er hatte eine chronische Bronchitis, und wir glaubten immer, seine Krankheit sei nicht lebensbedrohlich. Dann kam er zur Beobachtung in die Klinik in der Ziemssenstraße. Er war nicht bettlägerig, als er ins Krankenhaus hineingefahren wurde. Er hatte sogar noch ein Taxi genommen – und dann lautete die Diagnose:

> *„Ihr Vater hat Lungenkrebs. Aber so wie es*
> *aussieht, geben wir ihm noch zwei Jahre."*

Das sollte uns wohl ein Trost sein. Denn es wurden keine zwei Jahre mehr, sondern nur noch zwei Wochen.

Die ersten Tage ist es aufwärts gegangen, er nahm sogar wieder zu, aber dann ging es rapide abwärts. Er verfiel – schlimmer hätte es gar nicht sein können. Ich war mit meinem älteren Bruder Ernst bei ihm, wir haben an seinem Bett gewacht. Plötzlich richtet sich der Patient, der in diesem Kammerl neben meinem Vater lag, in seinen Kissen auf und sagt:

> *„Rechnets damit, dass der Vater stirbt heut'*
> *Nacht."*

Der Vater lag da und hat fantasiert. Vom Ersten Weltkrieg hat er fantasiert, unzusammenhängendes Zeug, er war ja damals verwundet worden, eine Knieverletzung. Dann rief er plötzlich:

> *„Bringts mich, bringts mich zum Verbands-*
> *platz."*

Wir beugten uns über ihn und er sagte:

> *„Gehts zum Verbandsplatz, sagts denen, sie*
> *sollen mich holen."*

Das waren seine letzten Worte.

Dies geschah alles drei Tage vor der Währungsreform, an einem Freitag. Wir haben versucht, die Dinge, die man für ein Begräbnis braucht, mit der alten Währung zu bezahlen, mit der Reichsmark. Der Kranz, das Sterbebild, die Überführung. Einige Geschäftsleute, der Buchdrucker zum Beispiel, wollten die Rechnung erst am Montag stellen – in DM. Doch DM hatten wir ja nicht oder viel zu wenig.

Die Beerdigung war vormittags um elf, und dann bin ich um acht noch zum Frisiersalon Jakob – vis à vis von uns. Damals hat das Haarschneiden eine „neue" DM gekostet, ich konnte das noch mit Papiermark, mit Reichsmark, bezahlen. Eine DM, das waren zehn Reichsmark. So ließ ich mir um zehn Reichsmark die Haare schneiden und gab dem Friseur drei „alte" Mark Trinkgeld – umgerechnet 30 neue Pfennige. Da würde der mir heute wahrscheinlich das Ohrwaschl wegschneiden.

Mit meinen noch nicht 18 Jahren musste ich, ob ich wollte oder nicht, nun meiner Mutter zur Hand gehen. Der Anfang war schwer, und es wurde ein langer Weg, bis meine Tätigkeit bei den Gästen Respekt und Anerkennung fand.

Die Mitglieder des bei uns probenden Gesangvereins Weiß-Blau titulierten mich meinem Alter entsprechend „Wirts-bua". Nicht sehr ermutigend für mich, aber ich schluckte es runter, denn sie waren gute Gäste. Sie blieben bei ihrer Anrede, auch später, so wie manche Frau bis ins hohe Alter „Mädi" gerufen wird wie in ihrer Jugendzeit.

Mit dem Auszug aus dem *Straubinger Hof* Anfang der sechziger Jahre verlor ich den Gesangverein Weiß-Blau aus den Augen und hatte so gut wie keine Verbindung mehr mit den Gesangsbrüdern. Einmal allerdings wurde ich in meinem späteren Gasthaus *Wörnbrunn* an die alten Zeiten im *Straubinger Hof* erinnert.

Ein Telefonat sollte auf meinen Apparat durchgestellt werden. „Ich weiß nicht, was der Herr will", entschuldigte sich das Mädchen von der Telefonzentrale, „er spricht immer nur von Würzburg."

Sie, die vom hohen Norden stammende Telefonistin, konnte freilich nicht ahnen, mit wem der Mann sprechen wollte. Es war der Starringer Adi, seinerzeit Mitglied des Gesangsvereins Weiß-Blau. Er sprach nicht von „Würz-burg", sondern er wollte mich sprechen, den „Wirtsbua".

Ich habe meine Mutter nie alleine gelassen. Das wäre ja gar nicht gegangen. Sie hat viele Schicksalsschläge erlitten. Es war ja nicht nur der Tod des Vaters ... Sie ist jeden Morgen um fünf Uhr aufgestanden, hat ihre Zeitung gelesen und sich Zeit genommen für ihr Frühstück, ihren Kaffee. Das war der entscheidende Abschnitt ihres Tages: In der Früh' beim Frühstück für sich sein. Sie hat immer von einem Tagescafé geträumt. Ein Tagescafé, davon schwärmte sie. Ich übernahm 1962 die *Gaststätte Großmarkthalle*, das war ein Tagesbetrieb! Jedoch: Nein, hat sie hat gesagt, nein, sie bleibe im *Straubinger Hof*. So betrieb ich den *Straubinger Hof* weiter – mit ihr.

Sie war keine Frau, die das große Risiko liebte. Lieber sollte alles so bleiben wie es war. Sie war sehr konservativ.

Wenn ich von meinen Zukunftsplänen sprach, dann war ihre Antwort:

„Du werst es scho no sehn'g."

Ein anderer ihrer Aussprüche ist mir ebenfalls nachhaltig im Gedächtnis geblieben:

„Tue Recht und scheue niemand!"

Sie hat bescheiden gelebt, sie brauchte ja nicht viel. In der Früh den Kaffee ... Das galt für uns alle: Bescheidenheit. Ich bin sehr froh, dass ich von meinen Eltern keinen „Vogel" geerbt habe. Sondern dass ich mit dem zufrieden bin, was ich habe.

Mein älterer Bruder Ernst war zur Marine eingezogen worden, abkommandiert auf einen Minensucher, das Boot lief auf eine Mine, die Munition musste schnellstens entladen werden, und bei dieser Aktion ist Ernst eine Munitionskiste auf den Kopf gefallen. Er war schwer verletzt und lag wochenlang im Koma – man befürchtete, dass ihm, sollte er mit dem Leben davon kommen, etwas bleiben könnte ... Aber alles schien gut zu gehen. Ernst überlebte, kam in englische Gefangenschaft, machte sich nach dem Krieg selbstständig – als Helfer in Steuersachen. In Folge seiner Verletzung hatte er jedoch mehr und mehr Phasen, in denen er zu nichts mehr fähig war. Aber genaueres wissen wir nicht, er hat nichts Schriftliches hinterlassen.

Eines Morgens erschien er nicht in seinem Büro.

Ich rief ihn an, es ging niemand ans Telefon. Ich dachte mir, wer weiß, wo er hängen geblieben ist in der Nacht. Er ist ja gerne ausgegangen. Ich rief seine Verlobte Lilo Salewski an, wir sind gemeinsam zu seiner Wohnung gefahren, da lag er, tot, er hatte sich mit Gas vergiftet. Das geschah im März 1959, elf Jahre nach dem Tod meines Vaters. Es war für meine Mutter schlimm. Schon 1944 hatte sie ihren Lieblingsbruder Simon verloren, mit dem sie ein Herz und eine Seele war. Er fiel in der Normandie. Und nun nach meinem Vater der älteste Sohn.

Es kam noch schlimmer: Im Juli 1959 – vier Monate nach dem Tod von Ernst – schläft mein jüngerer Bruder Walter auf der Straße von Baldham nach Ebersberg im Auto ein und fährt an einen Baum. Ich möchte nicht davon erzählen, wie mir zumute war, mein älterer Bruder tot, mein jüngerer Bruder tot. Meine Mutter ist um Jahrzehnte gealtert. Sie war, ich möchte nicht sagen, eine gebrochene Frau, aber es hat ihr arg zugesetzt. Sie ist auf keine Beerdigung gegangen, weder auf die meines älteren, noch auf die meines jüngeren Bruders. Sie konnte einfach nicht. Ich glaube, sie hätte das nicht überstanden.

Sechstes Kapitel:

Die Ambulanten

Ich hatte es damals sehr schwer. Natürlich habe ich mich bemüht, zu den Gästen sehr höflich zu sein und stets freundlich „Grüß Gott!" zu sagen. Die Gäste, besonders diejenigen, die man nicht gekannt hat, fragten:

„Was will denn der junge Bursch da?"

Sie wussten ja nicht, wer ich bin. Ich konnte mich ja nicht vorstellen und sagen:

„Sie, ich bin der Sohn vom Herrn Süßmeier,
  der ist gestorben, ich mache das jetzt."

Das war bitter, ich merkte, ich wurde nicht ernst genommen. Ich bin früh aufgestanden und habe dann eingekauft. Entweder bin ich mit dem Fahrrad zum Schlachthof gefahren und hatte einen großen Korb dabei, den ich auf das Fahrrad hinauf stellen konnte oder ich bin zum Viktualienmarkt vorgegangen, kaufte dort das Gemüse ein und half dann der Mama in der Küche mit, bin ihr zur Hand gegangen, schrieb die Speisekarte. Den Satz:

Die verehrten Gäste werden gebeten, ihr Besteck selbst mitzubringen! musste ich nicht mehr schreiben. Wir hatten nun unsere eigenen Bestecke.

Ich setzte mich überall ein, und war auch überall einsatzbereit. Als die Mama immer wieder gesundheitliche Probleme hatte – ihre schwere Erkrankung zeichnete sich schon ab –, ist sie oft am Abend früher in die Wohnung gegangen, und ich habe sie, so gut es ging, in der Küche vertreten.

Meine Sternstunde, die Sternstunde für den *Straubinger Hof*, war dann die Entscheidung der Stadt, die *Auer Dult*

wieder wie früher abzuhalten – im alten Stil. Weil aber am Mariahilfplatz, dem ursprünglichen Ort, der Kirchturm baufällig war, wurde die Dult in die Blumenstraße verlegt, und zwar auf die zwei Parkplätze zwischen dem Hochbunker und der Freibank uns gegenüber. Das war ein riesiges Glück und bedeutete einen großen Aufschwung. Es gab ja die Maidult, dann kam die Jakobidult, dann die Herbstdult und dann nahte schon Weihnachten mit dem Christkindlmarkt – direkt vor der Wirtshaustür. Es kamen Freibankmetzger, Gemüse- und Blumenfrauen, auch die Lieferanten, die „Beschicker" der Dult, die Fieranten, die Obsthausierer, die Schausteller, also das gesamte „ambulante Gewerbe" – und natürlich auch die Besucher der Dult. Viele wurden zu Stammgästen – auch der Vorsitzende des ambulanten Verbandes mit seinem Büropersonal. So konnten wir an die Hauswand des *Straubinger Hofs* ein Schild anbringen:
Stammlokal des ambulanten Gewerbes.
Unsere Gäste aus dem ambulanten Gewerbe waren sehr lebenslustig, das waren keine faden Leut'. Sie verdienten ihr Geld schnell und gaben es genauso schnell wieder aus. Vor allem die Mannsbilder tranken gerne ein oder zwei Glaserl Schnaps, einen guten Schnaps; Steinhäger war sehr begehrt.

Die Rührigsten unter ihnen wurden „Spezialisten" genannt. Sie hatten einen „Stand", das heißt, sie hatten einen Schirm und einen Tisch, und unter dem Schirm haben sie ihre Ware verkauft. Und da wurde in erster Linie der Vortrag bezahlt und dann erst die Ware. Sie waren Neuheitenverkäufer und lebten in erster Linie von der hypnotischen Wirkung ihres Vortrags. Die meisten dieser alten Kapazitäten, wenn ich sie so nennen darf, hatten Spitznamen. Ich erinnere mich an den Kreidebleich, den Schmeling, den Toage…Sie mussten sich rüsten für ihren Vortrag, und da haben ein paar Gläschen Schnaps immer geholfen.

Sie boten alles Mögliche an, was man leicht mitnehmen konnte, was in die Tasche gepasst hat. Lockenwickler zum Beispiel, magische Messer, eine Seife, mit der man jeden Fleck entfernt, oder eine Wunderpfanne. Sie lebten davon, dass sich die Leute wunderten. Auch Wunderheilmittel wurden verkauft. Das japanische Po-Ho-Öl zum Beispiel half gegen alles. Der Spezialist Lang Theo pries das Öl wie folgt an: *„Wenn Sie dieses Mittel regelmäßig nehmen, dann können S' überhaupt nimmer mehr sterb'n."*

Einige der Ambulanten waren außerordentlich geschickt. Unter den Zuschauern befand sich oft einer, der zu ihnen gehörte, ein *Agent provocateur*, der am Ende eines Vortrags laut rief, er möchte unbedingt einige Fläschchen kaufen. Er hätte schon letztes Mal eines gekauft und seinen Nachbarn empfohlen, und die wären jetzt alle überglücklich mit diesem Mittel. Die Zuschauer sagten dann bei sich: „Wenn der's schon ausprobiert hat, dann wird das schon stimmen."

Und haben gekauft.

Diese Spezialisten waren sehr gute Gäste. Nicht nur der Schnaps, auch der Kaffee war ihnen sehr wichtig. Ich will Ihnen ein Beispiel geben: Es gab bei uns Filterkaffee. Der Filter war von Melitta und wurde direkt auf die Kaffeetasse gesetzt. Das hatte den Vorteil, dass der Kaffee absolut frisch gebrüht worden ist. Eines Tages hatten wir uns, um das Mittagsgeschäft besser bewältigen zu können, eine gebrauchte italienische Kaffeemaschine angeschafft und verkündet: Filterkaffee gibt es erst wieder ab halb zwei Uhr. Da warteten unsere Gäste tatsächlich – obwohl der Filterkaffee teurer war – bis um halb zwei. Die Kaffeemaschine hatten wir umsonst gekauft.

Als Wirt muss man immer gute Laune haben, und die Freude daran, immer wieder dazuzulernen. Montag abends kam der Fotografische Club, am Dienstag der Alpenverein, am Mittwoch der Buchdruckergesangsverein, am Donnerstag der Gesangsverein Hans Sachs, am Freitag der Gesangsverein Weiß-Blau und am Samstag der Trachtenverein Almrausch-Stamm. Da gab es Vorträge der verschiedensten Art und natürlich viel Gesang. Das alles spielte sich im Neben-zimmer ab. Die Gesangsvereine begannen um acht Uhr, sie haben eine Stunde oder eineinhalb Stunden gesungen, und dann ist Karten gespielt worden. Ab zwölf Uhr – kurz vor Mitternacht – wurde wieder gesungen. Etwas lauter, nach-dem sie schon ein paar Halbe Bier intus gehabt haben. Beim Trachtenverein ging's noch etwas deftiger her, Schuhplat-teln, Tanzen und auch gewaltiger Gesang, wenn ein Fünf-Liter-Humpen gebracht wurde.

Es wurde viel Karten gespielt damals. In der Regel Schaf-kopf, aber auch Tarock und Watt'n. Watt'n war ja erlaubt, solange es nur um die Zeche ging. Gepokert wurde in einem Kreis, der sich im Laufe der Jahre entwickelt hatte … Aber das ist eine andere Geschichte, die mit meinem Amt als Fa-schingsprinz der Münchner Gastronomie zu tun hat, und die ich Ihnen später erzählen werde. So wie Sie auch erfah-ren werden, was es mit den Schnallenbällen auf sich hatte, und warum ich mich als Puffmutter verkleidete.

Unter den Kartenspielern gab es auch sogenannte „Be-rufsspieler", die versucht haben, vom Kartenspiel zu le-ben. Der „dorat" Schneider, ins Hochdeutsche übersetzt, der schwerhörige Schneider, gehörte in den fünfziger Jah-ren zu meinen Stammgästen und war ein gewiefter Kar-tenspieler. Direkt taub war er nicht, der „Dorat", er hörte nur sehr schlecht. Wenn er etwas verstehen wollte, klapp-te er seine beiden Ohren nach vorne, manchmal genügte auch eines; wenn die Sache für ihn nicht so wichtig war ließ er seine Ohren Ohren sein und schaute teilnahmslos vor sich hin.

Jeden Vormittag gegen elf Uhr betrat Herr Storhas, wie der „dorat" Schneider in Wirklichkeit hieß, unsere Wirt-schaft und setzte sich auf seinen Stammplatz. Dann bestell-te er eine Portion Kaffee und eine Buttersemmel. Er war stets ordentlich gekleidet, mit Mantel, Hut und einem grau-en Anzug – und hatte immer seinen Rauhaardackel, den „Lumpi", als ständigen Begleiter dabei. Dieser Lumpi war sein Ein und Alles. Den Kaffee ausgenommen teilte er alles, was aus der Küche kam, mit ihm.

Von was der „Dorat" eigentlich lebte, wusste niemand so recht, sieht man einmal davon ab, dass er ja ein gewiefter Kartenspieler war. Nach außen hin lebte er genügsam und bescheiden. Wenn er sich überhaupt Außergewöhnliches erlaubte, dann eine Fahrt mit dem Taxi, aber nur dann, wenn es regnete, denn der Lumpi durfte nicht nass werden und sich vielleicht gar erkälten.

Eines Tages kam der Dorat allein, ohne Lumpi. Man sah es seinem todtraurigen Gesicht an, dass ihm sein Kamerad abhanden gekommen war.

„Der Lumpi is nimmer da,
der Lumpi is nimmer da",

wiederholte er immer wieder und bestellte sich noch weniger als sonst.

Ihm war der ganze Appetit vergangen, und alle hatten Mitleid mit dem „doraten" Schneider. Am nächsten Tag war der Lumpi wieder da.

Dem Lumpi war so gut wie nichts anzumerken, vielleicht war er etwas struppiger als sonst, der Dorat aber strahlte übers ganze Gesicht. Die Welt war für ihn wieder in Ordnung.

„Wo war er denn?", wollte ich wissen.

„Stell dir vor", sprudelte es aus ihm, dem sonst Schweigsamen, heraus, *„in einem andern Wirtshaus is a g'hockt, im Krablergarten. I hätt's eigentlich wissen müss'n, denn i hab' mi ja mit einem z'samm b'stellt g'habt. I hab's vergessen, aber er hat's no g'wusst."*

Es gab auch Stammgäste, die immer zu den letzten gehört haben, die nach Hause gegangen sind. In einem solchen Fall war es unausbleiblich, dass ich mich dazu setzte, na ja, um sie dazu zu bringen, nach Hause zu gehen. Meistens ging dann aber die Unterhaltung erst richtig los. Das Katherl und der Michi, zwei Verkaufsstrategen, Spezialisten für Haushaltswaren, waren nicht verheiratet, wirkten aber wie ein altes Ehepaar. Am Ende eines langen Tages hockten sie bei mir, und es kam zu einem Dialog, wie ihn Beckett in seinem Endspiel nicht besser hätte schreiben können.

Das Katherl machte ein grantiges Gesicht, schob ihren Kinnladen noch weiter vor, als er sowieso schon vorstand, bot einen ganz und gar „zwidernen" Eindruck. Platzte plötzlich mit dem Satz heraus:

„I woaß wos von dir."

Schaute den Michi nicht an, schaute dabei gradaus, stangengrad an ihm vorbei. Der Michi tat so, als ginge ihn das überhaupt nichts an; es war ihm wurscht, was das Katherl sagte.

So vergingen einige Minuten. Dann wiederholte die Kathi:

„I woaß wos von dir."

Diesmal um eine Nuance kräftiger, ohne aber den Michi von seinem Desinteresse wegzubringen. Seine einzige Reaktion: Er wischte sich die Augen, sie tränten. Das kam wahrscheinlich vom Steinhäger, der aus dem Michi wieder herauswollte. Schließlich war es auch schon sein viertes Glaserl an diesem Tag.

„I woaß wos von dir",

trumpfte das Katherl erneut auf.

Diesmal klang ihre Stimme richtig aggressiv und sie fixierte erstmals den Michi mit einem bösen Blick. Noch immer focht das den Michi nicht an, auch wenn er ihr jetzt erwiderte:

„Wos du scho woaßt", entgegnete er
mit einer Handbewegung, die sagen sollte
„an Schmarr'n woaßt."

Das Katherl schaute noch böser drein als zuvor:

*„Da schaugast, wenn i dir des sag'n daad, wos
i woaß"*, griff das Katherl aufs Neue an.

Jetzt wurde es dem Michi doch zu bunt.

*„Hör doch auf mit dem Schmarr'n,
an Dreck woaßt."*

Er wollte sichtlich einen Bagatellfall daraus machen.

„I kenn di scho“, erwiderte das Katherl, *„du
magst as bloß ned hörn, wos i von dir woaß.“*

Der Michi sah nun ein, dass ein Ende der „Benzerei“ nicht
in Sicht war. Er wollte nun seinerseits die Angelegenheit
rasch zu Ende bringen. Mit einem:

„Dann sag’ halt, wos d’ woaßt!“ ging er zum
Gegenangriff über.

’S Katherl überlegte, um dann zu einer völlig neuen Strate-
gie überzuwechseln.

„Naa, jetzt mog i nimmer“,

so quasi, jetzt hast an Dreck im Schachterl.

*„Ja freilich, weilst nix woaßt, desweg’n sagst
nix“*, gab der Michi zurück

„Des is ned wahr, i woaß g’wiß wos“, trium-
phierte das Katherl.

„Dann sagst des jetzt auf der Stell’“,

befahl der Michi drauf energisch und haute gleichzeitig auf
den Tisch.

Dem Katherl kamen die Tränen.

„I lass mi ned so o’schrein von dir“, schluchzte
sie.

Daraufhin fuhr der Michi seine Lautstärke zurück,
murrte:

*„Is ja wahr aa, da will ma sei Ruah ham und
werd’ an ganz’n Abend o’gfegt.“*

Das Katherl:

*„Eahm schaug o, i will eahm wos sag’n und
er sagt, i daad’n o’fegn. Mit dir ko ma’s wirkli
ned aushalt’n. I mog nimmer. Mir langt’s,
i geh’.“*

„Gehst scho hoam“, erkundigte ich mich
scheinheilig.

„Ja, i geh’, mit dem ko’st as ja ned aushalt’n.“

Sie bezahlte ihre obligatorische Knödelsuppe, ihre etlichen
Tassen Kaffee, ihre paar halbe Bier und ihre diversen Stein-

häger; ihre übliche Zeche halt, die sich den langen Tag über angesammelt hatte.

Dann verließ sie grußlos das Lokal. Der Michi aber blieb sitzen und sagte kein Wort mehr.

Am anderen Tag saßen sie wieder einträchtig beieinander, das Katherl und der Michi, als wäre nichts geschehen.

Der Disput von gestern war vergessen, und so haben wir nie erfahren, was des Katherl vom Michi g'wußt hat, und warum sie's ned g'sagt hat.

Aber vielleicht hat der Michi doch recht g'habt, und sie hat gar nix g'wußt g'habt vom Michi, und sie war nur einfach grantig an dem Tag und wollte das dem Michi kundtun – auf ihre Art.

Für die des Münchnerischen nicht so Kundigen hier das „Endspiel" auf Hochdeutsch:

Katherl: Ich weiß was von dir.

Michi (schweigt)

Katherl: Ich weiß was von dir.

Michi: Was du schon weißt.

Katherl: Da guckst du dumm aus der Wäsche.

Michi: Einen Dreck weißt du.

Katherl: Du willst nur nicht hören, was ich von dir weiß.

Michi: Dann sag' es halt.

Katherl: Jetzt mag ich nicht mehr.

Michi: Weil du nichts weißt.

Katherl: Das ist nicht wahr. Ich weiß gewiss was.

Michi: Verdammt noch mal, raus mit der Sprache.

Katherl: Ich lass mich nicht so anschreien.

Michi: Du fegst mich doch an. Ich will meine Ruh'.

Katherl: Ich will dir was sagen, und du behauptest, ich feg dich an. Mir langt es. Ich geh.

Siebtes Kapitel:

Trauern, feiern

In der Zeit, in der ich den Wirtsbuben gegeben habe, wohnten wir im ersten Stock des *Straubinger Hof*s in einer sehr geräumigen Wohnung. Nach dem Tod meiner beiden Brüder lebten wir dort zu zweit, meine Mama und ich, und ich ersetzte meinen Vater. Sie war nicht gerne allein und wollte auch nicht, dass man sie allein lässt. Ich empfand das nicht als Belastung. Nach und nach habe ich mir einen Freundeskreis aufgebaut, und ich habe auch sehr viele Kollegen kennengelernt, die mir Freunde wurden.

Freundinnen? Meine Mama war unerhört eifersüchtig. Ja, wenn die den Verdacht gehabt hätte, da steckt was Ernsthaftes dahinter, um Gottes willen, da wäre der Teufel los gewesen. Ich hätte eine Freundin nicht einmal am Haus vorbeiführen dürfen. Es wäre ihr lieber gewesen, ich hätte nicht geheiratet.

Ein Freund, ein väterlicher Freund, mein Firmpate war der alte Ludwig Hagn, ich habe ein Jahr lang bei ihm in der Metzgerei gearbeitet. Nebenbei, in aller Herrgottsfrüh. Die Wirtshäuser bei uns waren ja früher ohne eigene Metzgerei nicht vorstellbar.

Am Schlachttag kamen die Innereien auf die Karte, die sauren Nieren – ob vom Kalb oder Schwein, das Kalbs- und Schweinsherz, das Bries, das Hirn, als Omelett oder mit Ei „Wiener Art", ja, der ganze Kalbskopf zierte die Speis'kart'n, geröstet mit Ei, als Backerl gebacken, das Züngerl ebenso zubereitet, den Schweinsrüssel auf Kraut und die Ohren als Zuawaag – wer's mag, die Kälberfüß' paniert, die Leber sauer und am Tag drauf die Leber- und Blutwurst mit dem frisch gekochten Wammerl.

Ansonsten waren die Braten die festen Säulen des Speisenangebots, der Schweinsbraten als Anführer, am besten vom Halsgrat oder von der Schulter, die gefüllte Kalbsbrust – wobei der jeweilige Brustspitz für die Spezialisten unter den Gästen von vornherein reserviert war.

Die Kalbsvögerl galten als besondere Delikatesse. Sie wurden im „Nest" serviert, das aus rohen Kartoffelstaberl in einem Gitterkörberl zu einem „Nest" geformt und im schwimmenden Schmalz herausgebacken wurde.

Die Beilagen bildeten vornehmlich die Kartoffel- und Semmelknödel, der noch lauwarme Kartoffelsalat im Verbund mit den Salatgenossen, die der Markt gerade offerierte.

Das Rind steuerte zum Angebot das Tellerfleisch sowie das garnierte Ochsenfleisch bei, das meistens auf sechsteiligen Platten angerichtet war, mit Salzkartoffel, Gurkensalat, Roten Rüben, Preiselbeeren und Gemüse.

Das Rindsgulasch fehlte ebenso wenig wie der Rindsbraten, oft auch als Sauerbraten, oder als Bœuf à la mode zubereitet. Letzteres war vorzugsweise vom Wadschlegel genommen und ein paar Tage in Essig eingelegt.

Zum Bœuf à la mode reichte meine Mama „Toagknödel", eine Anleihe aus Niederbayern – frisch gekocht und frisch serviert eine wahre Delikatesse, ein Schmankerl halt.

Fast vergessen hätt' ich die Kalbshax'n, die nicht nur gebraten, sondern auch sauer dem verwöhnten Gast angeboten wurde. Aber auch gekocht und dann abgebräunt fand sie ihre Liebhaber. Nicht fehlen durften die Fleischpflanzerl, die natürlich auch – in Maßen – Semmeln enthielten.

So gesehen entspricht die folgende Geschichte der Wahrheit:

Der Gast zur Lisa, der Bedienung:

„Bringen S' mir einmal Fleischpflanzerl und a Semmel dazua."

Die Lisa:

„D' Semmel is scho drin."

Der Gast:

„Bringen S' mir trotzdem noch eine Semmel."

Die Lisa:

„Die is aa scho drin."

Ludwig Hagn, mein väterlicher Freund und Firmpate, sagte eines Tages zu mir:

„Du, du gehörst ja jetzt aa zu de Wirtsmetz-
ger und du lasst dich jetzt in den Verein auf-
nehmen."

Es gab zwei Vereine der Wirtsmetzger. Der eine hieß „Einigkeit", der andere, nachdem er sich von der „Einigkeit" getrennt hatte: „Zerstreuung."

Ludwig Hagn führte mich in die Westenriederstraße in den Fischer Wirt und verkündete:

„Heute haben wir eine Neuaufnahme." Und
zu mir sagte er: „Fülle das nur gleich aus."

Ich tat, wie mir geheißen, und wusste nicht, wie mir geschah: Die Generalversammlung wählte mich zum Vorstand, zum Vorstand der Gastwirtsmetzger „Zerstreuung". Ich war 25 Jahre alt. Später habe ich erst gemerkt, auf was ich mich da eingelassen habe. Der Verein zählte damals ungefähr 250 Mitglieder, und die meisten von ihnen waren schon ziemlich alt. In den Statuten stand aber, dass bei Beerdigungen der Vorstand eine Rede halten muss, unter Fahnenbegleitung; auch ein Kranz musste niedergelegt werden. Auf diese Art und Weise habe ich über 100 Grabreden gehalten und alle Münchner Friedhöfe kennen gelernt – ungelogen.

Ich habe nie – und das fanden die Leute als äußerst wohltuend – eine Nullachtfünfzehn-Rede gehalten, ich bin immer auf den Verstorbenen eingegangen. Wobei ich bei manchen Beerdigungen weder die Verstorbenen noch die Angehörigen kannte. Ich habe mich stets vorher nach den privaten Schicksalen erkundigt. Einmal freilich, bei einer Grabrede für den Wirt des *Hotels zur Eisenbahn*, fiel mir der Vorname des Verstorbenen nicht ein. Da hat mir – während meiner Rede! – einer der Umstehenden, er hieß Bacherl, den Vornamen genannt, in denselbem Moment vergaß ich aber den Nachnamen des Dahingegangenen, schlimmer noch: Ich nannte den Verstorbenen Bacherl!

> *„Der Bacherl war ein guter Mann", sprach ich,*
> *„der Bacherl ruhe in Frieden!"*

Jedenfalls sagte ich ein paar Mal „Bacherl". Die Witwe war dagestanden, ganz versteinert. Ich habe bestimmt noch drei oder vier Mal „Bacherl" gesagt. Bis einer aus der Trauergemeinde rief: „Barnsteiner!" Und dann ist es mir erst gekommen, dass ich den falschen Namen gesagt habe. Ich habe mich entschuldigt und bin gleich davon. Am Leichenschmaus habe ich nicht mehr teilgenommen.

Ich habe immer darauf geschaut, was meine Kollegen machen, und wie sie es machen. Ich bewunderte Leo Lehmeyer, den Wirt des *Restaurants am Flughafen*, der lange Zeit auch Vorsitzender der Münchner Wirte war. Oder auch den Franz Stahlmann, der seinen Betrieb, die *Schwabinger Brauerei*, hervorragend organisierte. Dann den Carl Groß vom *Platzl*. Auch er war ein Vorbild für mich – ohne Zweifel. Wobei mich das *Platzl* ja sehr interessiert hat – nicht nur das Lokal, sondern auch die Bühne. Ich habe mich auch um das *Platzl* bemüht – doch vergebens. Mit meinem Vater besuchte ich das *Platzl* vor 1943 ein paar Mal. Karl Valentin habe ich sehr geschätzt, überhaupt das Kabarett. Später die *Lach- und Schießgesellschaft*, Sammy Drechsel, dann die Schwabinger Gisela oder auch die Erni Singerl. Mit Johannes Heesters verbindet mich ein vergnügliches Erlebnis. Er war zu Gast bei uns im *Spöckmeier*, einem meiner späteren Lokale, und ich ging zu ihm an den Tisch und habe ihn angesprochen:

> *„Sie, jetzt muss ich Ihnen schon sagen, dass*
> *ich die einzigste Watsch'n, de i von meim Va-*
> *ter kriagt hob, de hob i Eahna zu verdanken.*

Das war 1941, da haben mein Bruder Walter
und ich im Turnverein von 1860 Ihren Film
g'sehn ,Immer nur du', und die Filmvorfüh-
rung hat sich in die Länge gezogen, weil der
Film so oft gerissen ist. Jedenfalls, mein jün-
gerer Bruder und ich, wir haben uns verspä-
tet. Unsere Eltern hatten sich Sorgen gemacht,
wo wir so lange bleiben, und da hat mein
Vater mir eine runter g'haut. Das war die erste
Watsch'n und de hob i Eahna zu verdanken."

Johannes Heesters hörte sehr beeindruckt zu, ließ sich das
Gästebuch bringen und schrieb seine Entschuldigung hinein.

Der mir zugeneigte Leser merkt: Ich liebe den Umgang
mit Menschen, er gibt mir viel. In einem Wirtshaus steckt
das ganze Leben. Wie unser legendärer Oberbürgermeister
Thomas Wimmer es einmal in einem anderen Zusammenhang sagte: Es kommen Leute aller Arten und Sorten herein.

Herein kam zum Beispiel die alte Wirtin. Sie hatte am
Münchner Viktualienmarkt eine kleine Wohnung, im Haus
der *Stadt Kempten*, einer bekannten Marktwirtschaft. Dort
verlebte sie ihre alten Tage. Vor vielen Jahren hatte sie in
Neuhausen im *Frundsberger Fahndl* in der Küche gestanden, war schon vor langer Zeit Witwe geworden. Hin und
wieder räsonierte sie über ihren früh verstorbenen Gemahl,
der das gemeinsame Vermögen so ungeschickt verwaltet
hatte, dass das ganze Gerstl, das ganze Geld, bei der In-
flation zum Teufel ging. Die Brauerei, bei der sie über Jahrzehnte hinweg als tüchtige Pächterin wirkte, hatte ihr diese
preiswerte kleine Wohnung am Viktualienmarkt verschafft,
darüber hinaus bekam sie jede Woche ihr Tragl Freibier.

Das Bier trank sie gern, sie verschenkte es aber auch – in
verwandelter Form. Und das ging so vor sich:

Mit einem Flaschl von ihrem Deputatbier machte sie
sich auf den Weg zum Viktualienmarkt. Sie bot das Bier

einer Blumenstandlfrau zum Tausch für ein Blumensträußerl an. Der Handel war schnell perfekt. Mit dem Blumensträußerl wanderte sie zur nahegelegenen Milchfrau, und im Handumdrehen wurden aus den Bleameln ein paar frische Eier, die sich ein paar Häuser weiter, beim Kaffeegeschäft Schramm, in eine Tafel Schokolade umwandeln ließen. Mit der Schokolad' in der Hand kam sie zu mir in den *Straubinger Hof.*

Jetzt war es ein leichtes, den Schokolad' in ein Flaschl Salvator umzumünzen, umso lieber, als sie versprach, den Salvator den Schwestern im Anger-Kloster zu schenken. Auf diese Weise ist gleichsam ein immer wiederkehrendes kleines Bierwunder geschehen: Nämlich die Verwandlung einer Flasche einfachen Bieres in ein hochprozentiges Starkbier.

Eines Tages klopfte die alte Wirtin an das Fenster unserer Gassenschenke, schob mir ein in Zeitungspapier eingewickeltes Bücherl zu, mit den Worten: „Das schenk' ich dir, heb's gut auf." Es war ihr Poesiealbum. Während ich das Bücherl auspackelte und mich bedanken wollte, murmelte sie noch ein paar Sätze vor sich hin. „Der Himmepappa lasst mi ned sterb'n", konnte ich heraushören.

Tags darauf wusste es der ganze Viktualienmarkt. Die alte Wirtin war gestorben, sie war, wie man vornehm sagt, freiwillig aus dem Leben geschieden.

Zu ihrer Beerdigung kam ich mit leichter Verspätung. Der Herr Pfarrer hatte mit seinen Gebeten schon begonnen, da schlich ich mich im Schutz der Fahne des Begräbnisvereins an ihre letzte Ruhestätte. Ich hatte mich noch nicht richtig umgesehen, da sprach der hochwürdige Herr sein „Ruhe in Frieden!" Und schritt von dannen, und mit ihm der Fahnenträger und seine beiden, wie er antiquiert gekleideten Begleiter.

So stand ich plötzlich allein vor dem Grab, in respektvoller Entfernung die Trauergemeinde: ein paar Dutzend ältere Frauen und Männer. Sie nahmen wohl an, ich sei der einzige noch verbliebene Angehörige der Verblichenen, und so kondolierten sie mir, einer nach dem anderen, mit tröstenden Worten.

Der letzte, der mir die Hand schüttelte, war der mir von der „Wiesn" her bekannte Kanalreiniger Obermayer.

„Ich hab gar ned g'wusst, dass du mit ihr verwandt warst", meinte er.

„Ich auch nicht", hab ich erwidert, und schweigend schritten wir dem Ausgang zu.

Sie sehen, Trauerfeiern lassen mich nicht los. Bei den Feiern der Metzgerwirte spielte immer dieselbe Kapelle – alles ehemalige Blasmusik-Berufsmusiker. Mit anderen Worten: Alle waren schwerhörig. Der Kapellmeister, ein Herr Aschenbrenner, musste schreien, um sich verständlich zu machen. Er hatte zu Hause kein Telefon, nur eine Schiefertafel, wie wir sie von der Schule her kennen, und die hing außen an seiner Wohnung, und mit Kreide habe ich hinschreiben müssen:

Trauerfall morgen, Dienstag, 14 Uhr.

Bei meiner ersten Grabrede hatte sich die Kapelle auf der einen Seite des Grabes aufgestellt, der Kapellmeister auf der anderen. Sobald der Sarg hinuntergelassen wurde, sollte die Kapelle den Präsentiermarsch spielen. Der Kapellmeister Aschenbrenner gab das Zeichen, die Kapelle achtete nicht auf ihn. Jetzt musste er lauter werden, damit die Musiker was verstehen, sie waren ja schwerhörig. Also plärrte er, während der Sarg in die Grube fährt, übers Grab hinweg:

„Auf geht's!"

Sogleich nach der Beerdigung habe ich ihn beiseite genommen und gesagt:

*„Du konnst doch ned, wenn's mit dem Sarg
awi geht, konnst du doch ned sag'n auf
geht's."*

Diese Blaskapelle war eine „Blasmusi" der besonderen Art. Sofort nach dem Ende der Beerdigung haben sie ihr Honorar kassiert. Sie haben mich abgepasst, damit ich nicht abhaue. Sie hörten mit ihrer Musik auch sofort auf, sobald am Grab die letzte Hand geschüttelt worden war. Mitten unter dem Stück haben sie zu spielen aufgehört. Schluss, aus, die Instrumente eingepackt und davon. Einmal jedoch hab' ich sie drangekriegt.

Wir standen an einem Grab in Wolfratshausen, und unsere Blasmusiker spielten traurige Weisen. Doch niemand kondolierte. Die Wolfratshausener Trauergäste dachten, solange die spielen, darf nicht kondoliert werden. Jetzt haben sie gespielt und gespielt und gespielt.

Meine Kollegen sagten:

> *„Richard, jetzt geh halt hi' und fang mit dem*
> *Kondolieren an."*

Sag ich:

> *„Nein, heit müssens' alles nachspuin, was sie*
> *uns an Noten noch schuldig san."*

Hernach, nach der Beerdigung, ist es oft hoch hergegangen. Besonders bei den Wirten, beim Leichenschmaus. Eine Beerdigung, die ich mein Leben lang nicht vergessen werde, war die von Xaver Heilmannseder, dem Präsidenten des *Bayerischen Hotel- und Gaststättenverbandes*, auf dem Nymphenburger Friedhof. Jener Xaver Heilmannseder, der – wie einmal der Wirtschaftsminister Dr. Otto Schedl bemerkte – die bayerische Gastlichkeit, die bayerische Gemütlichkeit und den bayerischen Wirt schlechthin verkörperte. Der neben vielen anderen den berühmten *Turmfalken* angehörte, und zu dessen Ehren wir die Münchner Heilmannstraße in Heilmannsederstraße umbenannt hatten, und dem wir – wie ich noch erzählen werde – ein Denkmal setzten als Wirtsregent.

Ich habe am Grab gesprochen und auch beim Leichenschmaus, dabei tat ich so, als weile der Xaver noch unter uns, habe ihn direkt angeredet, so als säße er inmitten der Trauergesellschaft. Am Schluss meiner Rede hob ich mein Glas Sekt hoch, sozusagen himmelwärts, und rief:

> *„Prost, er lebe hoch!"*

Senkte das Glas aber in der Bewegung wieder herab und verbesserte mich:

> *So wie ich den Xaver kenne, so hoch ist er*
> *bestimmt noch nicht!"*

Dies empfanden alle auch so und waren gerührt – denn der Xaver hatte die Speisenfolge für seinen Leichenschmaus noch mit eigener Hand geschrieben.

Nach der Beerdigung soll der
„Leichenschmaus"
nach altem Brauch stattfinden.
Verwandte, Falken und
Freunde werden dazu geladen.

Es wird gereicht:
Suppe mit kleinen Würstln.
Schweins- und Kalbsbraten mit
Kartoffel- und grünen Salat
und Semmelknödel,
nachher
Kaiserschmarrn mit Kaffee.

Die Gesellschaft soll sich in Erinnerung
an einen Münchner Wirt frohen Mutes
unterhalten.

Achtes Kapitel:

Närrisches Treiben

Fasching ist in München eine besondere Jahreszeit, und die Narrhalla eine Münchner Institution. Sie stand in den fünfziger Jahren auf dem Narrenpodium sozusagen allein. Es gab ja keine Stadtteilprinzen, es gab nur die Narrhalla. Sie marschierte jedes Mal bei den Bällen mit einem Riesenaufgebot herein – konnte aber nicht überall einmarschieren, das war schon zeitlich nicht möglich. So kam der damalige Wirtevorstand, der Franz Stahlmann, auf die Idee, wir Münchner Wirte sollten ein eigenes Prinzenpaar aufstellen. Und ein Prinzenpaar braucht einen Hofmarschall! Ich kam dazu wie die Jungfrau zum Kind. Stahlmanns Schwager, der Heigl Hans, der auf der Dult einen Holzwarenstand hatte, nahm mich mit in die *Schwabinger Brauerei*. Stahlmann war natürlich da, dann der Engelbert Fischer vom *Café Fischer*, er war der Repräsentant der *Kaffeesieder* – wie sich die Café-Besitzer damals nannten, und noch ein paar andere Herren. Sagte der Engelbert Fischer zu mir:

„Jetzt lies uns amal den Zeitungsartikel vor.“
Er gab mir eine Zeitung, ich las vor.

„Gut, in Ordnung“, sagten alle. *„Das genügt.“*
Und damit war ich Hofmarschall.

Wir waren eine Miniaturausgabe der Narrhalla, aber wir traten in eigenen Kostümen auf, die uns ein Theaterschneider vom Gärtnerplatztheater geschneidert hatte. Eine kleine Garde zog mit uns ein und ein sogenannter Elferrat, der in der Regel aus Wirten bestand. Das war unser Hofstaat. Die Wirte, die wir besuchten, sind oft mitgegangen, aber es waren auch Lieferanten dabei: Richard Distler, der große Distler vom Schlachthof, war Mitglied des Elferrats und hat auf diese Art und Weise seine Kundschaft besucht. Wir kamen auf über 130, 140 Einsätze, mehr Einsätze als die Narrhalla – je nachdem wie lange der Fasching jeweils dauerte.

Meine Reden als Hofmarschall und als Prinz hielt ich aus dem Stegreif, aber ich habe immer darauf geachtet, wer mein Publikum war, mal die Schreiner-Innung, mal die Elektriker-Innung, die Frisör-Innung, das närrische Volk beim *Ball der Süßen Früchte* von der *Großmarkthalle* oder beim *Waschermadlball* – alle diese Bälle gibt es heute leider nicht mehr. Wir haben sehr viel Spaß gehabt. Entweder habe ich mit einem Vers angefangen, irgendeinem verrückten, blöden Vers, den ich mir kurz vor der Veranstaltung ausgedacht hatte, oder ich reagierte spontan auf die Stimmung im Saal. Ich will Ihnen ein Beispiel geben. Wir zogen 1954 beim Ball der Elektriker-Innung im *Hofbräuhaus* ein, als Ersatz für die Narrhalla. Die Narrhalla mit ihrem idealen Prinzenpaar, dem Schreiber Schorsch und der Bobby Schottenhamel, hatte im letzten Moment abgesagt, weil sie in Berlin auftreten mussten. Wir sind also eingesprungen, als Lückenbüßer. Die Elektriker-Innung hatte dies aber nicht angekündigt, es hingen im Saal sogar noch die Plakate des Narrhalla-Prinzenpaares Bobby Schottenhamel und Schorsch Schreiber.

Wir kamen also ins *Hofbräuhaus*, und ich – als Hofmarschall – kündigte das *Prinzenpaar der Gastronomie* an. Der Prinz war der Wengenmayer Franze, später ein bekannter Schiedsrichter in der Bundesliga. Die Resonanz: Die Elektriker pfiffen uns aus. Sie waren böse. Ich sag' zum Prinzen:

„Du, da werden wir uns hart tun."

Wir kommen aufs Podium hinauf, die Elektriker haben gepfiffen und gepfiffen, da habe ich das Mikro genommen und zum Prinzen gesagt:

„Ist dir aufgefallen, dass vorwiegend Frauen
hier herinnen pfeifen?"

Der Wengenmayer hat ja nicht gewusst, auf was ich hinaus wollte, und er antwortete, nein, das sei ihm nicht aufgefallen.

Es wurde plötzlich still. Wiederhole ich:

„Kannst du dir vorstellen, warum die Frauen
hier alle pfeifen?"

Nein, das konnte er sich nicht vorstellen.

„Weil ihre Männer alle einen kurzen haben."

Da brodelte der Saal, und das Gejohle und Gepfeife ging erst richtig los. Fluchtartig mussten wir das *Hofbräuhaus* räumen.

Dennoch erinnere ich mich gern an die Elektriker, nicht so gern aber an die Nacht der Gastronomie an einem Aschermittwoch im *Löwenbräukeller*. Es hatte vorher einen Riesenstreit gegeben zwischen Prinz und Prinzessin. Der Prinz hatte sich mit einer Hofdame angefreundet, mit der er mittlerweile schon lange verheiratet ist, und vernachlässigte die Prinzessin. Jene wollte sich rächen und schimpfte:

„Ich zieh' nicht mit ein. Wenn diese Dame
mit einzieht, zieh' ich nicht mit ein."

Der Prinz gibt zurück:

„Wenn meine Hofdame nicht einzieht, dann
ziehe ich auch nicht ein."

Sage ich:

„Dann gehe ich allein hinein."

Es war eine vertrackte Situation, wir stritten uns im Turmstüberl, zogen aber schließlich doch gemeinsam ein. Beim Einzug kommen wir an Thomas Wimmer vorbei und auch am Wirt vom *Tierpark Hellabrunn*. Der Wirt vom Tierpark hieß Sebald Gigl, lebt leider nicht mehr, und war von den Lästermäulern unter meinen Kollegen mit dem Spitznamen der „Affenwirt" belegt worden.

Ich stehe also oben auf der Bühne, begrüße unseren Oberbürgermeister, erzähle ein paar Anekdoten über ihn, erin-

nere mich auch an die Anwesenheit des Wirtes vom Tierpark, erhebe also meine Stimme:

> *„Da fällt mir die Geschichte ein von denen*
> *zwei Affen, die sich im Tierpark unterhalten,*
> *und der eine sagt zum anderen:*
> *‚Was taats du denn jetzt macha, wenn die den*
> *Käfig aufmacha, und du derfst in d' Stadt*
> *nei?'*
> *Hat der andere gesagt:*
> *‚Dann daad i an Wirt macha.'*
> *Dann sagt der andere:*
> *‚Ja du blöder Hund, dann bist ja wieder a*
> *Aff'.'"*

Also ein harmloser Witz. Aber der Tierparkwirt hat das
nicht gescheit verstanden und hat gemeint, ich hätte gesagt, der „Affenwirt" sei auch da. Lässt mich an den Tisch
kommen und will mich da fertig machen. Seine Frau hat
ihn nicht beruhigen können. Er war ganz durcheinander,
dass ich da „Affenwirt" gesagt hätte. Auch der damalige
Staatssekretär im Finanzministerium, Dr. Franz Lippert,
war mit meinem Vortrag nicht zufrieden. Ihn störte es,
dass ich zwar Thomas Wimmer, aber nicht ihn erwähnt
hatte. Ich habe am Ende dann einen Ehrentanz ausgerufen – zu Ehren des Herrn Staatssekretärs –, doch da hatte dieser das Lokal schon beleidigt verlassen.

Es ist sicherlich wert, sich einmal darüber Gedanken zu
machen, warum die Leute ihre Eitelkeit nicht ablegen können – selbst wenn es um a Gaudi geht und an Blödsinn. Ich
hatte mich bei einem Hausball im *Straubinger Hof* verkleidet – als *Prinz von Gockelried*, auch die Gäste waren verkleidet. Nun muss man wissen, dass man damals die Hendl
noch mit Kopf und Füß' gekauft hat, die waren also nicht
grillfertig, sondern nur bratfertig. Ich schnitt den Hendln
die Füß' ab und strich sie mit Silberbronze an – so wie man
ein Ofenrohr anstreicht – hüllte sie in Zellophan und verteilte sie als Orden: Ich war ja der Prinz von Gockelried!

Nun gingen mir die Orden aus. Stellen Sie sich vor, da waren die Leute beleidigt, weil sie keine Hühnerfüß' mehr bekommen haben.

Im Bayerischen gibt es den schönen Begriff des „Derbleckens". Im Norden Deutschlands würde der Derbleckte sagen, er sei durch den Kakao gezogen worden. Dazu erst einmal die Vorgeschichte:

Im November des Jahres 1957, genau am elften November, hatten wir die Narrhalla mit ihrem damaligen Faschingsprinzen Wolfgang Pfaff heimgesucht. Bei der Vorstellung des Prinzenpaares im *Bayerischen Hof* kamen wir geschmückt mit Eselsköpfen und um die Schultern geworfenen Elferratsmänteln und störten die Veranstaltung empfindlich.

Wir riefen die „Schmarrhalla" aus, führten ein lebendiges Schaf auf die Bühne. Das Schaf trug einen Schottenrock. Der Präsident der Narrhalla, Dr. Max Schottenhamel, beschwerte sich heftig, der Faschingsprinz Wolfgang Pfaff aber war vorgewarnt, dass wir ihm während seiner Regierungszeit noch einmal einen Streich spielen würden. Und das taten wir.

Am Faschingssonntag, nachdem der Faschingszug beendet war, verkleideten wir uns, wir Kegelbahnbrüder – von der Kegelbahn wird noch die Rede sein – als Negerkapelle und zogen wiederum in den *Bayerischen Hof*, um dem Faschingsprinzen unsere Aufwartung zu machen, so gaben wir zumindest vor. Der Faschingsprinz feierte noch mit seiner Garde, und ließ uns ausrichten, wir könnten uns in seiner Suite schon mal ein paar Bier genehmigen. Also ließen wir uns in seiner Suite nieder, warteten auf ihn, er kam aber nicht. Darauf hin bestellten wir uns Sekt und feierten auf unsere Art. Der Uli, so wurde er kurz genannt, mit vollem Namen hieß er Herbert Max Ulrich, der Uli schlug vor – er war in seiner Stimmung schon weit fortgeschritten:

„Wir ziehen uns jetzt das G'wand an."

Wenn er gesagt hat „wir", dann hat er sich selber gemeint, und so hat er das Prinzengewand angezogen. Hier ist anzumerken, dass der Uli eigentlich gar nichts mehr angehabt hat, also nackert war unter dem Gewand. Er trug majestätisch den Prinzenmantel auf seiner bloßen Haut, auf dem Kopf eine Flammenkrone, und als Zepter ein großes Zündholz. Das Zündholz sollte an die Stadtgründung Münchens erinnern, denn wir steckten 1958 inmitten der 800-Jahr-Feier. So zog der Uli mit ein paar von uns als Neger Verkleideten in den Fünfuhrtee-Raum des *Bayerischen Hof*s, in den Silbersaal, um dort als Faschingsprinz Hof zu halten. Weil er aber schon zuviel getrunken hatte, stolperte er, fiel die Treppe hinunter und lag da völlig pudelnackert zwischen den feinen Fünfuhrtee-Damen. Aufruhr im ganzen Haus! Falk Volkhardt, der Besitzer des *Bayerischen Hof*es wurde gerufen, Uli bekam Hausverbot lebenslang. Dieses Verbot wurde später dann aufgehoben – wegen guter Führung.

Inzwischen hatten wir Gefallen an unserer Maskerade gefunden, entfernten uns aus dem *Bayerischen Hof*, ließen das Prinzgewand mitgehen und beratschlagten bei einer Schüssel voll Wiener Würstl im *Straubinger Hof*, was wir jetzt anfangen könnten. Da ich den Fundus von meinem Gastronomen-Prinzenpaar noch hatte, war es ein Leichtes, einen Elferrat aufzustellen, dies zelebrierten wir und marschierten dann als falsches Narrhalla-Prinzenpaar durch die Innenstadt von München. Ohne, dass wir es ahnten, hatte einer unserer Kegelbrüder einen Koffer voll mit echten Orden der Narrhalla mitgehen lassen, und diese Orden verliehen wir: an Garderobenfrauen, an Klofrauen, auch an Damen des leichten Gewerbes, die damals noch in der Ludwigstraße auf und ab gingen.

Wir suchten die verschiedensten Lokale in der Stadt heim: Im *Soller* waren wir, dann beim Bichler Paule, dem legendären *Schwanen-Wirt*, wo die frisch aus der Haft Entlassenen zwei Handwürste und eine Maß Bier bekamen –

gegen Vorzeigen ihrer Entlassungspapiere, und wir zogen beim Polizeiball im *Augustiner* ein. Dort habe ich öffentlich eingestanden, dass ich ein falscher Prinz sei, dass wir unrechtmäßig das Prinzengewand der Narrhalla an uns gerissen, und die Orden, die wir hier verteilten, heimlich hatten mitgehen lassen: Die Polizisten dankten es uns mit großem Beifall.

Am nächsten Tag wollten wir die Gaudi fortsetzen, doch es kam zu bösen Auseinandersetzungen. Oskar Angerer, der Direktor vom *Deutschen Theater*, drohte, das Prinzenpaar abzubestellen, wenn der Prinz nicht in seiner echten Robe erscheine. Also beschlossen wir, den Kostümwechsel auf der Bühne im *Deutschen Theater* vorzunehmen. Wolfgang Pfaff, der echte Prinz, trat im Smoking auf, ich erschien in seinem Prinzengewand, und ich habe mich ausgezogen bis zur Unterhose, ihm das Gewand gegeben und bin dann in Unterhosen unter Beifall aus dem *Deutschen Theater* marschiert.

> *„Um zu ehren alte Sitten, kam der Kurfürst*
> *selbst geritten, auf die Neudeck ob der Au*
> *zum Paulaner Klosterbau."*

So beginnt ein Gedicht, mit dem die Paulaner Brauerei alljährlich für ihren Salvator wirbt. Alte Sitten werden nicht nur nicht mehr geehrt, sondern sie verschwinden auch. Ein Fasching ohne Kehraus im Wirtshaus war nicht vorstellbar, ja der Kehraus war oft wichtiger als der ganze Fasching. Die Zeiten haben sich geändert, und Kehrausfeiern sind fast ganz verschwunden. Die früher zum festen Programm gehörende Beerdigung des Prinzen Karneval kennt heute kaum noch jemand; dabei ist es noch gar nicht so lange her.

Im *Straubinger Hof* wollten die Stammgäste auf dieses Spektakel nicht verzichten, und so war bis Ende der fünfziger Jahre die Beerdigung des Prinzen Karneval alljährlich der Schlusspunkt des Faschingstrubels. Am Faschingsdienstag, kurz vor Mitternacht, ergriff ich, als Faschings-Pfarrer verkleidet, das Wort und eröffnete die schaurig-g'spaßige

Zeremonie. Auf einem umgedrehten Wirtshaustisch ruhte schon von Beginn der Feierlichkeit an der Prinz Karneval, von Kopf bis Fuß von einer weißen Tischdecke verhüllt.

Nun wurde er in meiner Strafpredigt als ein „dem Alkohol verfallener Wüstling" gegeißelt und alle seine Schandtaten wurden der Reihe nach, bildhaft ausgeschmückt, in Erinnerung gerufen. Vor allem wurden ihm seine zahllosen und fast immer erfolgreich verlaufenen Verführungen von braven Bürgern und Bürgerinnen vorgeworfen, und insbesondere kreidete ich ihm an, dass er etliche zum Sündenfall Bereite übersehen und sie nicht wie alle anderen vom Pfad der Tugend abgebracht hatte.

Nach der Auflistung der Straftaten rief ich die Umherstehenden auf, für den so schmählich Dahingerafften um Beistand für sein weiteres Schicksal zu bitten.

Dabei besann ich mich auf alte Rituale und Texte und schreckte auch sonst vor nichts zurück. Mit einem Tonfall, den wir von Litaneien her kennen, begann ich, die Figuren eines Kartenspiels herzubeten:

„Schelln-Sieb'ner",

und die narrische Gesellschaft fiel ein mit einem:

„Bitt für uns."

„Schelln-Achter",

„Bitt' für uns."

So ging es weiter bis zum König und der Ass. Daraufhin folgte mein Solo:

„A Kreuz is mit de alt'n Weiber, wenn's
stehbleib'n und genga nimmer weiter",

und:

„A Gfrett, a Plagerei, is mit de alt'n Männer,
wenn's bies'ln woll'n und nimmer kenna."

Jeder dieser Verse wurde vom närrischen Volk mit einem „Alleluja" quittiert.

Nach dieser Fürbitte, die je nach Anteilnahme des Publikums verkürzt oder verlängert werden konnte, begann der zweite Teil des Begräbnisses. Alle wandten sich dem

Prinzen Karneval unter seinem Grabtuch auf dem umgedrehten Wirtshaustisch zu.

Für die Rekrutierung des Prinzen sorgte jedes Mal ich. Das bereitete in der Regel kein großes Problem, denn für das Angebot, an dem Abend zechfrei zu bleiben, fand sich oft sehr rasch ein Unerschrockener. Darüber hinaus nährte ihn die vage Hoffnung, dass die eine oder andere Münze, als Grabbeigabe sozusagen, auf ihn herabregnen würde.

Was er aber mit Sicherheit erwarten durfte, war die sogenannte Einsegnung, die mittels der noch auf den Tischen herumstehenden Noagerl erfolgte, will sagen: Er wurde mit den Resten aus Wein-, Bier- und Schnapsgläsern begossen. Damit alle an der Begießung bequem teilnehmen konnten, wurde der Prinz Karneval im Lokal herumgetragen. Ich hatte dagegen nichts einzuwenden, denn diese Begießung diente letztlich auch einer gewissen Umsatzsteigerung. Hin und wieder freilich endete die Prozession vorzeitig mit dem berühmten Riss des Geduldsfadens nämlich dann, wenn für die „Leich" die Grenzen des Zumutbaren überschritten wurden.

An diesem Faschingsdienstag, von dem ich jetzt berichte, fand sich im *Straubinger Hof* kein männlicher Darsteller für den Prinzen Karneval und seinem feuchten Amt. Da sprang ein weiblicher Stammgast, die Lindner Anni ein. Sie war außerordentlich vielseitig, beherrschte alle Kartenspiele, rauchte alle Zigarettenmarken und war auch sonst in jeder Weise unkompliziert.

„Was san denn des für Mannsbilder heitzu-
tag'?", legte sie los mit ihrer Reibeisenstimme,
„dann mach's halt i."
Gesagt, getan. Die Anni wurde gebettet und eingewickelt. Sie hielt bravourös durch. Wie üblich wurde sie zum Schluss hinaus ins Freie in den Wirtsgarten getragen, dort aber von den Trägern nicht am Boden abgestellt, sondern – wahrscheinlich hatten die keine Lust, sich zu bücken – kurzer-

hand auf einen Stapel abgestellten Garteninventars geho-
ben. Bevor die Anni mitbekam, wo sie gelandet war, hatten
die Träger bereits wieder die Wärme der Wirtsstube aufge-
sucht, was bei der Kälte die draußen herrschte, irgendwie
verständlich war.

Die Anni in schwindelnder Höhe, inmitten ihrer Noagerl alleingelassen, plärrte wie am Spieß in die Nacht hinein
– solange, bis Passanten ihr von der Straße her zur Hilfe
eilten. Was dann kam, blieb für die vier Träger unverges-
sen. Anni watschte die Deppen der Reihe nach ab, und auch
ich bekam mein Fett weg. Die Flut an Beschimpfungen und
Beleidigungen, die sie über mich ergoss, veranlasste mich,
künftig auf die Beerdigung des Prinzen Karneval zu verzichten.

Auch so kann ein schöner alter Brauch zu Ende gehen.

Neuntes Kapitel:

Der Schnallenball

Der Ursprung des Balles, den ich jedes Jahr im Fasching zum Entzücken der Münchner Fotografen veranstaltete, liegt im seinerzeitigen *Bundesbahnhotel*, und dort auf der Kegelbahn. Auf jener Kegelbahn folgte ein *Event* – so würde man heute sagen – dem anderen, inszeniert von Claus Mayer mit seinem Bruder Horst, Pächter der *Hauptbahnhof-Gaststätten* und des *Bundesbahnhotels*, wobei der Horst mehr der zurückhaltende war und der Claus der Treibauf. Wir unternahmen zum Beispiel eine Radltour ins Umland, die *Tour du père inconnu*, die Tour des unbekannten Vaters. Wir mussten alle im Renndress erscheinen, ein Rennrad hatten wir zwar nicht, aber der Claus filmte uns in allen Positionen, insbesondere bei unseren Begegnungen mit den Schönheiten vom Lande. Wir fuhren nach Aying hinaus, dort hatte ich im *Bierstüberl* mehrere Spanferkel vorbestellt, doch der Wirt hatte beim Metzger keine Spanferkel bekommen, so schob er Schweinshaxen in den Ofen. Als wir ankamen – es war wunderschönes Wetter – waren zu unserem Leidwesen bereits alle Haxen an andere Gäste verkauft worden. Der Wirt bot uns Hirschragout an, wir waren hungrig, aßen, und es schmeckte, und so fragten wir die Bedienung, wo hat er nur den vorzüglichen Hirschn her? Antwortet sie:

„Der ist gestern vom Zug überfahren worden."
Zuvor, am frühen Morgen in München, hatten wir schon für Aufsehen gesorgt. Wir hängten Karl Valentin und Weiß Ferdl am Viktualienmarkt Leberknödel um, natürlich ver-

67

packt, Claus filmte, mein Freund Wolfgang Pfaff, Repräsentant einer Porzellanmanufaktur, gab über Megafon Regieanweisungen, und die Leute, die gerade aus der Kirche kamen, meinten, hier werde ein großes Filmwerk gedreht. Es war natürlich nur eine Gaudi.

Die Kegelbahn im *Bundesbahn-Hotel* wurde zu den Faschingsfeiern jedes Jahr umdekoriert. Entweder befanden wir uns auf einer Insel oder an Bord eines Schiffes oder im tiefsten Busch – da sind wir alle als Neger gekommen. Ich habe meinen Hund als Tiger verkleidet und bin vorher den ganzen Nachmittag mit ihm spazieren gegangen, damit er müde wird und am Abend gesittet in meinem Gefolge als Tiger auftritt. Es wurde ein Riesenfest. Die Damen haben sich auch dementsprechend maskiert – als Urwaldattraktionen. Gert Fröbe war auf der Kegelbahn dabei, „Blasius" Sigi Sommer, der legendäre Spaziergänger der *Münchner Abendzeitung*, dann der Frisör, Spitzensportler und Schauspieler Robby Murr sowie natürlich Wolfgang Pfaff. Wir waren ein gemischtes Völkchen: Architekten, Wirte, Frisöre, Geschäftsleute, Journalisten, Schauspieler, Fotografen.

Eines Tages kamen wir im *Straubinger Hof* auf die Idee, einen Sparverein zu gründen. Wir hängten kleine Briefkästen an die Wand, jeder schrieb seinen Namen drauf, und wir warfen bei jeder sich bietenden Gelegenheit Geld hinein. Einmal im Jahr leerten wir den Kasten, und wir hatten Kapital genug, um wieder ein Fest zu feiern. Wir nahmen uns den berühmten *Madame-Ball* im *Deutschen Theater* zum Vorbild und hoben den Schnallen-Ball aus der Taufe. Unter einer Schnalle versteht man in Norddeutschland – so die wissenschaftliche Erklärung – gemeiniglich eine Schließe, vornehmlich an Gürteln (auch Keuschheitsgürteln) befindlich. In diesem Zusammenhang wird das Wort auch gelegentlich in Bayern gebraucht. Seit die Sicherheitsgurte üblich sind, hört man auch das Wort „anschnallen". Schnalle ist das Wort für eine Dame, die sich der Prostitution hingibt. Schnalle sagt man auch zu einer, die mit jedem geht.

Ein mir bekannter Sprachforscher hat herausgefunden, dass Schnalle aus dem Mittelhochdeutschen *snal* kommend mit Schnalzen und der schnellen Bewegung einer Schuhschnalle zu tun hat. Dabei will ich's bewenden lassen.

Es entbehrt nicht einer gewissen Pikanterie, dass schräg gegenüber dem *Straubinger Hof* ein Lokal lag, genannt *Olga*, in dem richtige Schnallen verkehrten. Sie kamen hin und wieder auch in den *Straubinger Hof*, saßen dort im Nebenzimmer, waren gute Gäste und brachten mich einmal in eine ungewollte Verlegenheit. Im nahen *Donisl* am Marienplatz wurde die netteste Münchner Bedienung gewählt, ich war in der Jury mit dabei. Nach der Wahl gehe ich mit ein paar Stadträten aus dem *Donisl* heraus, und dort am Eingang saßen einige der „leichten Mädchen", die bei uns verkehrten. Sagen die:

„Ja, Herr Süßmeier, was machen Sie denn da?"

Ich habe echte Schwierigkeiten gehabt, den Stadträten glaubhaft zu erklären, dass die Damen Gäste von uns im *Straubinger Hof* sind, dass ich sie also nur rein beruflich gekannt habe.

Der *Donisl* gehörte zu den Gaststätten, die mir immer schon ins Auge stachen. Die Pschorr-Brauerei suchte nach einem neuen Pächter für dieses weithin bekannte Traditionslokal, nachdem der langjährige Wirt Franz Hiebl aus Gesundheitsgründen den Betrieb aufzugeben gedachte. Ich hatte bei meinen Bewerbungen bis dahin wenig Erfolg gehabt. Ich bewarb mich zum Beispiel um die *Schwabinger Brauerei*, später umbenannt in *Schwabinger Bräu*: Meine Brieftasche erwies sich als zu schmalbrüstig bzw. die Forderung der Brauerei als zu hoch. Diesmal, so schwor ich mir, diesmal musste es klappen, und ich bewarb mich um den freigewordenen *Donisl*.

Ich hatte dazugelernt, so dachte ich: „Du musst dich bei den richtigen Leuten bewerben und die Diridari-Frage vorher ausloten. Du brauchst Fürsprecher und zwar nicht unbedeutende, sondern gewichtige. Empfiehl dich nicht selber, sondern lass dich empfehlen!"

Der Nachbar vom *Donisl*, der Kaufmann Gustl Feldmeier, dem das Textilhaus *Beck am Rathauseck* gehörte, ein Mann, dessen Wort in München viel galt, erschien mir der Geeignete zu sein, mich in gutem Licht zu schildern.

Ich brauchte ihn nicht lange zu bitten.

„Mach' i gern", sagte er.

Und sogleich machte er es auch. Er bestellte mich für den nächsten Tag in sein Kaufhaus und fackelte nicht lange. Er nahm den Telefonhörer zur Hand, verlangte nach dem Generaldirektor der Pschorr-Brauerei und polterte mit seiner tiefen Stimme drauf los, wie es seine Art war, wenn es galt seine Meinung zu äußern und sich durchzusetzen. Seine Rede hörte sich an wie eine Maßregelung: Warum eine Brauerei nicht von selber draufkommen könne, dass ich der beste Wirt für den *Donisl* wäre, und wieso er, Feldmeier, da überhaupt noch eingeschaltet werden musste und dergleichen mehr.

„Respekt! Sauber!" sag i, *„So putzt man die Schnecken"*.

Dr. Albert Kriener, der Direktor der Reichenhaller Hotelfachschule, deren Absolvent ich mit „fast lauter Einsern" war, stellte mir außerdem ein Zeugnis aus, das für drei *Donisl* gereicht hätte:

„Nach unserer Meinung hat Richard Süßmeier auch die richtige Wirtsnatur."

„Jetzt g'hört der Donisl *dir"*, so dachte ich.

Nicht so dachte die Pschorr-Brauerei. Ich hatte noch nicht alle Hürden übersprungen. Die hohen Herren der Direktion reservierten bei mir im *Straubinger Hof* einen Tisch, um mich bei einem Mittagessen einer „Praktischen Prüfung" zu unterziehen. Jeder der Herren bestellte sich ein anderes Gericht, um einen breit gefächerten Überblick über meine Fähigkeiten als Wirt zu bekommen.

Der Vorstandsvorsitzende, der Herr Generaldirektor Hans Pfülf, Mitglied des Bayerischen Senats, Präsident der Industrie- und Handelskammer, zudem während des Ersten Weltkrieges Korvettenkapitän und Teilnehmer an der Schlacht am Skagerrak, bestellte für sich ein Beinfleisch.

Wenngleich es heutzutage nur noch vereinzelt auf den Speisekarten der Münchner Wirtshäuser zu finden ist, so gehört das Beinfleisch nach wir vor zu dem Besten, was ein Ochse zu bieten hat. Nicht umsonst heißt es in einem Verserl:

> *„Das Graserl vom Stein und Fleischerl vom*
> *Bein sollen das Beste sein."*

Aber ich glaub', das hab' ich Ihnen schon vorgesungen.

Sozusagen als Krönung dieses Schmankerls gehört ein weißer Fettrand auf das Beinfleisch 'nauf, damit man gleich sieht, aha, das Fleisch ist von einem „1a" Rind, denn Ochsen sind heutzutage rar geworden – zumindest im Schlachthof.

Freilich gibt es immer wieder Gäste, die nicht wissen, was gut ist oder was das Gute ausmacht, und schneiden das letzte Fettflinserl noch weg. Sie betrachten selbst den schmalsten Fettrand als Qualitätsminderung.

Höchste Alarmstufe also in der Küche! Ich wusste, dieses Beinfleisch kann der Schlüssel zum *Donisl* sein, und wir servierten eine Portion, die gemalt auch nicht schöner hätte sein können.

Die Bewertung des Testessens fand anschließend in der Brauerei statt. Während die übrigen Herren des Probierkommandos sich lobend über ihre verzehrten Speisen äußerten, zerriss – so wurde mir berichtet – der Herr Generaldirektor das Beinfleisch in der Luft.

Der Fettrand vom Beinfleisch war ihm zu dick. Der Ochse war ihm zu g'wampert.

Ach, hätte ich ihm doch ein Beinfleisch von einer alten Kuh serviert, vielleicht wäre ich damals Wirt vom *Donisl* geworden.

„So ein Beinfleisch gehört nicht in den Donisl",
soll er gesagt und dabei den Daumen nach unten gestreckt
haben. Den *Donisl* bekam ein anderer, und die Brauerei
hatte mit diesem Wirt am Ende viel Ärger. Etliche Jahre
später wurde ich Wirt vom *Spöckmeier* und damit Nachbar vom *Donisl*.

Das Beinfleisch ist mir noch lange im Magen gelegen.
Im Lauf der Zeit hab' ich mich dann doch wieder beruhigt. Dazu beigetragen haben meine Besuche bei Kollegen
in anderen Münchner Wirtshäusern. Das Beinfleisch, das
ich dort jeweils bestellte, brachte mich fast jedes Mal zu der
Erkenntnis:

> *„Dieser Wirt hätte den* Donisl *auch nicht*
> *bekommen."*

Unsere Einladungen zum Schnallenball haben wir stets so
formuliert, dass niemand daran Anstoß nehmen konnte.
Die Kunstmalerin Sis Koch hat die Grafik gestaltet, Kurt
Huhle, Fotograf bei der *Münchner Abendzeitung*, half bei
der Dekoration: Beim ersten Ball vergrößerte er die vorher
von ihm abfotografierten Köpfe der Damen und Mädchen,
die wir eingeladen hatten, und klebte sie auf die ebenfalls
vergrößerten *Playmates* – den Gespielinnen des Monats aus
dem *Playboy*.

Jeder Schnallenball stand unter einem anderen Motto:
Einmal war es eine Modenschau, ein andermal gab es die
2000-Jahrfeier der Aufhebung des Sperrbezirks für Schnallen in Athen. Oder ein königliches Gartenlaubenfest der
Schnallen zu Ehren von Richard Wagner.

Ich selbst habe mich immer als Puffmutter verkleidet. Ich
war die Mutter Ricarda.

Mein Freund Wolfgang Pfaff, legendärer Faschingsprinz
von 1958, hielt meistens die Eröffnungsrede wie zum Beispiel diese:

> *„… möchte ich als Syndikus des deutschen*
> *Schnallenbundes einen Rechenschaftsbericht*
> *für das laufende Jahr ablegen. Das Jahr war*

gut, und wir haben am wirtschaftlichen Auf-
stieg unseren Anteil gehabt. Wieder hat sich
eine große Anzahl von Kolleginnen moto-
risieren können und dadurch die Kapazität
bedeutend erhöht ... Erhöhte Unkosten
haben wir durch innerbetriebliche Rationa-
lisierung aufgefangen... Insbesondere die
Zunahme der Dreier-Veranstaltungen half
hier einen Schritt zur schnelleren Abfertigung
weiter ... Die Frage der Selbstbedienung
wurde wieder eingehend geprüft ... Ein ganz
besonders herzlicher Dank den Ehefrauen,
welche ihre Ehemänner zu Hause schlecht
behandeln und damit zu uns schicken ...
Beifall für Mutter Ricarda!"

Alle kamen, alle Freundinnen und Freunde von der Kegelbahn, Journalisten und Fotografen, Moderatoren und Kameraleute: Fritz Benscher, Fritz Wook, Otfried Schmidt, Rudi Dix, Hans Grimm, Heini Sanden, Gregor Noga, Hans Schrödl. Der legendäre Hannes Obermeier – der Hunter, der Jäger der Society – feierte uns in seiner Klatschspalte, Sigi Sommer, der Spaziergänger, erschien – aber eher seltener, er wollte sich nicht verkleiden, sondern immer nur als Sigi Sommer auftreten. Der eine oder die andere aus der Narrhalla war dabei; es kamen ehemalige Faschingsprinzen wie der Burschi Heiden, auch Faschingsprinzessinnen und Kolleginnen und Kollegen und Lieferanten; gern sah ich auch Dr. Paul Stengel vom *Eden-Hotel-Wolff*. Das Ganze sollte halt einfach Spaß machen und keine steife Veranstaltung sein. Wie der Narrhalla-Präsident Dr. Max Schottenhamel einmal gesagt haben soll:

„Der Fasching ist eine viel zu ernste Sache,
als dass man ihn den Spaßvögeln überlassen
kann."

Mir hat es Spaß gemacht, mich zu verkleiden, und so trat ich 1958 schon als Napoleon mit Zweispitz auf, und der Titel *Napoleon der Wirte* ist mir mein Leben lang geblieben.

Was auch immer der Grund war, das leichte Gewerbe hatte bei uns – zumindest verbal – Konjunktur. Mein Freund Wolfgang Pfaff war – wie schon seine kleine Ansprache zeigte – ein viel gefragter Conférencier, sein Witz wegen seiner Schärfe gefürchtet, seine Einfälle geistreich, manchmal sehr gewagt. Letzteres sollte ich schon bald erleben: beim würdevollen Ball des Konsularischen Corps im *Deutschen Theater.* Wolfgang Pfaff, als Conférencier engagiert, bat mich, auf der Bühne bei einem Sketch mitzuspielen, den er sich ausgedacht hatte.

Als Ballgarderobe war Frack vorgeschrieben. Da bei den Verleihern in meiner Größe keiner aufzutreiben war, ließ ich mir für eine Stange Geld einen Frack nach Maß anfertigen. „So a G'wand konnst allweil wieder amal braucha", redete ich mir ein, „ned bloß bei dem Auftritt", was sich später als Irrtum herausstellen sollte.

Wolfgang begann mit seiner Einleitung vor den würdevoll ausstaffierten Gästen wie immer ganz harmlos.

> *„Meine sehr verehrten Damen und meine sehr geehrten Herren! Hochgeschätztes konsularisches Corps. Es ist ein hohes Verdienst, dass sich das konsularische Corps in dieser Form, wie es heute Abend hier geschieht, der Öffentlichkeit präsentiert. Gibt es doch viele Bürger, die noch nie einen leibhaftigen Konsul zu Gesicht bekommen oder gar mit einem solchen gesprochen haben. Ich danke ganz besonders Herrn Konsul Richard Süßmeier, dass er sich zu einem Interview bereit erklärt hat, um damit dieses Defizit in der Öffentlichkeit zu beseitigen."*

Und dann bat er mich auf die Bühne.

Gemessenen Schrittes, wie es eben das Tragen eines Frackes vorschreibt, kam ich seiner Aufforderung nach. Wolfgang Pfaffs erste Frage an mich lautete:

„Herr Konsul Süßmeier, in der wievielten
Generation Ihrer Familie sind Sie denn schon
Konsul?"

Ich versuchte den Eindruck zu erwecken, als dächte ich angestrengt nach und erwiderte:

„Herr Pfaff, Sie beginnen gleich mit einer für
mich sehr schwierigen Frage, aber ich sage
nichts Falsches, wenn ich behaupte: in der ersten Generation."

Darauf er in schnoddrigem Ton:

„Na ja, das hat man heutzutage öfters.
Von welchem Land sind Sie nun Konsul,
Herr Süßmeier?"

Ich:

„Vom Lueg-ins-Land."

Noch spürten wir keine Reaktion im Publikum. Wer wusste auch schon von den Anwesenden im Saal, dass das Lueg-ins-Land-Straßerl hinter dem Isartor vor dem Krieg eine der „Rue de Galopps" für die „Tascherlschwingerinnen" des leichten Gewerbes gewesen war! Diese Damen vom Lueg-ins-Land zählten nicht unbedingt zur Luxusklasse. Sie galten als besonders preiswert, im Volksmund wurden sie als „Fuffzgerl-Schnall'n" bezeichnet.

„Ist Ihr Land, Herr Konsul, groß?" wollte
Wolfgang von mir hören.

„Nein", meinte ich, *„eigentlich ist es nur ein*
Landstrich."

Wolfgang: *„Mehr Land?"*

Ich: *„Nein, mehr Strich."*

Jetzt wurden die eleganten Damen und Herren in ihren Logen unten hellhörig. Haben wir richtig gehört? Hat er eben nicht gerade „Strich" gesagt? Jetzt galt es aufzupassen.

„Von was lebt denn Ihr Land, verehrter Herr
Konsul?", bohrte der Interviewer weiter.

„Vom Fremdenverkehr", erwiderte ich wahr-
heitsgemäß.

„Mehr von den Fremden?"

„Nein, eigentlich mehr vom Verkehr."

Nun wurde es ganz still im *Deutschen Theater*. An den
Mienen konnte man es ablesen: schockierend dieser Disput!
Unerhört! Wolfgang ließ sich davon nicht beirren.

„Wie sehen denn die Bewohner Ihres Landstri-
ches aus?"

Ich:

„Herr Pfaff, die Bewohner meines Landstri-
ches sind meist weiblich, und ich brauch' sie
Ihnen nicht zu beschreiben, weil ich Ihnen im
Handumdrehen einige davon vorstellen kann."

„Sie werden doch nicht behaupten, dass sich
unter uns hier im Saal Einwohner Ihres
„Lueg-ins-Landes" befinden?"

„Freilich", erwiderte ich sachlich, *„meine*
Lueg-ins-Land-Frauen taucha überall auf,
wo's hoch hergeht."

Ich schnippte mit den Fingern und schon stand eine hübsche,
knapp bekleidete, grell geschminkte, zur „Tascherlschwin-
gerin" umfunktionierte Gardistin aus Wolfgang Pfaffs ehemaliger Prinzengarde auf der Bühne. Unentwegt winkte sie
und grüßte sie in den Ballsaal hinein, so als habe sie dort ihre Kundschaft entdeckt. Wolfgang fragte die „Dame" überaus höflich, ob sie ein Interview zuließe. Sie wollte darauf
wissen, welche Gage sie dafür erwarten dürfte.

Wolfgang: *„Keine müde Mark, gnädige Frau."*

Mit einem „Ja, was fallt denn Eahna ned ei, i hob mei Zeit
schließlich doch ned g'stohl'n", verließ sie daraufhin ordi-
när schimpfend die Bühne.

Damit war der Sketch zu Ende.

Keine, aber auch keine einzige Hand rührte sich zum Beifall. Im Gegenteil. Ein eisiger Wind wehte vom Zuschauerraum auf die Bühne. Der Präsident der Narrhalla, Dr. Max Schottenhamel, eilte auf uns zu, sprach von einer Sauerei, die wir da geboten hätten. Und wir hätten ihm da was Schönes eingebrockt. Es wär' eine Schande für die Narrhalla und den Münchner Fasching.

Meinen Frack habe ich noch lange aufgehoben, aber ich brauchte ihn nicht mehr. Es gab keinen zweiten Ball des konsularischen Corps.

Meine Mama sagte:

> *„Was du alles machst. Wart nur. Du werst es
> scho noch seh'ng!"*

Zehntes Kapitel:

Der Traum von der Wiesn

Der Ernennung zum „Ritter der Ehrenlegion" wird in
Frankreich größte Bedeutung beigemessen; in England gilt
dies gleichermaßen für die Verleihung des Hosenbandor-
dens, und in der guten alten Zeit erzielte in Österreich die
Titulierung zum Hofrat eine ähnliche Wirkung. Für einen
Münchner Wirt ist die Bestellung zum Wiesnwirt der Gipfel seiner Karriere und seines Ruhmes. Er gehört fortan zu
den bedeutendsten Wirten seiner Zeit, und die damit verbundene Ehrerbietung ist groß, denn er gebietet von jetzt
an 16 Tage lang über ein Reich von Tausenden von äußerst
begehrten Plätzen.

In meiner langen „Amtszeit" als Sprecher der Münchner Oktoberfestwirte hatte ich mich naturgemäß mit vielen
Fragen auseinanderzusetzen, in den meisten Fällen jedoch
mit diesen beiden:

> „Was verdient ein Wiesnwirt?" und
> „Wie wird man Wiesnwirt?"

Auf die erste Frage hatte ich stets ein paar ausweichende,
dafür aber originelle Antworten parat. Am einfachsten tat
ich mich, wenn der Neugierige die Frage so formulierte:

> „Was bleibt eigentlich einem Wiesnwirt nach
> vierzehn Tagen Oktoberfest?"

Er bekam zur Antwort:

> „Nach vierzehn Tagen bleibt einem Wirt gar
> nichts. Weil aber das Oktoberfest zum Glück
> sechzehn Tage dauert, bleibt dann doch a
> bisserl was hängen."

Am ehesten stellte ich den Inquisitor mit der Antwort zufrieden: *„Ein Wiesnwirt verdient eine links und eine rechts."* Da musste man mir einfach Recht geben.

Je näher die Wiesnzeit heranrückte, umso unruhiger wurden unsere Spezialisten, unsere Neuheitenverkäufer, unsere „Ambulanten", schließlich erhofften sie sich alle ein gutes Geschäft als „Wiesnbeschicker", wie der Amtsschimmel sie auch heute noch tituliert. Sie waren wie elektrisiert. Jeder von ihnen hatte irgendeinen Stand auf der Wiesn. Entweder verkauften sie am Rand der Wiesn ihre Neuheiten oder betrieben auf dem Festplatz einen Mandelstand, eine Schießbude oder ein Kinderkarussell. Während sie also ihre Karussells auf Hochglanz brachten, ihre Schießbuden aufbauten, ihre Verkaufsstände dekorierten, richteten wir uns im *Straubinger Hof* auf eine staade, eine ereignislose Zeit ein. Während des Oktoberfestes war schließlich keiner der Ambulanten mehr bei uns. Da hab' ich mir gedacht:

„Ja des is guad, jetzt sitz i da alloa da und de
san da alle drauß', warum geh i ned einfach
mit meinen Gästen mit und bewirb mich wie
die anderen für ein G'schäft auf der Wiesn?"

An eine Bewerbung für ein Bierzelt wagte ich nicht einmal in meinen kühnsten Träumen zu denken. Aber eine Würstlbude, das wär' doch was. Aber da hatte ich anfangs natürlich null Chance. Die Zahl der Beschicker ist ja auch heute noch beschränkt. Wer will denn schon auf der Wiesn sein Geschäft aufgegeben? Da blieb auch damals schon ein jeder draußen, bis er umgefallen ist. Oder hat sein Geschäft an seine Kinder weitergegeben. Aussichtslos.

Die große Chance kam unverhofft mit der *Ochsenbraterei*, sie wurde 1958 frei. Na gut, wenn's zur Wurstbraterei nicht reicht, dachte ich mir, dann brat' ich eben einen Ochsen. Wir standen kurz vor Eröffnung der Wiesn, ein Wettlauf mit der Zeit begann. Die Witwe von Johann Rössler, der jahrzehntelang die *Ochsenbraterei* betrieben hatte, war hochbetagt und verkündete, sie höre auf, und es bewarb sich Franz Trimborn, der Wirt vom *Hofbräuhaus*. Dieser hatte anscheinend einen Wink von der Brauerei bekommen und spekulierte nun, dass, wenn er der Witwe vom Johann Rössler ihr Kleininventar und den ebenfalls hochbetagten Ochsenbraterofen, abkauft, dass er dann auch die Konzession bekommt. Hier hatte sich Trimborn aber getäuscht. Er war einer falschen Auskunft aufgesessen und saß nun mit dem Graffe, dem Plunder, da.

Die Stadtväter wollten sich die Vergabepolitik nicht aus der Hand nehmen lassen. Wir bestimmen, wer da hinauskommt, sagten sie, und nicht derjenige bestimmt, der das Geschäft kaufen will. Und so beauftragten sie den Vorstand der Wirte-Vereinigung, rasch eine Liste zu erstellen von Wirten, die für die *Ochsenbraterei* infrage kommen. Der damalige Wirte-Vorstand war der Franz Stahlmann von der *Schwabinger Brauerei*, er bot sich, so erzählte man sich, selber an mit den Worten: „Der Beste bin ich."

Der Vergabeausschuss der Stadt schrieb die *Ochsenbraterei* öffentlich aus. Ich dachte, es kostet ja nichts, und ich bewarb mich – als einer unter einer riesigen Zahl von Kandidaten – ohne Erfolg. Der ehemalige Stuka-Flieger und Wirt des *Domhofs*, Rudi Mrkva, der auf der Wiesn das sogenannte *Kleine Winzerer Fähndl* der Armbrustschützen bewirtschaftete, bekam den Zuschlag. Ich erfuhr dies als einer der ersten von einem meiner Stammgäste, der Rudi Mrkva belieferte. Sofort bin ich in den Domhof: Wenn schon nicht die *Ochsenbraterei*, dann bekomme ich vielleicht dieses *Kleine Winzerer Fähndl* der Armbrustschützen – eine ehemalige *Reichsarbeitsdienstbaracke*, die ja dann frei wird, so dachte ich. In diesem besonderen Fall durfte die Armbrustschützengilde der Stadt ihren Wirt benennen. Die Stadt konnte zustimmen oder ablehnen, aber es war keine Ausschreibung notwendig wie bei der *Ochsenbraterei*.

Ich eilte also in den *Domhof* hinüber, und nun häufen sich die glücklichen Zufälle. Im *Domhof* hatten die Armbrustschützen ihren Stammtisch. Und sie waren da, auch Rudi Mrkva war da. Ich stellte mich dem Vorstand der Armbrustschützengilde vor und sagte, ich würde mich bewerben.

> *„Ja, warum ist denn der Herr Vater nicht*
> *gekommen. Hat der keine Zeit?"* fragte der
> 1. Gildemeister Josef Baudrexel.

> *„Naa"*, sag' i *„i bin des selber."*

Ich war damals 27 Jahre alt.

Die Armbrustschützen, lauter ehrenwerte, ältere Herren, berieten sich. Erst 27 Jahre alt, werden sie wohl gedacht haben. Aber ich hatte eine Fürsprecherin, Christl Mayer vom *Bundesbahnhotel.* Sie legte auch bei der Brauerei ein gutes Wort für mich ein:

> *„Richard ist der Richtige. Ich weiß,*
> *dass der das gescheit machen wird."*

Sogleich tauchte die Frage auf:

> *„Ja, hat denn der genügend Geld?"*

Ich hätte als Rückhalt 20 000 Mark haben müssen, hatte ich aber nicht. Daraufhin versicherte Frau Mayer:

> *„Das hat er."*

Und damit war der Fall erledigt. Ich habe Rudi Mrkva so gut wie keine Ablöse zahlen müssen, denn er hat sein ganzes Inventar in die *Ochsenbraterei* mitgenommen. Das einzige, was ich – mit gemischten Gefühlen – übernehmen musste, war die Kapelle. Gemischte Gefühl deswegen, weil diese Kapelle mit Klavier und Geige eher ein Salon-Orchester war, weit entfernt von einer Blaskapelle. Außerdem war der Kapellmeister José Schmid schon aus dem Alter heraus, in dem man noch öffentlich auftreten sollte. Er hat immer gesagt:

> *„Auf der Hochzeit bei dir spiele ich umsonst,*
> *wenn's soweit ist. Dein Lieblingslied: Über*
> *die Prärie."*

Er war Stammgast im *Straubinger Hof,* der José Schmid – ein Pfundskerl.

„Freili, den übernehm' i", hab' ich gesagt.

Und dann starb er noch vor Wiesnbeginn, und ich konnte eine Blaskapelle engagieren. Das war, man kann ja schlecht sagen, ein Glück, wenn der andere stirbt, aber doch eine glückliche Fügung. Sonst hätte ich mit Klavier und Geige auf der Wiesn anfangen müssen.

Nachdem das alles innerhalb kürzester Zeit geschehen war, sprang ich aber nicht vor Freude in die Luft. Das war ja nicht so, dass ich den großen Goldklumpen in der Hand gehabt hätte! Rudi Mrkva hatte meine Erwartungen sogleich gedämpft. Er warnte mich:

„Du hast ja drauß'n zwar 350 – 400 Plätze,
aber die zähl'n ja nur, wenn's Wetter schee is."

Ich stellte ihm auch die Frage aller Fragen:

„Was verdient ein Wiesnwirt?"

Er antwortete:

„Erwarte dir nicht zuviel. Was ich da dorten
verdien', das ist mein Urlaub."

Nun ja, dachte ich, der fliegt ja in seinem Urlaub immer nach Argentinien, das kostet sicherlich einiges. Und ich? Ich brauch' keinen Urlaub!

Meine Anfänge auf der Wiesn lassen sich in einem Wort zusammenfassen: bescheiden. Die Maß Bier hat damals 1,55 DM gekostet – ohne Bedienung –, und wir haben an die 330 hl ausgeschenkt. Das war ja nicht gerade viel. Und drinnen war die Hälfte der Plätze für die Armbrustschützen reserviert – bis zum zweiten Mittwoch. Da hat die Gilde ihr Schießen beendet. Zudem hatte sie dort ihre Büros eingebaut und einen Umkleideraum, und was weiß ich noch. Aber der ganze Holzbau war nicht besonders stabil. Einmal gab es auf der Toilette bei den Männern eine Rauferei, ein Typ hat einen anderen an die Wand geworfen, da ist dann die Wand in den Gang zum Damenklo gefallen. Das wurde natürlich mit einer gewissen Überraschung registriert.

Was also habe ich verdient?

Bei einer Talkshow in der *Münchner Lach- und Schieß-gesellschaft* unter anderem mit Heidi Wieczorek-Zeul, der roten Heidi, zog ich mich elegant aus der Affäre. Ich sagte: „*Ein Wiesnwirt verdient mal ein bisserl mehr, mal ein bisserl weniger. Aber das gleicht sich wieder aus. Wenn er weniger verdient, macht ihm das mehr aus. Wenn er mehr verdient, macht ihm das weniger aus.*"

Elftes Kapitel:

Die Wiesn-Baracke

Es kam der Tag meines ersten Einzugs auf die Wiesn. Zur Vorbereitung war nur noch wenig Zeit geblieben, und ich stand ziemlich alleine da. Mein Vorgänger Rudi Mrkva war sehr, sehr zurückhaltend gewesen, was die Werbung anbetraf. Er zog beim festlichen Einzug der Wiesnwirte nie mit, das rentiere sich nicht, sagte er, das bringe nichts. Meine Armbrustschützen von der Gilde *Winzerer Fähndl* marschierten seit eh und je, als Landsknechte kostümiert, mit dem Willy Kreitmair vom *Großen Winzerer Fähndl-Zelt* ein. Kreitmair hat ihnen ein paar Weißwürste versprochen und eine Maß Bier, und da sie damals sehr genügsam waren, waren sie's zufrieden. Ich dachte mir, als kleinster Wiesnwirt musst du auf jeden Fall Aufmerksamkeit erzielen, also machte ich beim Einzug mit. Ich bekam im Festzug den letzten Platz zugeteilt, als erster wäre ich ja nicht respektabel gewesen. „Wennst schon unbedingt mitfahren willst, dann kommst halt zum Schluss", bedeutete man mir. So bin ich dann mit einem Eselsgespann eingezogen – einem Leiterwagen und zwei Eseln vorweg. Ich habe am Abend vorher den kleinen Leiterwagen ausstaffiert mit Radi und Radieserl. Das war ein Fehler, denn das Laub hat schnell trostlos ausgesehen. Zum Glück waren da meine Kegelbrüder. Sie hatten sich als wilder Haufen verkleidet, Armbrüste aus Brezenteig gebacken und sich lange Bärte umgebunden. Sie haben so verwegen ausgeschaut, dass sich alle Zuschauer am Straßenrand fragten: „Ja, wer san denn die?"

Vorne am Leiterwagen habe ich ein großes Schild aufgehängt:

Armbrustschützen Festhalle, Kleines Winzerer
Fähndl ...

... und habe den Leuten mit einem überdimensionalen Maßkrug zugewunken. Vom Mayer Claus hatte ich eine Weste, einen feinen Wams, geliehen, und so zog ich mit den beiden Eseln ein. Bundeswehrsoldaten, als Fahnenträger verkleidet, gingen neben uns. Wobei ich Ihnen verraten kann, dass wir schon vorher ahnten, dass das mit den Eseln nicht so anstandslos funktionieren konnte. Wir hatten deswegen den Willi Buhrmester, ebenfalls Kegelbruder, aber auch Trabertrainer in Daglfing, als Spezialisten und als Dompteur mitgenommen.

Wir waren, wie gesagt, die letzten im Festzug. Hinter uns folgte die berittene Polizei und nach der Polizei rollten bereits die Kehrwägen der Stadtreinigung. In der Blumenstraße stellten wir uns auf und zogen dann zum Sendlinger-Tor-Platz und in die Sonnenstraße. In der Sonnenstraße vor dem Filmpalast geschah es. Der erste Esel streikte. Der ist keinen Meter mehr gegangen und hat sich einfach auf den Boden hingelegt. Der andere wollte dann auch nicht mehr, wahrscheinlich, weil er sich gesagt hat, was soll ich da alleine weiter ziehen. Jedenfalls hat er sich kurzerhand auch hingelegt. Alle unsere Bemühungen, die Tiere wieder auf die Beine zu bringen, waren vergeblich. Der Buhrmester Willi hat jeden nur möglichen Trick versucht, aber die Esel waren zu nichts mehr zu bewegen. Stellen Sie sich das vor: Der Festzug war schon 100 oder 200 Meter weit von uns weg, und hinter mir und dem Eselsgespann und meinen kostümierten Kegelbrüdern kam die berittene Polizei, kamen die Kehrwägen von der Müllabfuhr, kam die riesige Schlange von Leuten, die auf die Wiesn wollten! Vielleicht hat man den Eseln gesagt, der Weg zur Wiesn sei nicht sehr weit, und nun fühlten sie sich getäuscht und hatten die Nase voll, oder was weiß ich ... Willi Buhrmester gab auf:

> *Da hilft nichts mehr*", sagte er, „*die Esel*
> *wollen nicht mehr zieh'n.*"

Wir haben also die Esel ausgespannt und hinter den Leiterwagen geführt, das gefiel ihnen, und sie kamen wieder mit. Meine Kegelbrüder legten sich vor den Wagen ins Zeug und zogen vorn und schoben, und ihnen nach trotteten die Esel. So erreichten wir schließlich, beklatscht von einem lachenden Publikum links und rechts am Straßenrand, das Festgelände. Kurz vor der Wiesn redeten wir den Eseln noch einmal gut zu, und siehe, sie erklärten sich bereit, die Führung wieder zu übernehmen. Franz Freisleder, der langjährige Lokalchef der *Süddeutschen Zeitung*, würdigte später meine Mühe. „So lange solcher Humor und die Freude am Sich-selber-Derblecken nicht aussterben", schrieb er im Jubiläumsband zum 150. Oktoberfest, „besteht keine Gefahr, dass die Wiesn ihre Münchner Eigenart verliert."

Als wir unsere Baracke auf dem Festgelände mit Verspätung erreichten, waren wir alle ganz von den Socken. In meiner Wirtsbude waren keine Gäste, niemand. Das erinnerte mich an Rudolf Mrkvas Worte: Die ersten drei Tage, er hat natürlich gemeint, die ersten drei Wochentage, ist nichts los. Er hat Recht gehabt. Ich habe an meinem ersten Montag auf der Wiesn 1958 keinen Hektoliter Bier verkauft, keine hundert Maß. Das Bier, das übrig blieb, schenkte ich den Musikern, die freuten sich sehr.

Also, meine Anfänge als Wirt auf der Wiesn waren in der Baracke der Armbrustschützen, im *Kleinen Winzerer Fähndl*. Ich möchte Ihnen an dieser Stelle aus gegebenen Anlass ein paar Worte zu den Armbrustschützen sagen – und wie sie auf das Oktoberfest gekommen sind. Armbrustschützen waren bis zum Dreißigjährigen Krieg zur Verteidigung der Städte eingesetzt. Sie rekrutierten sich aus allen Zünften, waren Metzger, Bäcker oder Bader. Damit sie in Form blieben, übten sie in Friedenszeiten das Schießen in

Schießstätten und auf Schützenfesten. Anfang des 19. Jahrhunderts wurde dieser Brauch wieder aufgenommen, man weinte der vermeintlichen Romantik des Mittelalters nach und inszenierte zahlreiche Kostümfeste und Turniere – mit Rittern und Burgen, Knappen und Burgfräulein.

Die Armbrustschützengilde des *Winzerer Fähndl*s entstand vor mehr als hundert Jahren.

Das Oktoberfest selbst nahm ja im Oktober 1810 seinen Anfang mit einem Pferderennen – mit allerhöchster Genehmigung seiner Majestät Maximilan Joseph – anlässlich der Vermählung seines Sohnes, des Kronprinzen Ludwig, mit Therese Charlotte Luise, der herzoglichen Prinzessin von Sachsen-Hildburghausen. Das Volk war bewegt, und ein bayerischer Nationalpoet dichtete:

Dreimal selig der Mann,
Welcher wie Ludwig sich
Ein Gattin gewählt!
Dreimal beglückt das Volk,
Das von Schönheit umstrahlt,
Tugend und Tapferkeit
Auf dem Throne vereinet sieht.

Die Armbrustschützen verstanden sich als Nachfolger der Landsknechte und marschierten stets in prächtigsten Gewändern und mit historischen Waffen auf. Das Fähndl, also das Fähnchen, unter dem sie auftraten, hatte sich *Winzerer Fähndl* genannt, nach einem gewissen Kaspar Winzer aus Wolfratshausen, einem Kriegs- und Reitersmann sowie berühmten Söldner des Kaisers Maximilian vor 500 Jahren. Ähnlich bekannt war seinerzeit der Feldhauptmann Georg von Frundsberg, und so gibt es in München zwei Vereine, die mit der Armbrust schießen: Die *Frundsberger*, die, meine ich, von Gärtnern gegründet wurden, haben noch heute in Straßlach ihren Schießplatz, und das *Winzerer Fähndl* in Lochhausen. Dem *Winzerer Fähndl* gehören honorige Münchner Bürger an, Unternehmer und Handwerker.

Was den Zuschauern immer am meisten Eindruck machte, war das Adler-Schießen, also, wenn auf einem „Vogel-Baum" in 30 Meter Höhe ein hölzerner Adler getroffen werden musste. Derjenige, der das meiste Gewicht an Holz heruntergeschossen hat, der war dann der Schützenkönig. Die geübten Schützen haben natürlich genau gewusst, die Krone und die Federn und der Kopf, die wiegen am meisten, und sie zielten auf diese Teile.

Dieses Vogelabschießen gab es viele Jahre lang auf dem Oktoberfest, musste aber eingestellt werden: Zwei Pfeile hatten sich verirrt. Einer flog in den Behördenhof, in dem die städtischen Aufsichts- und Amtspersonen saßen, das war natürlich das Dümmste, was passieren konnte! Der andere verirrte Pfeil traf den Ballon der Paulaner Brauerei, einen aufgeblasenen Maßkrug, der über der Wiesn schwebte. Die Brauerei hätte vielleicht beide Augen zugedrückt, aber die Stadt verbannte den Adler vom Oktoberfest, und 1958, als ich auf die Wiesn kam, wurde nur noch auf die Scheibe geschossen.

Im Jahre 1895 aber war alles noch ganz anders. Der Magistrat der Königlichen Haupt- und Residenzstadt München, hatte Freude an dieser Attraktion und ließ das *Winzerer Fähndl* zum Oktoberfest 1895 zum ersten Mal zu. Es wurde, wenn ich den Zeitzeugen trauen darf, ein historisches Spektakel. Der legendäre Karl Zwerschina, der Gründer des *Winzerer Fähndl*s, ließ sich einen Jagdzug wie aus dem 16. Jahrhundert einfallen mit 200 Menschen und 26 Pferden. Ich wäre gern dabei gewesen, denn es gab einen Herold, acht berittene Trompeter, einen Zug original kostümierter Landsknechte, Querpfeifer, Trommler, Schalksnarren, Waidknechte mit Schweinsspießen und einem erlegten Hirschen, Buben mit Hatzrüden, Falkenmeister, Hakenschützen und sechs edlen Damen hoch zu Ross.

Diese zogen alle auf die Wiesn ein, marschierten und ritten zur Schießstätte des *Winzerer Fähndl*s, und dort hatte der Magistrat zur gastronomischen Betreuung der Teilnehmer, der Spießgesellen, eine Wirtsbude genehmigt. Nun muss man wissen, dass es der Gilde an Finanzkraft, an kaufmännischer Erfahrung, aber auch an Risikofreudigkeit fehlte, und so entglitt ihr der Festbudenbetrieb. Die Thomas-Brauerei kaufte der Gilde für 1000 Mark den Namen ab und prunkte bald mit dem Bierzelt *Großes Winzerer Fähndl*. Erst 1926 gelang es den Schützen wieder, die Genehmigung für eine kleine Festbude zu bekommen, sodass es nunmehr zwei *Winzerer Fähndl* gab, das „Große" und das „Kleine".

Das „Kleine" war meine bescheidene Baracke, versteckt am Fuße der Bavaria, am linken Zeh der Bavaria. Eine hölzerne Halle, im Dritten Reich – wie schon bemerkt – als Reichsarbeitsdienstbaracke genutzt. Am Eingang stand:

Eintritt für jedermann.

Damit die Besucher nicht glaubten, hier seien nur Schützen zugelassen.

Als Wiesnwirt einer Baracke war ich ein Niemand. Ich war auch nicht unbedingt ein begehrter Junggeselle. Die Armbrustschützen schlugen vor:

„Wir treten gerne für dich als Schauspieler auf,
wir tun so, als wären wir zünftige Wiesnbesucher."

Na ja, das haben sie vielleicht nur gesagt, um mich aufzumuntern oder zu trösten, damit ich nicht gleich alle Hoffnung fahren lasse. Es geschah nämlich wirklich das, was Rudi Mrkva vorausgesagt hatte: In den ersten drei Tagen in der ersten Woche war nichts los, gar nichts. Ich war völlig fertig, dachte mir, das gibt es doch nicht.

Ich unternahm auch keine großen zusätzlichen Aufwendungen, was hätten man in einer baufälligen Baracke auch machen können, man hat Girlanden aufgehängt, und das war's. Es gab auch keine Stände, keinen Käsestand, keinen Tabakwarenstand. Die ganze Bude war so niedrig – wie ein großes Zimmer.

Ich ließ gelbe Handzettel drucken:

Zur gefälligen Kenntnisnahme:
Es erwarten Sie neben anderen Schmankerln
feine Brathendl am Spieß, Kalbs- und
Schweinshaxen, prima Schweinswürstl,
Paulaner-Thomas-Bräu-Wiesnmärzn, die
Oberlandlerkapelle Hans Lang und der
Festwirt Richard Süßmeier.
Immerhin fand ich als junger Wiesnwirt in der *Süddeut-*
schen Zeitung Erwähnung:
> „*Als neue Festwirte*", *schrieb Guido Fuchs,*
> „*haben ... Otto Stumbeck (Hackerzelt) und*
> *Richard Süßmeier (Zelt der Armbrustschüt-*
> *zen) das Rennen gemacht.*"
Doch das Rennen begann erst.

Zwölftes Kapitel:

Eine Gans für ein Hendl

Ich führte dann ein paar Neuerungen ein. Als erste setzte ich für die Hendl einen Einheitspreis fest. Bei mir gab es fortan keine unterschiedlichen Preise mehr für kleinere oder größere Hendl. Das halbe Hendl kostete fünf Mark plus Bedienungsgeld – und damit war ich ein Vorläufer von Friedrich Jahn, dem Hendl-Jahn, dem König vom *Wienerwald*. Meine Kollegen kritisierten mich, ich antwortete:

> *„Sobald ich in der Hauptreihe bin, lass' ich*
> *das sein.“*

Im zweiten Jahr entwickelte ich die Idee, dass für jedes hundertste Hendl, das verkauft wird, eine Gans serviert wird. Der glückliche Gast bekam also an Stelle des halben Hendls eine ganze Gans. Oh, da haben mich die Altvorderen, Hans Schottenhamel und Xaver Heilmannseder, zu sich zitiert: Ob ich wüsste, was ich da anstelle, das wäre eine verbotene Ausspielung. Eine Lotterie! Das müsse genehmigt werden.

Da über meine Idee in der Presse ausführlich berichtet worden war, fragten viele Leute bei mir an, ein Firmeninhaber zum Beispiel:

> *„Herr Wirt, ich hab' heute jemanden dabei,*
> *der is scho' vierzig Jahr bei mir. Kennas des*
> *ned so deichseln, dass der die Gans kriagt?*
> *I zahl' Eahna des.“*

Oder es war umgekehrt. Vereinsmitglieder forderten:

> *„Wir wollen, dass der Vorstand eine Gans*
> *bekommt. Kümmern Sie sich darum.“*

Zu guter Letzt haben wir mehr und mehr Gänse verkauft. Nicht nur als Draufgabe, sondern als direkt bei der Bedienung georderte Gänse. Wir hätten bald die Gänse nicht mehr hergebracht, die wir gebraucht haben.

Da haben die Leute sich gewundert und gerufen:

„Das gibt's ja ned, dass der scho wieder
hundert Hendl verkauft hat!"

Ich schaute auch dem Kreitmair vom *„Großen" Winzerer Fähndl* etwas ab: Die Zelebration des Spanferkels. War ein Spanferkel fertig, ließ er es auf einem Traggestell aus der Küche heraus durch das ganze Zelt tragen, seine Musikkapelle marschierte voraus. Diese Idee wandelte ich ab und ließ in einem rollenden Käfig, den ich mir beim Zirkus Krone ausgeborgt hatte, eine Gans auf und ab fliegen, und auf einem Plakat konnten Sie lesen:

Jedes hundertste Hendl hat die Größe
dieser Gans.
Beim Festwirt Richard Süßmeier.

Das war wieder ein gefundenes Fressen für die Presse. Nur der Sommer Sigi notierte in seinem „Blasius" bissig: „Was behauptet dieser Wirt? Jedes hundertste Hendl? – Wer weiß, ob der bis 100 zählen kann."

Einmal während der Wiesnzeit, am zweiten Mittwoch, verwandelte sich die alte Hütt'n in eine prächtige Ritterburg, wenigstens im Inneren. Fahnentücher über Fahnentücher verdeckten alles, was an die frühere Nutzung hätte erinnern können. Hellebarden, Lanzen und reihenweise Armbrüste an den Wänden täuschten einen mittelalterlichen Festsaal vor. Es ging sehr festlich zu – beim alljährlichen Festbankett der Armbrustschützengilde *„Winzerer Fähndl"*.

Etwa vierhundert geladene Gäste – damit war die Bude voll – warteten geduldig auf die Festredner und auf die anschließende Preisverteilung. Zwischen den Ausführungen der Honoratioren und der Ausrufung des Schützenkönigs wurde das Festessen serviert. Das Festmenü hatte Tradition, oder mit anderen Worten, es gab jedes Mal das Gleiche: Leberspätzlsuppe, Hirschbraten mit Spätzle und Preiselbeeren, Apfelkücherl.

Unsere Küche hatte die Ausmaße eines etwas größeren Besenkammerls und war daher viel zu klein, um die gesamte Speisenfolge an Ort und Stelle zuzubereiten. Die Köchin musste sich entscheiden, ob sie hier den Hirsch oder die Spätzle kochen wollte.

Beim ersten Mal entschied sie sich für den Hirsch, ihre Soße und der Braten sollten gerühmt werden, die Spätzleherstellung konnte man getrost anderen überlassen. Dem *Straubinger Hof* zum Beispiel, der Mama. Auf diese Art und Weise kam unser Stadtbetrieb zu dem Beilagenauftrag.

Generalstabsmäßig war die Herstellung und die Lieferung der Spätzle mit dem Hirschbraten koordiniert worden. Jedoch der oberste Ehrengast, der Münchner Oberbürgermeister Thomas Wimmer, erschien zu früh.

Er grantelte, kaum hatte er Platz genommen:

„Wann gibt's denn was z'ess'n;
i muaß wieder weiter."

„Ja mei, Herr Oberbürgermeister, der Hirsch
ist scho' fertig, aber die Spätzle
san no in der Stadt."

„I brauch' koane Spätzle,
gebt's ma a Semme dazua."

Und so geschah es, dass der Hirsch statt mit den vorgesehenen Spätzlen, mit Semmeln und Hausbrot, auch allen anderen Festgästen vorgesetzt wurde.

So konnten wir leider den von Thomas Wimmer selbst aufgestellten Grundsatz nicht gerecht werden:

„Die Hauptsach' ist", hat er bei einer Ausstel-
lungseröffnung einmal gesagt, *„die Hauptsach'*
ist, dass der Gast nichts entbehrt, was ihm zur
Verstimmung Anlass gibt."

Die Presse hat gern über mich berichtet und viele Fotos geschossen. Die für mich beste Münchner Malerin, Sis Koch, hat zum Beispiel das Fahnderl gemalt mit Max und Moritz, vor der Bavaria in den Büschen liegend, und ich habe dazu gedichtet:

> *Max und Moritz de zwoa Fratzen,*
> *flacka jetzt mit fette Pratzen*
> *unter der Bavaria*
> *ganz derbreselt flackas da.*
> *Schuid an derer Sauerei*
> *san der Wirt und d' Brauerei.*

Wahrscheinlich hoffte ich damals, dass mir die Brauerei etwas dazu zahlt ... Falsch gehofft.

Wir schreiben das Jahr 1959. Meine beiden Brüder lebten noch und halfen mir auf der Wiesn. Die Mama ist nur einmal gekommen. Einen Tag vor Beginn des Festes schaute sie sich mein Zelt an und erschien nie wieder. Sie wollte damit nichts zu tun haben. Ich weiß bis heute nicht, warum. Vielleicht war ihr alles zu aufregend. Sie hat alles für gut befunden. Sie hat mich nicht kritisiert. Sie ließ mir völlig freie Hand. Sie war auch früher – vor dem Krieg – nie auf die Wiesn gegangen. 1938, das war das letzte Oktoberfest vor dem Krieg, hat sie sich ein Hendl holen lassen. Mit dem Taxi.

Ja, was verdient ein Wiesnwirt? Ich will es frei heraussagen: Beim ersten Mal auf der Wiesn ist tatsächlich etwas übrig geblieben. Eigentlich konnte ich zufrieden sein und davon träumen, dass aus dieser baufälligen Baracke in nicht allzu weiter Ferne ein Zelt werden würde. Die Wende kam, nachdem im zweiten Jahr die Lokalbaukommission unmissverständlich erklärt hatte, dass dieser Holzbau nicht mehr aufgestellt werden durfte. Da war dann guter Rat nicht billig, wie der Karl Valentin gesagt hätte.

In diesem zweiten Jahr mussten wir kurz vor Beginn des Oktoberfestes Abstützungen, Holzstempen, einbauen lassen, sodass es in der Baracke ausgesehen hat wie in einem Luftschutzkeller. Wir machten aus der Not eine Tugend, schlugen überall in die Hölzer Nägel ein – und verfügten somit über die größte Garderobenablage der ganzen Wiesn, weil man ja überall Mäntel aufhängen konnte. Ein Jahr darauf, 1960 also, verbot die Lokalbaukommission, die Baracke wieder aufzustellen, und die Stadt genehmigte – ja! – ein Zelt. Als erstes tauchte jetzt die große Frage auf: Wer finanziert das, wer hat die Schneid? Jeder hat gesagt:

„Um Gottes Willen, wie will der Richard,
wenn er die kleine Baracke so selten voll
bekommen hat, ein Zelt voll bringen?"

Ich stellte ein Leihzelt auf, die Installationen wurden neu gemacht, eine neue Dekoration wurde entworfen, eine neue Fassade. Es gab Auseinandersetzungen, harte Auseinandersetzungen. Vorher hatten die Armbrustschützen die Baracke aufgestellt – als Vertragspartner der Stadt – und waren dafür von der Brauerei unterstützt worden, aber nun hatte ich ja die Finanzierung übernommen. Niemand wollte von irgendetwas loslassen, was ihm einen Vorteil gebracht hatte. Dieses alte Gefüge aufzubrechen, war nicht einfach. Schließlich stand das Zelt. Es fasste 2 000 Plätze. Es war zwar das kleinste Zelt, aber damit war man schon jemand.

Im sechsten Jahr – 1963 – durfte ich meinen Standplatz wechseln. Ich hatte auf einen Platz in der Hauptreihe neben dem *Hofbräuhaus-Zelt* gehofft, bekam aber einen Platz ganz vorn am Eingang noch vor der Achterbahn. Ich nannte das Zelt, damit endlich Schluss war mit der Verwechslungsgefahr vom „Kleinen" und „Großen" *Winzerer Fähndl*: Zu den *Armbrustschützen*, und dann *Armbrustschützenzelt*. Gefreut hab' ich mich – aber zu früh, weil mein Bierzelt nicht angenommen worden ist. Es lag zu nah am Eingang.

Wir hatten nicht mehr nur 2 000, sondern sogar 2 500 Plätze. Daher rechnete ich mir vor, na gut, jetzt, wenn ich um ein Viertel mehr Plätze habe, dann werde ich doch mindestens soviel Bier verkaufen, wie hinten am Fuß der Bavaria. Falsch kalkuliert: Ich verkaufte weniger als die Hälfte; es war ein großer Schlag ins Kontor, will sagen, in meine Konten. Zwei Jahre lang habe ich nur draufgezahlt. Nicht zu glauben: Ein Wirt, der auf der Wiesn draufzahlt! Das gibt's doch nicht! Aber es war wahrhaftig so. Die Leute haben mich hinten gesucht am linken Zeh der Bavaria, an dem Platz, an dem ich eingeführt war – und vorne sind sie an mir vorbeigelaufen.

Wir vergessen oft: Die Wiesn dauert ja nur 16 Tagen. So sagt's sich leicht:

„Ja, der ist schon drei Jahre auf der Wiesn."

Drei Jahre – das sind nur 48 Tage.

Ich werde heute noch als Wiesnwirt erkannt und angesprochen. In der Trambahn sagte eine Frau zu mir:

„No, wos dean denn Sie, san Sie ned auf der
Wiesn draußen?"

Sag ich:

„Guade Frau i bin scho 22 Jahr nimmer
drauß'n."

Ich hatte ein Zelt für 2 500 Gäste, aber kaum einer kam herein. Ich war nahe der Pleite. Ja, da habe ich sehr kalte Füße bekommen. Die eigenen Leute machten mir Vorwürfe:

„Ja was hast du denn da angestellt?"

Ich kam mir vor wie ein Bub, der gemaßregelt wurde. Ein Wirtsbua.

Wie hätte ich ahnen können, dass mein Geschäft so katastrophal schlecht laufen würde? Trotz alledem: Ich musste am Ball bleiben, und ich blieb am Ball. Zwei Jahre später 1965 rückte ich in die Hauptreihe neben das *Hofbräuhaus-Zelt.* Das war die eigentliche Geburtsstunde des *Armbrust-schützenzelt*es, so wie es heut auf der Wiesn zu bewundern ist. Die Paulaner-Thomas-Brauerei hat damals die schöne Fassade gebaut und finanziert – dank ihres damaligen Direktors, Dr. Bernhard Scheublein.

Ich hatte inzwischen geheiratet.

Und dieses, meine Heirat, ist eine andere Geschichte.

Dreizehntes Kapitel:

Die Abfuhr

Diese Geschichte beginnt im Winter 1955/56 – in der Hotelfachschule Bad Reichenhall auf einem Faschingsball. Ich war eingeladen vom Direktor der Schule, Dr. Kriener, der es schätzte, dass ich mich in der Vereinigung ehemaliger Hotelfachschüler engagiert hatte. Er machte mich darauf aufmerksam, dass auch eine Brauerstochter als Schülerin da sei, Christa Pschorr, eine sehr lebensfrohe, sehr lustige Person – und das konnte ich dann auch feststellen. Sie war eine begeisterte Tänzerin, das kann ich beurteilen, weil ich es nicht bin. Aber vielleicht erzählt Ihnen Christa, die bei allen Gitta heißt, diese Geschichte selbst:

„Ich war sehr temperamentvoll. Ich war ein Quirl. Ich konnte mich überhaupt nie ruhig halten. Das weiß ich noch. Dass ich also wahnsinnig umeinander gewirtschaftet habe. Ich war damals noch auf der Hotelfachschule, und Richard, der ehemalige Schüler, wurde freudig begrüßt, weil er ja sehr beliebt war bei den Mitschülern. Das war der Moment, wo wir uns zum ersten Mal gesehen haben. Aber da war überhaupt nichts. Ich habe nur gesehen, okay, da ist jemand, der sehr beliebt ist.“

Ja, so war es, und dabei blieb es fürs Erste, es war ja nichts Ernsthaftes. Das war halt nur so, dass man von dem anderen gewusst hat, dass der da ist.

„Dann war lange Stillstand, und irgendwann hat der Richard angefangen, mich sehr zu verehren. Das ging so weit, dass er mir an einem Montag einen riesigen Blumenstrauß ins Büro gebracht hat. Da war ich Lehrling bei der

Hoffmann KG. Im heutigen P1, *der damaligen* Piroschka. *Meine Lehrherrin war Marianne Zeiss, die spätere Taufpatin unserer Tochter Barbara.*"

Also, wir schreiben jetzt das Jahr 1957/58. Christa arbeitete nicht nur im Büro, sie half auch manchmal im Betrieb mit aus, musste am Abend einspringen als Zigarettenverkäuferin oder als Bedienung am Büffet. Es war nicht so, dass der Blitz eingeschlagen war, aber da ist der eigentliche Kontakt entstanden, und ich habe mich in sie verliebt. Sie war ja eine Lustige, sie war fröhlich, unbekümmert. Ja, sie hat mich begeistert. Ich habe sie mit auf die Kegelbahn ins *Bundesbahnhotel* genommen, aber der Kreis hat ihr nicht so sehr behagt.

„Wir haben zusammen mit seinen Freunden von der Kegelbahn Ausflüge gemacht. Ein Radlausflug nach Aying. Oder auf die Rennbahn nach Daglfing. Ich muss allerdings dazu sagen, dass mir diese seine Freunde nicht so wahnsinnig imponiert haben. Vielleicht lehnte ich sie ab, weil der Richard so engagiert war."

Viele von ihnen leben nicht mehr.

„Mir hat das schon gefallen, da mitgenommen zu werden. Aber es war nicht unbedingt das, was ich wollte. Dann habe ich einen Rückzieher gemacht – und Richard kam mit diesem Riesen-Blumenstrauß, und einmal kamst du mit einer Kapelle und hast vor dem Büro, vor dem Fenster, das war ebenerdig, hast du ein Ständchen spielen lassen. Das hat aber alles nichts genutzt."

„Und Krapfen habe ich dir auch geschenkt, selber gebackene."

„Ja, ja, er hat sich wirklich fast überschlagen. Aber es hat nichts genützt. Je mehr er getan hat, desto weniger wollte ich das. Dann hat meine Vorgesetzte, die Frau Marianne Zeiss, mit ihm geredet und gesagt:

‚Also, Herr Süßmeier, das hat keinen Sinn, lassen Sie das. Das wird nichts. Die will nichts.'

Also, schön. Und dann hat er sich total zurückgezogen. Er hat dann gemerkt, dass das offensichtlich keinen

Sinn hat. Wir haben uns dann nicht mehr getroffen Das war's dann. Doch nun geschah es, dass meine Schwester Renate, die viele Verehrer hatte, einen los werden wollte und sagte:

‚Also, ich habe jetzt keine Zeit, geh du mit dem zum Essen. Der will bayerisch essen gehen. Geh doch mal zum Essen mit dem! Geh, geh in den Straubinger Hof *zum Richard.'*

Es war sehr heiß, es war Sommer, das weiß ich noch ganz genau. Ich bin mit diesem ‚Freund' hinein, und du bist gekommen, wir hatten uns ja ewig nicht gesehen, und ich schaue den Richard an, und es funkt bei mir. Ja, es hat gefunkt bei mir. Ich habe gewusst, ich habe mich verliebt. Ganz einfach. Also, wirklich, man kann bei uns nicht sagen ‚kam – sah – und siegte', aber da war es da, dieses Gefühl. Es war seine Ausstrahlung, die Intelligenz, ein Mannsbild halt. Ja alles. Seine Persönlichkeit, wie er auch mit mir umging. Ich habe ihn sehr bewundert."

Für mich war es überhaupt eine Sensation, dass sie in den *Straubinger Hof* gekommen ist.

„Aber dann bin ich auf dich zugegangen ..."

Also ich habe keine Krapfen mehr backen müssen…

„Nein, nein, das hast nicht mehr gebraucht. Wir waren dann auch nicht mehr ewig mit diesen Leuten von der Kegelbahn zusammen. Die waren schon noch aktuell. Aber in Maßen. Oder ich empfand alles angenehmer als zuvor. Auf alle Fälle von da an waren wir sehr oft zusammen."

Nach einiger Zeit hatte ich ernste Absichten – wie man so sagt –, und ich habe förmlich bei ihrem Vater um ihre Hand angehalten. Ja, ich wollte eine Familie gründen, und ich wusste, das ist die Richtige. Gitta kam aus einer der Pschorr-Linien der Gründerfamilien von der Pschorr-Brauerei. Ihr Vater war Walter Pschorr, der technische Direktor der Brauerei. Er hatte sich um den Wiederaufbau der im Krieg zerstörten Brauerei große Verdienste erworben und galt, wenn es um die Technik des Brauens ging, als führend.

Sie ist die Richtige, dachte ich. Sie ist lustig und fröhlich, ist klug und weiß, was sie will.

Nun war ja da noch meine Mama. Ich habe ja schon erzählt, dass meine Mama streng darauf achtete, dass ich keine Mädchen ausführte oder herbeiführte. Schwärmereien hat es freilich schon immer gegeben. Große Begeisterung hatte ich zum Beispiel für die Faschingsprinzessin von 1952, Christl Mayer, entwickelt. Christl Mayer aus der Familie Mayer, die das *Bundesbahnhotel* und die Gaststätten im Hauptbahnhof bewirtschaftete. Ich habe sie sehr verehrt – aber ich bin nicht nah genug an sie herangekommen. Ihre eifersüchtigen Brüder haben einen eisernen Ring um sie gelegt, einen goldenen Käfig, in den sie sie eingesperrt haben. Sie war ja eine Prinzessin; sie war außerordentlich hübsch, charmant und lieb. Aber ich war chancenlos, damals 1952. Ich hätte ja noch nicht einmal gewusst, wozu ich sie einladen kann. Sie hat Bewunderer gehabt noch und noch, die mit dem Porsche vorgefahren sind. Aber alle sind sie an dieser unsichtbaren Wand abgeprallt, die ihre Brüder um sie gezogen hatten – und wie gesagt, da war ja noch meine Mama.

„Ja, das war ziemlich schwierig. Wenn ich vorne hereinkam in den Straubinger Hof*, ist sie hinten – sie war ja immer in der Küche und hat gesehen, wer rein und raus geht – ist sie hinausgegangen. Ich hatte immer das Gefühl, sie hat gedacht, ich wolle mich ins Geschäft eindrängen oder da arbeiten. Ich habe dann einmal gesagt, mei, ich nehme dir doch nichts weg.“*

Sie war eifersüchtig auf alle, weil sie meinte, sie sei niemand mehr, wenn eine andere daher kommt. Sie befürchtete, dass sie in dem Moment, in dem ich sage, ich möchte heiraten, in die Ecke gestellt wird und das fünfte Rad am Wagen ist. Sie hat, ja, wie soll ich es ausdrücken, sie hat sehr darunter gelitten, dass die Familie nach dem Tod meiner Brüder so dezimiert war, und jetzt drohte ihr das Alleinsein. Ich sagte ihr deswegen nur, dass ich heiraten wolle, aber nicht, dass ich ausziehen würde. Als ich dann doch ausgezogen bin, war das für die Mutter ein schwerer Schlag.

„Das stimmt ja. Ich meine, deine Mutter und ich hatten keinen Kontakt, überhaupt nicht. Das ging erst an, als wir sagten, wir wollen heiraten."

Und dann war da noch dein Vater.

„Das lief sehr unglücklich."

Das muss ich etwas weiter ausführen: Ich hatte mich um den *Löwenbräukeller* beworben. Xaver Heilmannseder gab mir gute Ratschläge:

> *„Du hast keine Chance, Richard, dass du den*
> *Pachtvertrag bekommst, es sei denn, du bist*
> *verheiratet und du bringst deine Frau mit."*

Ich antwortete:

> *„Ja, das kann ja sein, dass ich dir bald meine*
> *Frau vorstellen kann."*
> *„Ja wer ist das?"* fragt er.
> *„Das kann ich nicht sagen",* entgegnete ich,
> *„sonst bekomme ich Schwierigkeiten mit dem*
> *zukünftigen Schwiegervater."*

Xaver Heilmannseder hat weitergebohrt:

> *„Das musst du mir sagen. Ich muss schon*
> *wissen, wen ich da nennen kann."*

Nun, schließlich habe ich ihm deinen Namen gesagt, Christa. Er flog kurz danach nach Hamburg, hat die Neuigkeit dem damaligen Hauptgeschäftsführer des Hotel- und Gaststättenverbandes, Dr. Edgar Mayerhofer, erzählt, der gab sie bei nächster Gelegenheit dem Herrn Hans Pfülf weiter, dem damaligen ersten Mann von der Pschorr-Brauerei, und der hat es dann deinem Vater …

> *„Meine Eltern waren im Urlaub in der Schweiz und haben mich angerufen. Sie haben gesagt, sie hätten das erfahren, ich solle sofort in die Schweiz kommen. Sie möchten mit mir sprechen. Ich habe mich gewehrt:*
> *,Nein, das mache ich nicht. Ich komme nicht. Wir können alles besprechen, wenn ihr zurück seid.'*

In der Zwischenzeit hatten wir uns verlobt, und ich trug einen Ring und war ganz fürchterlich stolz. Ich hab' den Ring aber abgezogen, als sie zurückkamen. Sie waren auf 180. Mein Vater hat überhaupt nicht mit mir gesprochen, und ich weiß noch, meine Mutter hat die Koffer ausgepackt, und ich stand neben ihr und sagte:

‚Ich möchte mit dir reden'. Ich muss doch zu einer Mutter reden können, was los ist. Sie antwortete:

‚Ich sprech' nicht mit dir. Das macht alles dein Vater. In einer Stunde ist die Besprechung.'

Dann habe ich gesagt:

‚Gut, ist recht.'

Dann kam ich also zu meinem Vater, zur Besprechung, und der hat alles niedergemacht. Ob ich überhaupt wüsste, was es heißt, mit einem Wirt verheiratet zu sein. Da würde ich nur in der Küche stehen und an der Essens-Ausgabe. Das wäre unter seinem Stand! Er versuchte, den Richard schlecht zu machen, und ich habe gesagt:

‚Nein, ich bleibe dabei.'

„Dann will ich mit dem Herrn Süßmeier sprechen. Der soll kommen."

Ich antwortete:

‚Ja, ist recht.'

Ich steckte sofort meinen Ring wieder an und dachte, so, jetzt ist mir das alles egal, ich stehe dazu, habe dich angerufen:

‚Höre zu', sagte ich, ‚ganz egal, was passiert, ich gehe mit dir. Ich gehe von zu Hause weg. Jetzt.'

Und du hast gesagt:

‚Ja, ist schon recht.'

‚Und dann hast du mit meinem Vater geredet. Du hast es also versucht. Ich weiß, dass es überhaupt keinen Sinn hatte.'"

Ich war Wirt, ich hätte eigentlich ideal gepasst. Doch für die Wirte hat Walter Pschorr anscheinend nicht allzu viel übrig gehabt. Alles was mit Technik, also mit der Technik des Brauens zu tun hatte, das waren seine Leute, das waren Leute, die ihm gefielen. Die Wirte waren für ihn Verkäufer, Bierverkäufer, und Verkäufer waren ihm alle mehr oder weniger, ich möchte nicht sagen suspekt, aber zweitrangig.

Gitta hatte noch drei verheiratete Schwestern. Eine lebte in Brasilien, die andere in Amerika und die dritte war in Hamburg: Gitta war folglich für ihren Vater das Nesthäkchen. Er war ein sehr, sehr ernster Mann, sehr konservativ und nicht unbedingt ein geselliger Mensch, der jeden Abend woanders hingegangen ist. Er hat sicherlich gehofft, dass eine der Töchter ihm einen Schwiegersohn ins Haus bringt, der in der Brauerei mitarbeitet. Doch die ersten drei Schwiegersöhne hatten mit dem Brauereiwesen so gut wie nichts zu tun. Der eine war Architekt, der andere war Offizier und der dritte war Repräsentant von Dr. Oetker. Und nun kam ich.

Ich bin hingegangen – und nun ja, ich habe nicht den Hauch einer Chance gehabt. Nicht den Hauch einer Chance. Die Stimmung war sehr geladen. Das war eine einzige Streiterei. Er hat NEIN gesagt und mit diesem Nein das Gespräch, das nicht allzu lange gedauert hat, beendet.

„Eine Heirat kommt nicht infrage!"
Ich hielt ihm vor, dass ich nichts dafür könne, dass ich als Wirtssohn auf die Welt gekommen sei. Ich hätte ja genauso gut als Eskimo auf die Welt kommen können. Übrigens auch er: Er hätte ja auch als Eskimo auf die Welt kommen und sich nicht darüber beschweren können.

Aber er war so knöchern und stur in seiner Absicht, mich abfahren zu lassen, da war nichts zu machen. Er trug sehr starke Brillengläser, und durch diese Brillengläser hindurch fixierte er mich. Wie mit Laserstrahlen hat er mich angesehen:

„Nein, Sie kommen nicht infrage für meine
Tochter."
Das hat mich hart getroffen. Ich war ja schon Wiesnwirt, wenngleich ich halt erst noch am Anfang stand. Aber im-

merhin, wenn auch der kleinste. Ich hatte keine Schulden. Es war ja nicht so, dass ich gesagt habe, ich muss jetzt jemanden heiraten, damit ich festen Boden unter die Füße bekomme. Ich habe zwar nicht viel gehabt, aber es war nicht so, dass meine Entwicklung ohne Perspektive gewesen wäre, sondern im Gegenteil. Man konnte bei mir sehen, dass es aufwärts geht.

Die Verträge mit den Brauereien habe ich später immer auf meinen Namen allein abgefasst. Um auszuschließen, dass man mir vorwirft, ich hätte Christa Pschorr nur geheiratet, damit ich bestimmte Verträge bekomme. Ich habe ihr auch gesagt, sie muss im Geschäft nicht mitarbeiten, wenn sie nicht mag. Wenn sie mag, ist das ihre Sache, aber sie muss nicht.

„Wir haben dann überlegt, das weiß ich noch. Wir sind oben an der Bavaria auf einem Bankerl gesessen, haben auf die Wiesn geschaut und uns überlegt, was wir jetzt machen. Wie soll es weitergehen. Und dann war es für uns ganz klar, dass wir heiraten."

Aber dann war da noch meine Mutter ...

Vierzehntes Kapitel:

Das Du

Ich habe meine Mama um Verständnis gebeten. Das Schlimmste war, ihre Krankheit wurde immer ernster. Krebs, Bauchspeicheldrüsen-Krebs.

    „Ich habe auch ein Recht auf mein Leben",
        sagte ich zu ihr.

Ich sah, wie schwer es ihr fiel. Ich versprach, dass ich nach wie vor im Geschäft im *Straubinger Hof* bleibe und dass ich für sie da bin. Vergessen Sie nicht: Ich hatte 14 Jahre mit meiner Mutter in derselben Wohnung gelebt. Ich zog dann aus. Aber obwohl ich jetzt aus unserer gemeinsamen Wohnung ausgezogen war, gehörte ich meiner Mutter immer noch. Von der Früh um acht bis auf die Nacht um zwölf – im Geschäft. Auch jeden Sonntag, wenn wir Ruhetag hatten, fuhr ich zu ihr in den *Straubinger Hof.* Mehr kann man nicht verlangen. Was natürlich wiederum meiner Frau nicht so lieb war. Es war keine einfache Zeit. Ich musste mich teilen, ich habe gesagt, Sonntagmittag mit der Mutter zusammen und am Nachmittag mit meiner Frau. Ja, es war schon schwer.

    „Das war die zweite Stufe, deiner Mutter klar zu machen, dass wir heiraten wollen. Das war, glaube ich, noch wesentlich schwieriger, weil sie ja sehr krank war. Wenn der Richard gesagt hat, wir müssen jetzt den Hochzeitstermin festlegen, dann wurde sie sehr, sehr krank. Wir sagten uns, das hat keinen Sinn. Das geht nicht. Lass sie erst mal wieder gesund werden."

Dann trat man an dich heran und wollte, dass du beim Faschingsverein der Wirte noch einmal als Hofmarschall auftrittst. Da habe ich gesagt:

‚Nun gut, dann heiraten wir nach dem Fasching. Ich will das nicht, dass wir frisch verheiratet sind, und du bist jeden Abend nicht da, nein das will ich nicht.'

Richard lenkte ein:

‚Dann mache ich das nicht. Dann mache ich keinen Hofmarschall.'

Ich ließ ihm freie Hand. Ich habe nicht gesagt: Du, dann heirate ich dich nicht, sondern:

‚Das ist deine Entscheidung, dann warten wir noch.'

Schließlich haben wir das Datum festgelegt, der 11. Januar 1962. Da hat Richards Mutter nichts mehr dagegen gehabt. Sie sah wohl ein, es hat keinen Sinn, es ist ernst. Es ist soweit.

Schon begann die nächste Schwierigkeit: Ich bin evangelisch, Richard ist katholisch. Ich bin eine gläubige evangelische Christin, ich ließ mich nicht umtaufen, aber unterschrieb, dass ich

- *a) katholisch heirate und*
- *b) die Kinder, wenn ich Kinder bekomme, katholisch erziehe.*

Das war für mich kein Problem. Nun war da noch mein Vater ...“

Er ist nicht zur Hochzeit gekommen, nein, er ist nicht zur Hochzeit gekommen. Die anderen drei Hochzeiten hatte er als Brautvater sehr generös ausgerichtet – im *Vier Jahreszeiten.* Jetzt bei der vierten Hochzeit ... wir haben ihn eingeladen, aber er ist nicht gekommen.

„*Mein Vater verkündete überall: Wenn die beiden heiraten, dann dürfen sie nicht in München heiraten. Er schrieb an die Verwandtschaft und an Geschäftsfreunde und teilte es seinen Angestellten in der Brauerei mit, dass wir bei-*

de für ihn nicht existieren. Er sprach nicht mehr mit mir, er sprach einen Bann über uns aus. Das hat uns aber alles nicht abgebracht.

Wir haben im Standesamt am Mariahilfplatz geheiratet. Meine ganze Familie hat erklärt, sie komme nicht, und ich sagte, das sei mir ganz recht, das sei mir egal. Ich brauche euch nicht. Ich heirate auch ohne euch. Sie haben immer noch gemeint, ich würde wieder umschwenken.

Die Einzige war meine Schwester Renate in Boston in den USA. Sie kündigte an: „Ich komme."

Wir sollten um elf Uhr am Standesamt sein, Richard wollte mich zu Hause abholen, und er kam und kam nicht. Ich denke mir:

‚Na, das ist ein guter Anfang.'

Es war ja der 11. Januar, und es war frostiges Wetter, die Fahrbahnen spiegelglatt. Ich denke mir, er schafft das schon, jetzt wird er dann schon kommen. Er kam dann auch etwas verspätet, etwas sehr viel verspätet: Er kannte ja alle Marktleute, und die haben sein Auto geschmückt und intelligenterweise an die Scheibenwischer die Hochzeitsgebinde gehängt. Und Richard schaltete die Scheibenwischer ein, und die Sträuße fingen an, hin und her zu tanzen. Aber es hat dann alles geklappt. Dann waren wir verheiratet.

In meiner Familie haben sie sich plötzlich doch wieder anders entschieden. Meine Mutter versprach, sie komme mittags. Zum Mittagessen. Dem schlossen sich meine beiden ältesten Geschwister an. Ich habe gesagt: ‚Mir ist des wurscht, wer kommt. Wenn ihr kommen wollt, dann müsst ihr uns das wenigstens sagen, wegen der Sitzplätze.'

Weil wir nicht in München heiraten sollten, ich aber kirchlich getraut werden wollte, haben wir in Bad Wiessee geheiratet. In der Kirche am Berg oben. Anschließend luden wir im engsten Familienkreis zum Mittagessen ein. Das war etwas frostig, weil keiner mit dem anderen gesprochen hat, mehr oder weniger. Aber sie waren – bis auf

*meinen Vater – alle da und haben gemeint, sie hätten nun
ihre Pflicht und Schuldigkeit getan.*"

Bei der Hochzeit war die Mama selbstverständlich dabei, man hat ihr die schwere Krankheit schon angesehen, aber sie war selbstverständlich dabei. Ja, wir feierten zusammen mit Gittas Schwestern und ihrer Mutter mittags in Wiessee bei der Staudinger Resl, einer alten Bekannten meiner Eltern, in der Wirtschaft *Zur Post*. Auch mein früherer Schwarm, Christl Mayer, war da – die Freundschaft mit ihr ist geblieben bis auf den heutigen Tag. Meine Mama saß neben Gittas Mutter, und beide haben sich gut verstanden.

Am Abend trafen wir uns beim Leo Lehmeyer in Riem im *Flughafenrestaurant*, Dr. Bernhard Scheublein von der Paulaner-Brauerei feierte mit uns, auch meine Kegelbrüder, einige meiner Schulkameraden, die Malerin Sis Koch, die Ex-Faschingsprinzen Wolfgang Pfaff und Burschi Heiden, und der mit mir sehr verbundene Schrödl Hans, Kameramann beim Bayerischen Fernsehen und unglaublicher Geschichtenerzähler. Am Abend spielten zwei Kapellen auf, um Mitternacht der Toni Witt, dann wurde warmer Leberkäs' serviert. Der Leberkäs' war unsere Hochzeitstorte.

„Es war ein Riesenkreis. Und da haben wir dann richtig Hochzeit gefeiert. Lustig war es und wirklich schön."

Walter Pschorr, der Vater, war nicht erschienen. Ich kann mich nicht entsinnen, ob er überhaupt einen Glückwunsch geschickt hat. Er ließ in der Brauerei einen Ukas, eine interne Mitteilung, herumgehen, in der er untersagt hat, dass jemand mit mir in näheren Kontakt tritt. Wobei das ja schwierig war. Ich hatte über meine Verbandstätigkeit das ganze Jahr immer wieder mit den Direktoren der Pschorr-Brauerei zu tun. Sie erhielten von meinem Schwiegervater die Anweisung, mich links liegen zu lassen.

„Ich wurde dann auch sehr schnell schwanger. Beide Kinder sind Achtmonatskinder. Meine Eltern machten daraus wieder ein neues Problem. Sie behaupteten, ich hätte heiraten müssen – weil ich schwanger war. Ich bin stocknarrisch

110

geworden. Ich habe dann zu meiner Ärztin gesagt, sie soll sofort ein Attest schreiben. Ich wollte das nicht auf mir sitzen lassen. Wenn ich schon so einen Krach habe, rausfliege, dann hätte ich das auch noch eingestanden. Und das habe ich dann richtig gestellt.

Ein Vierteljahr nach der Geburt des Michi kam meine Mutter und hat eine Annäherung versucht. Ich hatte mit meiner Mutter nie sehr engen Kontakt, auch zu meinem Vater nicht so wahnsinnig, das war damals so. Sie waren sehr hochherrschaftlich, und da gab es nicht ein Familienleben wie heute. Also, ich wollte diese Annäherung nicht. Richard sagte:

‚Hör zu, es sind deine Eltern. Das hat doch alles keinen Sinn, und wir sollen doch wenigstens versuchen, ein Gespräch zu führen.‘

Das war dann auch wieder eine Katastrophe.“

Der Schwiegervater kündigte seinen Besuch in der Schleißheimer Straße an, in der wir wohnten. Ich fragte meine Frau:

> *„Was soll ich denn anziehen, damit ich ja keinen protokollarischen Fehler mache?“*

Sie antwortete:

> *„Leger, damit es nicht so steif wird.“*

So zog ich einen Pullover über.

Ich darf hierzu erläutern, dass wir gemeint haben, es komme so eine lockere Stimmung auf, in der man leichter miteinander reden kann. Wäre ich jetzt da im Gehrock erschienen und hätte eine distanzierte Ausdrucksweise an den Tag gelegt, dann wäre möglicherweise nichts zusammen gegangen.

„Ja, so waren unsere Gedanken. Bevor sie kamen, hat der Richard gesagt:

‚Soll ich jetzt eine Krawatt’n anziehen und ein Sakko?‘

‚Na, na um Gottes Willen, so wie jetzt. Mach’ das ganz leger.‘

Wir haben etwas gekocht, und dann kamen meine El-
tern. Sie haben sogar etwas gegessen und das Kind angese-
hen. Das war alles, na ja, etwas steif, aber es ging."

Mein Schwiegervater umging eine direkte Anrede, sagte
nicht „du", nicht „Sie". Er hat schwer Asthma gehabt,
musste immer, um Luft zu bekommen, auf und ab gehen.
Nun war unsere Wohnung sehr klein. Bei sich zu Hause hat
er extra eine Wand herausreißen lassen, dort hatte er Frei-
raum, um auf und ab zu marschieren, dort hatte er keine
Probleme mit dem Schnaufen. Bei uns ging er auf und ab,
atmete schwer – und ging wieder. Es ist nicht viel geredet
worden, es ist zu keiner Zeremonie gekommen, also zu einer Umarmung zum Beispiel.

Danach grübelte ich über den Besuch nach und sagte zu
Christa:

„I woaß jetzt a ned, hob jetzt i da an Fehler
g'macht, aber ich kann ihm ja ned des Du
anbieten."

„Am anderen Tag bekam ich einen Anruf von meiner Mut-
ter, sie hat sich wahnsinnig aufgeführt und beschwert, wie
wir uns erlauben können in einem derartigen Aufzug die
Eltern zu empfangen! Und ob wir nicht wüssten, was sich
gehört. Wir sind aus allen Wolken gefallen. Ich wusste gar
nicht, was sie wollte. Dass wir ganz hochoffiziell da stehen
und vor Ehrfurcht versinken?"

Na gut, nachdem wiederum ein Jahr später unsere Tochter Barbara auf die Welt gekommen ist, kam es allerdings
anders. Er lud mich zu sich ins Haus ein, ich habe geläutet,
und er trat heraus aus dem Haus und hat mir noch unter der
Gartentüre das „Du" angeboten.

„Es hat sich dann wohl irgendwann ergeben. Irgend-
wann, nachdem die Barbi auf die Welt kam, da durfte ich
dann auch einmal kommen mit beiden Kindern. Der Michi,
der hat schon als Kleiner viel und gerne gebastelt. Ich se-
he meinen Vater noch daneben sitzen, er war ja Ingenieur
und hat dem Michi gerne zugeschaut. Das musst du da hin-

ein stecken, sagt er, und das musst du so und so machen. Aber es war immer schrecklich – furchtbar steif. Michi aber hat das Temperament von mir geerbt, und wir saßen an einem wunderschön gedeckten Tisch, Bedienstete brachten den Kaffee. Michi, etwa zwei oder drei Jahre alt, saß in einem Hochstuhl. In der Mitte auf dem Tisch stand eine Drehscheibe mit Kuchen. Der Michi nimmt seine Gabel und sagt:

‚Das ist meins.‘

Mein Vater droht ihm:

‚Du bekommst das nicht. Setz dich erst einmal brav hin!‘

Er saß dann auch ganz brav und hat also gewartet bis dieses Kuchenkarussell wieder an ihm vorbeikam. Doch da nimmt mein Vater sich dieses Kuchenstück, das der Michi unbedingt haben wollte. Da war der Michi natürlich fürchterlich beleidigt und hat geschrien. Meine Mutter muss ihm dann wohl auch eine leise Ohrfeige gegeben haben. Da ist er aufgestanden und hat gesagt: „Jetzt gehen wir.“ Und dann sind wir auch gegangen. Richard hatte später einen guten Kontakt zu meinem Vater, ganz zum Schluss.“

Es entwickelte sich schließlich eine einigermaßen normale Beziehung. Walter Pschorr war ein Pünktlichkeits-Fanatiker. Wenn er seine Pschorr-Wirtshäuser aufsuchte, dann verlangte er – er war ja angemeldet –, dass Punkt sieben Uhr die Suppe auf dem Tisch steht, und um Punkt sieben stand für Herrn Pschorr die Suppe auf dem Tisch. Zu seinem Protokoll gehörte auch, dass er nach dem Essen immer einen Magenbitter trank. Ich habe mir dann doch einmal erlaubt zu sagen, warum er seine Geschmacksnerven damit abtötet. Zuerst haben wir ein schönes Essen und dann dieses „flüssige Linoleum“! Aber das war auch eine Angewohnheit, die er bis ins hohe Alter gepflegt hat.

Zu Hause brannte er seinen eigenen Schnaps und trank ihn auch – für sich. Er hat mir allerdings nie einen angeboten, sodass ich jetzt auch nicht sagen kann, wie der geschmeckt hat.

Er hatte seine Marotten, aber wer hat das nicht. Zu jeder vollen Stunde schaltete er wie unter Zwang das Radio ein, um die aktuellen Nachrichten zu hören, um über alles informiert zu sein. Heute müsste er jede Minute das Radio einschalten, denn alle Augenblicke ist auf dieser Welt etwas los. Alle in seiner Nähe mussten ganz still sein, wenn er seine Nachrichten hörte.

Er erweckte den Eindruck, als beherrsche ihn eine höhere Instanz, die ihm befahl, wie er sich aufzuführen hatte. Unnahbar. Das war grundsätzlich nicht verkehrt. Denn sonst hätten sich die Wirte, seine Pächter, mit ihren Wünschen gnadenlos auf ihn gestürzt. Bei seinem disziplinierten Verhalten überlegten sie sich das dreimal. Aber trotz allem: Er hat durchaus über Scherze lachen können. Versteckt lachen: Ha, ha ... Nicht laut, das galt für ihn schon als Lachanfall. Kurz: Mein Schwiegervater war ein sehr ernster Mensch, aber hat einen trockenen Witz durchaus verstanden.

Bei der ersten *Donisl*-Wiedereröffnung – der *Donisl* ist ein paar Mal wiedereröffnet worden – erzählte er eine Begebenheit aus dem Krieg. Der zum Pschorr-Imperium gehörende *Bavaria Keller* auf der Theresienhöhe war von Bomben getroffen worden. Walter Pschorr schwingt sich auf das Rad, fährt mühsam über Bogenhausen zur Theresienwiese, und vom Bavaria Ring aus sieht er den *Bavaria Keller* in hellen Flammen stehen. Die Tränen rinnen ihm über das Gesicht. Dann geht sein Blick vorsichtig nach rechts, und die Tränen versiegen, ein leichtes Lächeln huscht über sein Gesicht, der *Hacker Keller*, seine schärfste Konkurrenz, brennt auch.

So hat er es selbst erzählt. Ich habe ihn später gut verstanden. Ich habe mich in ihn hineinversetzt. Er hatte eine sehr strenge Jugend. Ein Bayer aus dem alten Geschlecht der Pschorr, aus Hadern.

„Ja. Ich würde sagen das war bestimmt Erziehungssache bei beiden Elternteilen. Damals habe ich ihnen das sehr übel genommen. Aber heute, mein Gott, sie konnten wahr-

scheinlich nichts dafür: Sie konnten nicht aus ihrer Haut heraus."

Er war nicht hochnäsig, er hatte für den einfachen Mann in der Brauerei sehr viel übrig, sie konnten alle zu ihm kommen. Er trug eine alte, abgewetzte Brauereijacke, wenn er durch den Betrieb marschierte. Mit Lederherzen auf den durchlöcherten Ärmeln an den Ellbogen: Er war im Grunde genommen ein sehr bescheidener Mann.

„Ja … Er war ein ausgesprochen bescheidener Mensch. Aber was halt beide Elternteile hatten, war der Standesdünkel. Wobei mein Vater nicht so schlimm war. Er war unheimlich beliebt bei seinen Mitarbeitern, weil er genauso herumlief wie alle anderen."

Es war ja wirklich eine alte, „verhaute" Jacke die er da angehabt hat. Er hatte ja auch eine alte Aktentasche – noch von der Schule her. Bei ihm und von ihm durfte nichts weggeworfen werden. Deine Mutter hat das noch übertrieben, sie hat alles aufgehoben. Sie hatte im Keller die Fächer voll mit altem Einwickelpapier und mit allerlei Schnüren.

„Unsere Tochter Barbi hat es gut mit ihm gekonnt. Sie liebte seine Nase mit den feinen Blutäderchen, seine rote Nase. Sie krabbelte auf dem Großvater herum, er wollte seine Ruhe haben, um seine Zeitung zu lesen und wehrte ab:

„Ach, lass' mich doch in Ruhe, ich bin müde."

Barbis Antwort war die weise Antwort einer Dreijährigen:

„Wenn du müde bist, dann gehst ins Bett."

Ich habe ihn zu guter Letzt sehr verehrt, weil er eine Kapazität war. Wer weiß, wie die Pschorr-Brauerei nach dem Krieg ausgesehen hätte, wenn er nicht beim Wiederaufbau an erster Stelle mit dabei gewesen wäre.

„Er war erst 72, als er starb. Er hat noch eine neue Flaschenabfüllerei eröffnet. Dann wurde er krank und kurz darauf starb er."

Fünfzehntes Kapitel:

Der Schankbaron

Wie der Stamm und seine Äste, so der Wirt und seine Gäste. Diese Inschrift las ich in einem Berliner Gasthaus. Der Josef Kraus war ein solcher Stamm, und seine Äste waren seine Stammgäste. Er war einer der legendären Wiesnwirte schlechthin: viele, viele Jahre Wirt vom *Augustinerkeller* und während des Oktoberfestes Wirt des *Augustinerzeltes*. Er sah genau so aus, wie man sich einen Münchner Wirt vorstellt. Nicht allzu groß, so um einen Meter siebzig, untersetzt mit ansehnlichem Bauch. Ludwig Thoma hätte von einer Wamp'n gesprochen. Für Sigi Sommer gehörte er zu den Schankbaronen.

> *„Über mein Bauch lass i nix kemma"*, pflegte
> er zu sagen, *„den hob i mir vo mei'm Mäu abi*
> *g'spart."*

Von seinem Maul abgespart – das war natürlich scherzhaft gemeint, denn sein Wamperl kam schließlich vom reichlich guten Essen und Trinken. Er war, was seine Figur anging, bei seinen Kollegen in bester Gesellschaft. Sie waren, bis auf wenige Ausnahmen, alle „guat beinand". Der Bauch, das Wamperl, gehörte zum g'standenen Wirt einfach dazu. Die Wampen war, wenn man das so sagen darf, sein Aushängeschild und sollte signalisieren:

> *„Kommts alle zu mir, da gibt's was G'scheits*
> *zum Essen und zum Trinken!"*

Die Gäste haben das verstanden, und auch die Brauherren sahen's gern. Ein schlanker Wirt wäre damals bei den Brauereidirektoren rasch in den Verdacht geraten, dass er sich zuviel Freizeit nimmt, vielleicht sogar Sport treibt und somit mehr auf seine Figur schaut als auf seine Gäste. Peppi Kraus, so wurde der Josef im vertrauten Kreis angesprochen, hielt nichts von Freizeit, und vom Sport hielt er schon gleich gar nichts. Die körperlichen Bewegungen, die er sich auferlegte, beschränkten sich auf das Gehen kurzer Wege im Lokal und die etwas längeren Gänge in seinem Wirtsgarten, wobei er die vorne liegenden Stammtische bevorzugte.

Eine besondere Zierde am Peppi: sein ins Rötliche schimmernder, sehr gepflegter Schnurrbart. Rötlich-braun auch seine Haare, ordentlich nach hinten gelegt, glatt gebürstelt. Das auffälligste Merkmal aber am Peppi war sein G'schau. Seine flinken und schelmisch dreinblickenden Augen verrieten den schlauen Fuchs, der er in der Tat auch war: Gelernter Metzger, förderndes Mitglied des Gastwirtsmetzgervereins „Zerstreuung" und viele Jahre Mäzen des gleichnamigen Faschingballs. Er war immer für seinen Betrieb da, die Gäste kannten ihn, seine Stammgäste liebten ihn, und er pflegte sie.

Der *Augustinerkeller* und das *Augustinerzelt* waren und sind große Stammgast-Wirtshäuser, und noch heute rekrutiert sich die Gästeschar aus allen Kreisen und Schichten. Die Stammgäste fühlen sich hier zu Hause wie in ihrem eigenen Wohnzimmer. Der berühmteste Stammtisch war der von Sigi Sommer, einer lokalen Größe der schreibenden Zunft, der für die *Süddeutsche Zeitung* (SZ) bissige aber oft auch anrührende „Lokalspitzen" verfasste und als „Blasius, der Spaziergänger" für die *Münchner Abendzeitung* (AZ) durch die Stadt ging. Dieser Blasius – mit Illustrationen des Karikaturisten Ernst Hürlimann – wurde sehr treffend von Sommers SZ-Kollegen Franz Freisleder als „Volkstheater auf ein paar Quadratzentimeter Papier" bezeichnet. Der Sigi hatte um sich herum Geschäftsleute, Ärzte, Schauspieler, Lebenskünstler geschart – ja, alles fröhliche Leute bis hin zum Bundespräsidenten Walter Scheel. Als selbsternannter

Ombudsman der kleinen Leute kümmerte er sich um deren Nöte und Sorgen, verteidigte die Kleinen gegen die Großen, die Schwachen gegen die Mächtigen. Sein im Sommer 1954 erschienener Roman *Und keiner weint mir nach* soll Bert Brecht als besten Roman bezeichnet haben, der nach dem Krieg in Deutschland geschrieben worden ist. Sein zweites Buch *Meine 99 Bräute* hatte Pfiff und Pfeffer.

Also, Sigi Sommer agierte als Ankläger der Mächtigen, wobei die Mächtigen bei ihm die Politiker waren, aber oft genug auch die Wirte und die Metzger. Vor und während des Oktoberfestes nahm er bevorzugt die Wiesnwirte aufs Korn, dabei verschonte er auch seine Mäzene und Sponsoren nicht, die ihm nicht zu knapp Gutscheine in die Hand gedrückt hatten. Ich war für Sigi Sommer „der Fettlöffel-Wirt". Ich hätte das wahrscheinlich ändern können, aber ich habe ihn nie besonders hofiert. Einmal – vor Beginn der Wiesn – bat ich aber Burschi Heiden, seinen Spezi, er möge dem Sigi ausrichten, er solle endlich aufhören, mich zu verreißen. Prompt erschien Sigi Sommer in meinem *Armbrustschützen-Zelt*, in dem wir dieses Mal prächtige Adler aufgehängt hatten, schaute sich um, deutete auf die Adler und fragte:

„Wos dean denn de Rab'n da herin?
De schwarz'n Rab'n?"

Er nannte meine Adler schwarze Raben! Als ob ich ein Raben-Wirt wäre! Es hat mir letztendlich nicht geschadet. Ich habe meinen Weg trotzdem gemacht.

Sigi Sommer hatte viele Freunde in der Gastronomie. Der Wiesnwirt Schorsch Reiß gehörte dazu, der Franz Trimborn, der Peppi Kraus natürlich – alle haben ihn unterstützt mit Essens- und Getränkemarken, mit Gutscheinen, die er dann aber – das muss gesagt sein – großzügig verteilt hat. Den Kraus Peppi nannte Sigi nicht nur *Schankbaron*, sondern auch den *Schaumbaron* mit seiner Ulla, wohl, weil die beiden beim Einzug der Wirte auf die Wiesn dank ihres Lebendgewichtes die Tragfähigkeit ihrer Kutsche bis an den

Rand strapazierten. Der Peppi war immer tipptopp angezogen, obschon ihm die Ankleidezeremonie frühmorgens sehr zu schaffen machen musste. Immer präsentierte er sich tadellos mit Anzug, Weste und Krawatte. Gerne kam er beim Wiesn-Einzug auch im grauen Cut und trug einen grauen Zylinder – wie eine Figur aus längst vergangener Zeit. Kurzum: Josef Kraus war ein Herr, der auf Fremde den Eindruck hinterließ: Diesem Mann geht es gut, sogar sehr gut. Wahrscheinlich gehört ihm der ganze *Augustinerkeller* und die Brauerei dazu. Man sah im an: Er hatte alles erreicht, was er erreichen wollte. Dieser Mann konnte keine großen Probleme mehr haben.

Ein kleines allerdings hatte er jeden Morgen beim Anziehen. Das Binden seiner Schuhbandl. Sie alle kennen den Spruch:

> *„I gang so gern auf d' Kampenwand,*
> *wenn i mit meiner Wamp'n kannt."*

Abgewandelt für den Peppi Kraus hätte es heißen können:

> *„I hätt' mir so gern die Bandl bund'n,*
> *hätt' i zu meine Schuh nunter g'fund'n."*

Seine Wamp'n hatte ihm hierfür den Weg versperrt. Da auch die Ulla, seine Angetraute, aus dem gleichen Grund verhindert war, wurde nach dem Hausmeister gerufen. Obzwar das Zubinden von Schuhbandeln nicht zu seinen eigentlichen Aufgaben gehörte, erledigte er auch diesen Auftrag ohne Murren und gewissenhaft.

Eines Tages, wie es so hergeht, bekam der Kraus Peppi Ärger mit seinem Hausmeister. Es kam zum Streit, und es wurde anschließend nicht mehr miteinander geredet. Damit entfiel der tägliche Schubandlbinden-Auftrag an den Hausmeister, denn auch ein Peppi Kraus hatte seinen Stolz.

> *„Von einem solchenen lass' ich mir doch ned*
> *meine Schuhbandl binden."*

Das Problem löste der Wirt vom *Augustinerkeller* auf seine Art: Er nahm sich ein Taxi, fuhr damit die paar hundert Meter zum Hauptbahnhof, ließ sich dort am Schuhputzstand seine Schuhe auf Hochglanz polieren und bei der Gelegenheit auch seine Schuhbandl binden.

Josef Kraus war ein Traditionalist, der alles verteidigte, was überliefert worden war. Jedwedem Neuen stand er skeptisch gegenüber. Mit dieser Haltung passte er vorzüglich zur *Augustiner* Brauerei, die sich ebenfalls Veränderungen widersetzte. Einmal hatte die Brauerei ein neues Wiesnzelt in Auftrag gegeben, und dieses sollte so aussehen wie das alte. Niemand sollte merken, dass es sich um ein neues Zelt handelte! Ob Sie's glauben oder nicht: Man hat wahrhaftig die alten Bodenbretter wieder verwendet und die neue Plane grün einfärben lassen, damit diese wie alt aussieht. Der Auftrag ging in die damalige DDR, wurde aber anscheinend nicht ganz korrekt ausgeführt, wie sich dann herausstellte. Während des Aufbaus auf der Wiesn hatte es nicht geregnet, aber am ersten Tag fing es an zu schütten, und die ganze Imprägnierung lief davon. Das Wasser regnete ins Zelt wie Kaffee durch einen Kaffeefilter, und die Gäste saßen drinnen und haben Schirme aufgespannt. Die Firma Deuter musste die alte Plane bei Sturm und Regen wieder hinaufnageln! Nun sah das Zelt tatsächlich auch von außen wieder so alt aus wie vorher!

Der Kraus Peppi war auch derjenige, der am längsten Widerstand geleistet hat gegenüber der Regierung von Oberbayern, die von 1971 an anstelle der Lokalbaukommission die zuständige Behörde für die „Abnahme" der Zelte war. Sie verlangte aus brandschutzrechtlichen Gründen, dass im *Augustinerzelt* statt der Stühle endlich – wie in den anderen Zelten schon länger üblich – Bänke aufgestellt werden. Ich habe später einmal gefrotzelt:

> *„I seh's schon kumma, dass das ganze Zelt aus*
> *Asbest ist, und i ausschau wie a Feuerwehr-*
> *kommandant, so streng san die Vorschriften."*

Der Peppi wehrte sich mit Händen und Füßen. Seiner Meinung nach gehörten runde Tische und Stühle ebenso zum Bild des *Augustinerzeltes* wie die auf den Tisch gestellten leeren Maßkrüge, weil so das Zelt schon voll wirkte, bevor der erste Gast hereinkam. Man drohte Peppi Kraus mit Verweigerung der Konzession, mit Verbannung von der Wiesn, er musste klein beigeben. Am Tag vor Wiesnbeginn bat er mich in sein Zelt, und mit Tränen in den Augen zeigte er mir das neue Mobiliar und fragte:

> *„Kann ma denn da wirklich nix mehr macha?"*

Sagte ich:

> *„Ja, so wie die Dinge liegen, muaßt in den*
> *sauern Apfe beißen. Die anderen haben ja*
> *auch Bänke drin, und es hat auch sicher*
> *seine Vorteile."*

Am ersten Sonntag nach dem Eröffnungstag der Wiesn habe ich Peppi wieder besucht und ihn gefragt:

> *„Na, Peppi, wia schauts aus? Miaß ma was*
> *macha, soll'n wir die Presse noch mal mobili-*
> *sieren?"*

Sagt er:

> *„Nix da, gar nix mach ma."*
>
> *„Ja"*, sage ich, *„wieso denn des?"*

Sagt er:

> *„Stell dir vor, mir ham 30 Hektoliter mehr*
> *Bier verkauft."*

Er hat mehr Gäste bewirten können in seinem Zelt als vorher, und der gestiegene Umsatz war natürlich abzulesen an den Schänken. So bewahrheitete sich die für jeden Wirt erfreuliche Lebensweisheit: Wenn man zusammenrückt auf einer Bank, ist immer noch ein Platz frei.

Eine andere Episode hatte mit dem immer wieder aufflammenden Streit zwischen Gast und Gastwirt zu tun – dem richtigen Einschenken. In Bonn war die alte Eichverordnung geändert worden: Der Eichstrich musste nun beim Maßkrug vom oberen Rand vier Zentimeter Abstand haben, bei einem Halbe-Liter-Krug drei Zentimeter. Die Glasindustrie fabrizierte Probemaßkrüge und es erwies sich: Sie waren höher als die alten Krüge! Peppi Kraus reagierte barsch:

„Diese Krüge kommen für mich nicht infrage,
weil sie nicht in meine Regale passen!"

Das war natürlich Unsinn und eher spaßhaft gemeint. Die Krüge wurden dann doch nicht höher. Sie wurden etwas umfänglicher und hießen fortan Eurokrug. Doch der Name ist falsch: In ganz Europa gibt es außer in Bayern keine Maßkrüge.

Der Peppi Kraus hat sich also gerne und oft Neuerungen auf der Wiesn widersetzt. Das war unüblich: Denn jeder, der auf der Wiesn wirkt, ist froh, dass er dort zugelassen ist, und macht keinen Aufstand. Das gilt auch für die Brauereien. Über allen hängt die Drohung:

Wenn Sie nicht wollen, wie wir wollen,
dann haben wir sofort jemanden, der will,
wie wir es wollen.

So betrachtet ist die Wiesn auch immer ein Versuchsfeld gewesen für alle, meist unliebsamen Neuerungen, die man einführen wollte. Da kam zum Beispiel der Plan auf, die Bedienungen auf der Wiesn müssen ihr Bedienungsgeld – ihr Trinkgeld – fortan versteuern. Wir alle haben uns heftig gegen diese Pläne gewehrt, und ich rechne es dem damaligen Ministerpräsidenten Franz Josef Strauß sehr hoch an, dass er mich aus einer Kabinettssitzung heraus auf der Wiesn anrief, sich die Sachlage schildern ließ und entschied: Das bleibt wie bisher.

Später wurde die Besteuerung des Trinkgeldes dennoch eingeführt – jedoch nur für kurze Zeit. Hier ist auf Bundeskanzler Gerhard Schröder ein Loblied zu singen. Er war – damals 1998 im Wahlkampf – zu Gast im *Weißen Bräuhaus* in München und wurde dort von den Bedienungen und dem Wirt argumentativ unter Feuer genommen. Eine der Bedienungen, Barbara Steinbauer, hatte 54 000 Unterschriften gesammelt, nutzte die Gunst der Stunde, den Wahlkampf '98, und „verführte" Herrn Schröder zu dem Satz: „Ich streiche die Trinkgeldsteuer – wenn ihr mich wählt."

Gerhard Schröder wurde zum Bundeskanzler gewählt. Es dauerte zwar noch einige Jahre, doch dann beschloss der Bundestag zum 1. Januar 2002: Schluss mit der Trinkgeldsteuer! Münchens Bedienungen feierten Schröder als den großen Retter, Martina Ströberl, Bedienung im *Löwenbräu-Zelt*, gab dem Kanzler ein Bussi und dieser strich mit einem roten Stift auf einem ihm dargereichten Plakat mit Schwung das Wort Trinkgeld durch.

Man kann über den Schröder sagen, was man will, aber für das Bedienungspersonal hat er sich das große Verdienstkreuz erworben.

Wenn ich mir die Geschichte der Wiesn anschaue, dann gibt es dort viele eherne Gesetze, die, näher betrachtet, willkürlich sind. Warum dürfen nur Münchner Brauereien auf dem Oktoberfest ihr Bier ausschenken? Früher gab es sogar Bier aus Bad Tölz; das Märzenbier wurde à la Schwechat gebraut ... Der eigentliche Grund: Die Münchner Brauereien arbeiten – wenn es um ihr Gesamtinteresse geht – in einem Schutz- und Trutzbündnis, und sie legen großen Wert darauf, dass das Geschäft in ihren Händen bleibt. Allerdings sind im Laufe der Zeit die kleinen Münchner Brauereien von den großen geschluckt worden, von denen sich wiederum sechs zu zwei Gruppen zusammengeschlossen haben: zur *Hacker-Pschorr-Paulaner-Gruppe* und zur *Spaten-Franziskaner-Löwenbräu-Gruppe*. Daneben gibt es nur noch die *Augustiner*-Brauerei und das staatliche *Hofbräuhaus*. Kurz: Es herrschen einige wenige Münchner Brauereigesellschaften, die ihre Positionen mit Macht und Geschick verteidigen. Sie argumentieren bei der Stadt mit der Gewerbesteuer, die sie abführen, sie operieren mit den Arbeitsplätzen, die sie geschaffen haben und die bei Zulassung stadtfremder Brauereien gefährdet wären. Und sie pochen auf die Wiesn-Tradition. So hatte auch der Wittelsbacher Prinz Luitpold von Bayern mit seiner Kaltenberger Brauerei keine Chance auf ein Wiesnzelt, obgleich er listigerweise eine kleine Brauerei in Schwabing installierte. Das Tor zum Paradies blieb ihm verschlossen, denn die Stadt hat inzwischen in ihre Betriebs- und Zulassungsvorschriften den Passus hineingeschrieben: Auf der Wiesn ist nur Bier von Münchner Traditionsbrauereien erlaubt.

Trotzdem ist es unverständlich, dass dieser Bierprinz, der Ururururenkel vom König Ludwig I., dem Begründer des Oktoberfestes, auf der Wiesn sein Bier nicht ausschenken darf. Er braut gutes Bier, doch die Stadt argumentiert: Wenn man den Prinzen auf die Wiesn lässt, dann kommen die Ayinger, die Holzkirchner oder wer auch immer. Es gibt ja eine ganze Reihe von bayerischen Brauereien vorwiegend im Umland, die gerne auf die Wiesn wollen. Wobei es durchaus ein gewichtiges Gegenargument gegen den Absolutheitsanspruch der Münchner Brauereien gibt: Heute sind die Holländer und die Belgier schon mittendrin in den Münchner Brauereien, Heineken hat mit der *Paulaner-Gruppe* den Braukonzern Brauholding International gegründet und hält daran knapp unter 50 Prozent. Und der belgisch-amerikanische Braugigant Inbev hat *Spaten-Franziskaner-Löwenbräu* übernommen.

Nun komme ich zu dem, was gebraut wird, zum Münchner Bier. Es schmeckt einfach gut – und da bin ich mir sicher – es gehört zu den besten der Welt. Wir sprechen hier vom Münchner Geschmack. Der Biersommelier Florian Riedl urteilt: „Malzbetontes, sehr süffiges Bier, gering bitter mit leichter Süße, rund und ausgewogen, schön schlank." Eine besondere Note zeichnet dabei das *Augustiner Bier* aus, es schmeckt anders, sagt man, und so sind die Anhänger des *Augustinerbiers* eine verschworene Gemeinschaft. Sie hängen an diesem Gerstensaft, als ob ihnen der Arzt verboten hätte, jemals einen anderen zu trinken. Oder als ob die Eltern ihnen den posthypnotischen Befehl erteilt hätten:

„Trink mir du niemals später in Deinem Leben
ein anderes Bier als das vom Augustiner!"

Die *Augustiner Brauerei* verkündet daher ganz schlicht: Wir brauchen keine Werbung. Unsere Werbung ist unser

Bier. Es ist eine Aura, die Bestand hat. Und wenn man an der *Augustiner Brauerei* vorbeifährt, dann meint man heute noch, sogleich den Hindenburg oder den letzten Prinzregenten Luitpold höchstselbst herausspazieren zu sehen.

Der Schankbaron Peppi Kraus hatte diese Firmenideologie tief verinnerlicht. Als er den *Augustinerkeller* aufgab, herrschte großes Rätselraten. Was hatte ihn dazu bewogen? Vielleicht war seine Heirat mit der Ulla mit Schuld. Vielleicht war sie nicht mehr die gesündeste, hat ihn vielleicht bedrängt:

„Komm das macht jetzt keinen Sinn mehr.
Jetzt haben wir es lange genug gemacht."

Er gab also den *Augustinerkeller* auf, behielt freilich das Zelt auf der Wiesn. Dann das Mysterium: Der Kraus war plötzlich wieder da. Vielleicht war es ihm ein bisschen zu langweilig geworden, vielleicht war sein Arzt daran schuld, der anordnete:

„Sie müssen sich mehr bewegen."

Und Peppi hat geantwortet:

„Ja mehr Bewegung als wie im Augustinerkeller, in diesem schönen Garten, kann ich gar nicht bekommen. Also übernehme ich wieder meinen Keller. Dann hat der Arzt seine Ruah, und ich habe vor dem Arzt meine Ruah."

Sechzehntes Kapitel:

Die Bewerbung
beim Herrn Kommerzienrat

Ich habe mich 1960 um den *Augustinerkeller* beworben. Dieser schöne Garten hat ganz meinen Vorstellungen entsprochen. Der Kraus Peppi sprach mich beiläufig an:

„Du, sag amal, magst du an Augustiner?"

Eine schöne Frage. „Ja", sage ich, „das ist doch überhaupt keine Frage. Aber wie stellst du dir die Übergabe vor?"

„Mir müssen das vorsichtig opacka", meinte er. Der Herr Kommerzienrat Wagner, der Inhaber der *Augustinerbrauerei*, sei nicht so leicht zu überzeugen, dass es außer ihm, dem Peppi, noch einen anderen Wirt geben könnte, der den *Augustinerkeller* so führe wie er, der Peppi.

Das klang glaubhaft. Ich hatte als Faschingsprinz der Gastronomie beim Hausball im *Augustiner* 1953 den Herrn Kommerzienrat Richard Wagner kennengelernt und konnte mir daher gut vorstellen, dass bei einem derart konservativ eingestellten Mann jeder Wechsel größten Unwillen hervorrufen musste. Damals hatte er meine Faschingsprinzessin sehr verehrt, sie war ja auch eine hübsche Person, die Lydia!

„Am G'scheitesten is' es", fuhr der Peppi fort, „wenn wir zwei, du und ich, für ein Jahr eine Gesellschaft gründen. Im Lauf des Jahres ziehe ich mich mehr und mehr zurück, und am Ende des Jahres ist der Herr Kommerzienrat überzeugt, dass es mit dir genauso gut weiterläuft wie bisher. Er wird also nichts dagegen haben, wenn du schließlich den *Augustinerkeller* allein weiterführst."

„Und wie hast du dir das Ganze finanziell vorgestellt", wollte ich wissen.

„Ganz einfach, du zahlst einen Betrag ein, der der Hälfte des Wertes meines Inventars entspricht und nach einem Jahr die gleiche Summe noch einmal, dann steig' ich aus, und die Firma gehört dir."

Dann nannte er mir eine Summe, die ich damals nicht gehabt habe, aber ich hatte Lieferanten an meiner Seite, die mir das Geld geliehen hätten. Daran wäre es also nicht gescheitert. Ich habe mich allerdings gefragt, für was Peppi Geld verlangte. Es gab es ja nur das sogenannte Kleininventar, alles andere gehörte der Brauerei. Aber gut! Nachdem wir uns über den Wert des Inventars einigermaßen geeinigt hatten, ging es mir um die Art des weiteren Vorgehens. Der Peppi schlug vor:

> *„I red' mit dem Herrn Kommerzienrat, sag'*
> *ihm, wie wir's uns vorgestellt ham und mach'*
> *einen Termin für dich aus!"*

Auf dem Nachhauseweg kamen mir die ersten Zweifel. Ich konnte es nicht so recht glauben, dass der Peppi wirklich den *Augustinerkeller* aufgeben wollte. Sein pfiffiges G'schau erweckte den Eindruck, als hätte er soeben ein für ihn besonders günstiges Geschäft getätigt. Günstige Geschäfte hatte er ja Zeit seines Lebens abgeschlossen, davon zeugte eine Reihe von ansehnlichen Realitäten: Immobilien, Wirtshäuser ... Im Grunde genommen war er ein gutmütiger Mensch, der keiner Fliege etwas zu Leide tun konnte, und nicht umsonst hieß er bei seiner Belegschaft der „Vatta". Im Grunde wollte er es jedem Recht machen, also auch mir, beruhigte ich mich, denn war nicht der *Augustinerkeller* mein Wunschtraum?

Er war in dieser Hinsicht nicht unähnlich unserem Wirtskollegen vom *Hackerzelt*, Otto Stumbeck. Dieser war lange Zeit Posthalter von Unterwössen gewesen und zugleich auch Erster Bürgermeister. Er jammerte uns Wiesnwirten vor, wie schwer er es doch als Bürgermeister in seiner Gemeinde habe, weil er es allen Recht machen müsse, und er erzählte folgende Geschichte:

> *Da kemman zwoa Bauern mit ihrem Streit,*
> *den sie miteinander haben, zu mir in die*
> *Sprechstund'! Ich hör' mir zuerst den einen*
> *und dann den andern an. Jedem gib i Recht.*
> *Sagt der Gmoaschreiber, der beide Gespräche*
> *mitangehört hat, nachher zu mir:*
> *Aber Bürgermoasta, Du konnst doch ned an*
> *jedem Recht geben, wo doch a jeder ganz was*
> *anders erzählt hat!*
> *Sag' i drauf zum Gmoaschreiber:*
> *Wenn i mir's recht überleg', hast eigentlich aa*
> *Recht."*

Zurück zum Peppi Kraus, der mir den *Augustinerkeller* übergeben will. Na ja, dachte ich mir, seine Schäfchen hat er im Trockenen, warum sollte er nicht wirklich ans Aufhören denken.

Trotzdem war ich überrascht, als mir am nächsten Tag telefonisch ein Terminvorschlag für ein Gespräch mit dem Herrn Kommerzienrat Wagner durchgegeben wurde. Voller Freude sagte ich sofort zu, diese Chance wollte ich mir auf keinen Fall entgehen lassen, und fuhr hin. Nun muss man wissen, dass die Brauerei damals noch immer so ausgesehen hat wie vor 100 Jahren. An mehreren Stehpulten wurde geschrieben und gerechnet, die Schreiber oder die Buchhalter, oder was auch immer sie waren, trugen graue Arbeitsmäntel wie in einem Schraubengeschäft. Ich wurde in ein Besprechungszimmer geführt, an Milchglasscheiben vorbei, die im Krieg anscheinend nicht kaputt gegangen waren, und auf denen Büro noch französisch geschrieben stand: *Bureau.* Im kleinen Besprechungszimmer glänzte ein Parkettboden, und das Zimmer war gänzlich mit grünem Samt austapeziert; an einer Wand hing, meine ich, ein Vorfahre des Kommerzienrates in Öl. Zwei Stühle sah ich und einen alten Tisch, und auf dem alten Tisch eine Glocke.

„*Setzen Sie sich, der Herr Kommerzienrat
kommt gleich*", bedeutete man mir.

Tatsächlich, eine zweite Tür ging auf, und herein schlurfte er mit Hausschuhen im Schottenmuster – wie man es früher hatte.

„*Ja, Grüß Gott*", sagte er. Er kannte mich ja.

„*Habe schon gehört dass Sie sich für eine
unserer Gaststätten interessieren.*"

„*Ja, der red' jetzt aber g'schwoll'n daher*",
dachte ich.

Er nahm die Glocke vom Tisch und läutete. Aha, denke ich, deswegen hat die Glocke auf dem Tisch gestanden! Ein Bediensteter kommt herein, der Herr Kommerzienrat trägt ihm auf:

„*Bringen Sie mir mal die Liste unserer
vakanten Gaststätten.*"

Denke ich mir:

„*Jetzt wird's ja immer schöner.*"

Schon liegt die Liste vor mir. Er beginnt das Gespräch:

„*Jetzt sagen S' mir amal, für welche Gaststätte
Sie sich interessieren.*"

Die Gaststätten waren alphabetisch geordnet, sodass ich gleich sah: Der *Augustinerkeller* stand nicht drauf.

„*Ja*", sage ich, „*Herr Kommerzienrat, das
Wirtshaus für das ich mich interessiere, das
steht ja gar ned droben.*"

„*So, ja für welches Wirtshaus interessieren Sie
sich denn?*"

„*Ja*", sage ich, „*für den* Augustinerkeller.*"

„*Für den* Augustinerkeller", tat er ganz überrascht. „*Da haben wir doch einen Wirt.*"

„*Ja, freilich haben Sie einen Wirt, aber der
hört auf.*"

„*Was*", sagt er, „*der Herr Kraus hört auf?*"

„*Ja*", sage ich, „*der Herr Kraus hört auf.*"

„*Ja, wer hat Ihnen denn das gesagt?*"

„Ja", sage ich „*der Herr Kraus selber.*"

„*Der Herr Kraus selber?*"

Der Herr Kommerzienrat Wagner war sichtlich erleichtert:

„*Das sagt er zu mir schon seit 20 Jahren.*"

Damit war ich wieder draußen.

Ich war sprachlos, ich sagte noch: „ Ja, dann halt nicht."

Bin dann sofort zum Kraus. Stelle ihn zur Rede:

„*Du, des war aber jetzt komisch, des Gespräch.*
Der hat ja so getan, als würde alles beim alten
bleiben."

Sagt der Kraus:

„*Ah, da derfst da nix denga, der is nimmer*
ganz do. Der is nimmer ganz do."

Der ist nicht mehr ganz da? Nein, diesen Eindruck erweckte der Herr Kommerzienrat nicht. Ich glaube eher, dass der Vertrag vom Kraus auslief, und er mit meiner Hilfe dem Herrn Kommerzienrat vorspiegelte, er, Peppi, trage sich mit dem Gedanken aufzuhören. So setzte Peppi den Herrn Wagner unter Zugzwang, den Vertrag mit ihm rasch zu verlängern. Ich kann mir gut vorstellen, dass der Herr Kommerzienrat Wagner bei der nächsten Gelegenheit zum Kraus gesagt hat:

„*Solche Spaßetteln lassen S' in Zukunft blei-*
ben, Herr Kraus. Ihr Vertrag ist verlängert."

So bin ich – leider – um den *Augustinerkeller* gekommen.

Siebzehntes Kapitel:

Der Wirtsregent
und der Vergnügungswart

Eine unübersehbare Menge Menschen begleitete den Peppi Kraus auf seinem letzten Gang, und ich hielt die Grabrede, so wie beim Begräbnis von Xaver Heilmannseder, diesem wahrhaft würdigen Repräsentanten der bayerischen Gastronomie, der die Speisenfolge für seinen Leichenschmaus mit eigener Hand vorgeschrieben hatte. „Prost, er lebe hoch!" Mit seiner tüchtigen Frau Fanni hatte Xaver den *Löwenbräukeller* gepachtet und wieder mit aufgebaut; er bewirtschaftete auf der Wiesn das *Löwenbräuzelt*, war jahrelang Erster Landesvorsitzenden des *Bayerischen Hotel- und Gaststättenverbandes*. Diesen Titel ließ er umtaufen in Präsident des *Bayerischen Hotel- und Gaststättenverbandes*. Er argumentierte: Bei seinen Auftritten im Ausland verstehe man das nicht: Landesvorsitzender. Aber Präsident, das verstehe man.

Xaver Heilmannseder hat immer eine gute Figur gemacht, war ein hoch geachteter Wirt, war ein Herr. Er zog stets überaus pompös – sechsspännig – zur Wiesn. Auf einem Ölgemälde ist verewigt, wie er mit einer Hand diese sechs Pferde vor seiner Kutsche dirigiert. Ich darf Ihnen sagen, jeder, der ein bisschen eine Ahnung von Pferden hat, wird das für unmöglich halten: Mit einer Hand sechs Pferde dirigieren? Aber das hat er gemacht – und warum? Damit er mit der anderen Hand huldvoll seine Gäste grüßen konnte!

Als junger, aufstrebender Berufskollege habe ich zu ihm aufgeschaut. Er war der erste, der Zugang hatte zum Wirtschaftsminister und zum Ministerpräsidenten. In der Öffentlichkeitsarbeit war er unübertroffen. Er setzte sich für die Ausbildung der Jugend ein: Hotelfachschulen, Berufsschulen … Wie jeder Mensch hatte er natürlich auch seine Schwächen, er war sehr eitel. Deswegen ernannten wir, seine Wirtskollegen, ihn an seinem 70. Geburtstag zum Wirtsregenten von Bayern. Ich habe einen Sockel bauen lassen, so ähnlich wie die Sockel der Denkmäler, die vor dem *Bayerischen Hof* oder in der Maximilianstraße stehen. Zu dem Sockel führte eine Treppe hinauf, und auf dem Sockel stand:

Xaver, der I., Wirtsregent von Bayern.

Beim Kostümverleih Heiler besorgten wir königliche Gewänder und eine Krone, kleideten Xaver ein und forderten ihn auf, die Treppe zum Sockel hinaufzusteigen. Prächtig sah er aus. Wir baten ihn, da oben ein wenig auszuharren, denn da die Wiesnwirte ja immer knapp bei Kasse seien, würden wir nun unten herumgehen und Geld einsammeln. Was soll ich Ihnen sagen? Er wäre bald nicht mehr herabgestiegen von seinem Sockel, so hat ihm das gefallen.

Er wohnte in Solln, in einer Villa in der Heilmannstraße. An einem Sonntagvormittag haben wir mit großem Trara die Straßenschilder ausgewechselt und die Straße in Heilmannsederstraße umgetauft. Wir – die Vorstandschaft des Gaststättenverbandes – kamen alle mit Zylinder auf unseren Köpfen, begleitet von einer Blaskapelle, und gaben vor, diese Auswechslung im behördlichen Auftrag vorzunehmen. Ich hielt eine Ansprache, präsentierte eine Urkunde der Stadt und führte aus:

Weil, wie erklärlich, am Sonntag von den Stadtvätern niemand Zeit hat, sei mir von Amts wegen übertragen, diese Umwandlung der Straßennamen vorzunehmen.

Der Xaver hätte es nur zu gern gesehen, dass dies echt gewesen wäre.

In den 50er-Jahren hat er als einer der ersten Wirte auf der Wiesn viel Geld verdient. Die Personalkosten waren niedrig, die Maß aber kostete immerhin an die 1,70 DM – mit Bedienungsgeld. Xaver Heilmannseder besaß inzwischen das Gut Zitz-Staudenhof, das zwischen Olching und Gröbenzell liegt. Das war nicht nur ein Gut, sondern ein ganzes Dorf. Mit Kapelle, mit Gärtnerei, mit Stallungen, mit allem drum und dran. Dieses Gut wollte Xaver zum Versorgungsunternehmen für seinen *Löwenbräukeller* ausbauen: Schweinezucht, Radi, Petersilie, Salat …

Ich war mittlerweile beim „Verein der Festwirte des Münchner Oktoberfestes" aufgestiegen und bekleidete das – wie sich später herausstellen sollte – nicht ungefährliche Amt des Sprechers. Ich war zum Vergnügungswart ernannt worden und hatte das Vergnügen, den alljährlichen Ausflug der Wiesnwirte mit Frohsinn auszugestalten, einfacher ausgedrückt: A Gaudi soll her, aber kosten derf's nix.

Das Ausflugsziel der Festwirte im Jahr 1959, dem ersten Jahr meiner „Amtsübernahme", war nun dieser „Zitz-Staudenhof". Bei der Vorbesichtigung der Örtlichkeit, die mich wegen ihrer Weitläufigkeit außerordentlich beeindruckte, machte ich Heilmannseder den Vorschlag, kein alltägliches, sondern ein ganz besonderes Fest, nämlich ein Rokokofest zu veranstalten. Die Kollegenschaft müsse höfisch im Stil der Zeit, also in Kostümen und mit Zöpfen, erscheinen. Eine ebenso kostümierte Kapelle solle Mozarts *Kleine Nachtmusik* spielen. Die livrierte Dienerschaft werde dann bei Kerzenlicht und auf wertvollem Nymphenburger Porzellan – aus dem Xaverschen Besitz stammend – folgendes Menü reichen – und das werde der Höhepunkt sein:

Aufg'schmalzene Brotsupp'n
Gemischte Presslackplatte, schwarzer, weißer,
Leberpreissack
Kaffee
Marmelad'brot

Die Menükarten, so verlangte ich weiter, sollten handgeschrieben, in französischer Sprache gehalten und goldumrandet auf die Tische gestellt werden.

Ich kam nicht mehr dazu, den Xaver zu fragen, ob er vielleicht auch ein goldenes oder wenigstens silbernes Besteck hätte, da fuhr er mich schon an, ob ich noch bei Trost sei, das komme überhaupt nicht infrage, da würden die Kollegen nie und nimmer mitmachen. Ich solle mir gefälligst etwas anderes einfallen lassen, er wolle sich doch nicht blamieren.

Nun gut. Mein neuer Vorschlag ging in Richtung Miniaturwiesn: Aufstellen eines kleinen Vergnügungsparks mit Schießbude, Karussell, Hau-den-Lukas, und ähnlichen Jahrmarktsattraktionen.

Diesmal war der Xaver sogleich einverstanden, und wegen der damit verbundenen Kosten verwies er mich an den Schatzmeister der Wiesnwirte-Vereinigung, den damaligen *Hippodromwirt* Ludwig Schwarz. Dieser hatte freilich alles andere als ein offenes Ohr für meine Pläne und ließ mich abblitzen:

„Für so was ham mir no nia a Geld ausgeb'n."
Mir kam der rettende Einfall, eine Tombola zu veranstalten.

Beim Tandler Aaron Deutsch im Niedergassl erstand ich ein Sammelsurium von altem Graffl, wertlosem Zeug. Eine alte Gasmaske, eine alte Wärmflasche, ein Notenpapier aus dem Ersten Weltkrieg mit dem Schlager „Amanda steck die Fahne raus" für Klavier, einen Teddybär mit einem Arm und dergleichen mehr.

Bei *Küster-Perry*, bei *Ehrlicher*, *Härtle*, *Däntl*, *Kustermann* und ähnlichen renommierten Haushaltsgeschäften in der Innenstadt ließ ich aufwendiges, mit dem Firmenaufdruck versehenes Packpapier besorgen und damit das alte Glump fachgerecht einwickeln. Dieses verlieh der armseligen Tandler-Deutsch-Auswahl ein wertvolles und gediegenes Aussehen.

Am Abend bei meiner Einführungsrede machte ich die anwesende Kollegenschaft auf die mit den wertvollen Preisen bestückte großartige Tombola aufmerksam und rechtfertigte damit den hohen Lospreis von fünf Mark. Die Wiesnmaß kostete – wie gesagt – damals an die 1,90 DM, mit Bedienung, also kostete das Los umgerechnet ein bisserl weniger als drei Maß Wiesnbier.

Ich gestand scheinheilig, dass ich die wertvollen Preise bei den angesehensten Firmen zusammengeschnorrt hätte. Dabei hätte ich der jeweiligen Geschäftsleitung kundgetan, dass vom Erlös der Tombola unverschuldet in Not geratene Wiesnwirte unterstützt werden sollten.

Sprang der schon genannte Kassier des Wiesnwirte-Vereins, Ludwig Schwarz, auf, um erregt festzustellen, dass hierfür bereits eine Kasse vorhanden sei.

Sage ich:

„Eine Kasse schon, aber nicht genügend Geld.“
Ich habe dann die Lose verkauft, und angesichts der zu erwartenden lukrativen Gewinne waren im Nu alle Lose weg. Ich gab die Preise aber noch nicht aus, ich manipulierte ein wenig. Ich wusste, dass der Schorsch Heide, der Vater vom Willy Heide am meisten Spaß versteht und steckte ihm die Nummer eins zu. Ich wartete, bis die Gesellschaft in guter Laune war und rief dann:

*„Sehr geehrte Losgemeinschaft. Entgegen der
üblichen Gepflogenheit, den Hauptgewinn am
Schluss aufzurufen, bitte ich den Inhaber des
Loses Nr. 1 zu mir zu kommen, denn er hat
den 1. Preis gewonnen. Wer hat die Nummer
eins?“*

Der alte Heide meldete sich, strahlte über sein ganzes Gesicht, und ich strahlte mit ihm. Ich gratulierte ihm:

„Welch ein Glück“, rief ich, *„du ausgerechnet,
ausgerechnet du!“*

Ich habe gar nicht mehr aufgehört, ihn zu beglückwünschen, bis er schließlich rief:

„Ja, wos kriag i denn?“
Sag ich:

*„Lieber Schorsch, du hast nichts gewonnen.
Der erste Preis ist NIX.“*

Der Heide hat gelacht und gelacht. Sage ich:

> *„Du derfst aa lacha, weil wenn du dann die*
> *anderen Preise siehst, dann weißt du, dass du*
> *wirklich den Hauptpreis gewonnen hast."*

Leider entwickelte sich von da an ein höchst gemischter Abend. Beim Auspackeln der Tombolagewinne wurden zum Teil garstige Vorwürfe laut. Einige Kollegen verstiegen sich zu der Behauptung, ich hätte sie hereingelegt und sie auf niederträchtige Weise betrogen. Am meisten regten sich der Ludwig Schwarz auf, der Wirt vom *Hippodrom*, und der Johne vom *Weinschiff Bucentaurus*. Der Johne hatte sehr viele Lose gekauft – und nur einen kaputten Reitstiefel gewonnen.

> *„Eine Unverschämtheit ist das!"*

Die Schausteller mit ihren Karussells, Schießbuden und dergleichen mehr sahen das anders. Denn mit dem Erlös der Tombola konnte ich ihre Auslagen sofort und in bar bezahlen. Im Gegensatz zu meinen Kollegen bedankten sie sich bei mir mit höflichen Worten und empfahlen sich für weitere Veranstaltungen.

Zu solchen ist es allerdings nicht mehr gekommen.

Xaver Heilmannseder hat das Gut dann verkauft. Er gab – nachdem seine Fanni gestorben ist – den *Löwenbräukeller* auf und auch das Zelt. Sein Nachfolger im *Löwenbräukeller* wurde Leo Kautzner, das *Löwenbräuzelt* auf der Wiesn hat dann der Schorsch Reiß bekommen, von dem sogleich die Rede sein wird.

Xaver Heilmannseder war auch ein Mitbegründer des *Oktoberfestmuseums*. Er stiftete stolze 500 000 Mark. Nachdem er gestorben war und wir ihn zu Grabe getragen und seiner während des Leichenschmauses gedacht hatten, klopfte die Verwandtschaft bei mir an und fragte:

> *„Es ist ja kein Museum da. Was macht ihr*
> *denn mit dem Geld?"*

Antworte ich:

„Ja deswegen hat er uns Geld gegeben, weil noch keines da ist. Damit wir eines Tages eines errichten."

Und das gelang tatsächlich. Der Senior des Münchner Braugewerbes, Ferdinand Schmid, damals Chef der Augustiner-Brauerei und heute Vorsitzender der Edith-Haberland-Stiftung, verfolgte über Jahre hinweg hartnäckig die Idee, der Stadt München ein Biermuseum zu schaffen, in dem die Kulturgeschichte unseres Volksgetränkes demonstriert wird, in Bayern auch fünftes Element genannt – wie er es ausdrückte. Nach langem Suchen nach einem passenden Ort erwarb die Edith-Haberland-Stiftung das älteste Bürgerhaus Münchens in unmittelbarer Nähe des Isartors, und dort finden Sie heute das *Biermuseum* zusammen mit dem *Oktoberfestmuseum* – ein Denkmal ganz eigener und eigenwilliger Art.

Xaver Heilmannseder erfuhr posthum noch eine andere Ehrung. Zur Eröffnung der U-Bahn-Station Theresienwiese schuf die Künstlerin Ricarda Dietz unter dem Motto „Kunst am Bau" zehn Tafeln mit Wiesnmotiven. Der *Verein Oktoberfestmuseum* beteiligte sich mit 80 000 Mark an den Kosten und veranlasste, dass auf einer der Tafeln unten rechts in einer Wortschnecke geschrieben steht: *Errichtet mit finanziellen Mitteln des Wiesnwirts Xaver Heilmannseder.*

Xaver ging es in seinem Leben darum, eine bleibende Erinnerung zu hinterlassen, und so lebt er nun weiter – in einem Untergeschoss der Münchner Untergrund-Bahn, der U 5.

Achtzehntes Kapitel:

Ein Bier hat ein Gesicht

Schorsch Reiß war ein wahrer Fürst. Er regierte über den *Mathäser* nah dem Hauptbahnhof und – nach dem Rückzug von Xaver Heilmannseder – auch über das *Löwenbräuzelt* auf der Wiesn. Der Schorsch stammte aus Wunsiedel und kam 1962 in die Landeshauptstadt. Das war natürlich eine hervorragende Kombination: die *Mathäser-Bierstadt* im Stadtzentrum und das Bierzelt auf der Theresienwiese. Außerdem besaß er ein schönes Schlösschen, das Gut Schorn bei Starnberg; in München wohnte er über dem *Mathäser*.

Schorsch Reiß war – das sei hier unbedingt wiederholt – ein wahrer Fürst. Und wenn der Fürst Laune gehabt hat, dann war er besonders spendabel. In seine Wohnung fuhr ich hinauf mit einem Lastenaufzug. Es hat gerüttelt und gescheppert, und auf einmal war ich mittendrin in seinem Wohnzimmer. Wir saßen beieinander; ich war gekommen, um den Ausflug der Wiesnwirte mit ihm zu besprechen. Schorsch Reiß trank Bier, er trank gerne Bier, das Bier musste einen Schaum haben, einen festen, schönen Schaum. Oder wie er sagte, ein Gesicht. Ein Bier braucht ein Gesicht! An diesem Tag, als ich ihn in seiner Wohnung besuchte, ließ er einen hellen Bock kommen. Er rief seinen Geschäftsführer, der kam herauf und brachte zwei halbe Bock. Doch das Bier hatte kein Gesicht, also hielt der Reiß seinem Geschäftsführer einen langen Vortrag über die Beschaffenheit von Bier und begründete ihm in aller Ausführlichkeit, warum das Bier ein Gesicht braucht. Der Geschäftsführer war völlig überlastet, wurde nervöser und nervöser, denn unten in den

Biersälen ging es hoch her. Er musste wieder hinunterfahren, und Bier mit Gesicht bringen. Bei unserem eigentlichen Thema kam der Schorsch vom Hundertsten ins Tausendste. Der eigentliche Anlass, der Ausflug der Wiesnwirte, war vergessen. Schließlich fuhr ich mit Schorsch im Lastenaufzug wieder hinunter. Er begleitete mich zum *Mathäser* hinaus, begrüßte eine Hochzeitsgesellschaft mit der Frage:

„Ja, wo geht denn die Hochzeitsreise hin?"

Antwortet das Brautpaar:

„Mei, Herr Reiß, jetzt miaß ma z'erst amal
sparen."

Sagt er:

„Ihr fliegt nach Montreal!"

So war der Reiß, der Fürst: Mit einer Handbewegung hatte er das Brautpaar nach Montreal eingeladen. Seine Rosa, seine Ehefrau, wird ihn wieder mal sauber geschimpft haben, hernach.

Ein anderes Mal waren wir bei *Kreitmairs* in ihrer Gaststätte in Keferloh, wiederum zu einer Sitzung der Wiesnwirte. Ich verkündete, ich hätte wieder etwas mitgebracht zum Versteigern, die Kasse der Wiesnwirte sei leer. Ich hatte einen alten Vogelkäfig dabei und manch anderes. Aber dieses Mal wurde ich übertroffen von der „Fischwinterin", der Philippine Winter, Wirtin der *Fischer-Vroni*, dem Steckerlfisch-Paradies auf der Wiesn. Sie besaß eine völlig verrückte Hutsammlung. Als Hauptstück stach ein spitziger Hut hervor mit roter Feder wie in dem Film: *Das Wirtshaus im Spessart*. Den Hut trug sie auf ihrem Kopf.

Rief der Schorsch Reiß:

„Den Hut versteigern wir jetzt."

Rief sie:

„Den Hut gib' i ned her."

Sagt er:

„Wieso? Für einen guten Zweck. Du kannst
dir ja wieder einen kaufen."

Die Fischwinterin ließ sich überreden – und er, der Schorsch, ersteigerte den Hut für 1000 Mark. Seine Rosa saß daneben. Ich kann mir gut vorstellen, was sie hernach zu ihm alles gesagt hat. Ich aber war froh. Ich war ja nicht nur Vergnügungswart, sondern auch Kassier, und wir hatten endlich wieder Geld in der Kasse. Oder wie es Richard Schandner, mein guter nachbarlicher Freund vom *Hofbräuzelt*, zu formulieren pflegte: Wir waren endlich wieder flüssig.

Der Reiß Schorsch starb 1974. Seine Rosa hat seine Geschäfte weitergeführt, vielleicht auch gerade deswegen, um der Öffentlichkeit zu zeigen und auch der Brauerei, dass sie eigentlich diejenige war, die den Laden von Anfang an im Griff hatte. Was in gewisser Weise stimmte: Er machte die Honneurs, verteilte seine Geschenke, sie war das „Arbeitstier", stand am Büffet – eine in der Tat resolute Person. Sie hat noch lange weiter gemacht, war später sehr schlecht beieinander, hat an Stecken gehen müssen. Ich sagte oft:

> *„Mei, Rosa, wia lang' wuist as denn so no*
> *macha?"*

Sie war in dieser Beziehung ähnlich der Helene Heimer von der *Hühnerbraterei Heimer*, die nach dem Tod ihres Mannes Josef noch lange Zeiten mit ihrem Zelt in Bayern herumgefahren ist. Helene Heimer gehörte zu den Wirtinnen, wie sie im Buche stehen. Ob im weißen Kittel hinterm Büffet, oder im feschen, maßgeschneiderten Dirndl die Gäste umsorgend, man sah auf den ersten Blick: hier ist eine Vollblutwirtin am Werk. Diese Frau hatte alles im Griff, ihr Personal genauso wie ihre Gäste. Eine stattliche Erscheinung, gut proportioniert, mit den Rundungen dort, wo sie, wie Ludwig Thoma schrieb, am Platze waren. Und gerade als sich die Eheleute Heimer anschickten, ihren Festzeltbetrieb weiter auszudehnen, starb ihr Mann, der Josef oder, der „Herr", wie sie ihn auch weiterhin respektvoll betitelte.

Ihren Erzählungen nach musste ihr Josef ein Mustergatte gewesen sein. Die Kollegenschaft sah das etwas differenzierter. Dort wurde nicht vom Josef oder etwa vom

„Herrn" gesprochen, sondern nur vom „Schwab'nsepp", seiner schwäbischen Herkunft wegen. Mächtig war er von seiner Gestalt her gewesen, alles war mächtig an ihm. Schon sein wuchtiger Kopf ließ keinen Zweifel aufkommen: Dieser Mann ist kein Freund von zarten Kompromissen. Ihm die Hand zu schütteln, galt als wagemutiges Unterfangen. Ich für meine Person war jedes Mal heilfroh, wenn er meine Hand wieder freigab. Seine Stimme füllte den Raum, und es war kaum vorstellbar, dass er jemandem etwas ins Ohr flüstern konnte, ohne dem anderen dabei einen mittleren Gehörschaden zuzufügen.

Helene Heimer führte nach dem frühen Tod ihres Josefs den Betrieb weiter. Ihr Josef blieb allgegenwärtig, ob als mannshohe Schrift auf den Dächern ihrer Bierzelte, ob auf den Maßkrügen oder Speisekarten, überall stand in nicht zu übersehenden Buchstaben:

Josef Heimer, Festzeltbetriebe.

Doch die Tatsache, dass sie weitermachte, bewies auch: Diese Frau wollte zeigen, dass sie Manns genug war, die Geschäfte zu führen – und so vermittelte sie den Eindruck, dass ihr Mann ihr im Betrieb eigentlich gar nicht abgeht.

Etliche Jahre später besuchte ich mit einer Delegation von Wiesnwirten Helene Heimer in ihrem Festzelt in der Ortschaft Pang, in der Nähe von Rosenheim. Wir hatten kaum Platz genommen, als sie schon auf uns zukam, um uns zu begrüßen. Ganz scheps, ganz schief, kam sie daher. Wie wir später erfuhren, war sie in ihrer Badewanne ausgerutscht und hatte sich ein paar Rippen gebrochen.

„Ja, Leni", meinte ein Kollege aus unserer
Mitte mitfühlend, „wia lang' wuist as denn
no macha?"

„Mei", war ihre Antwort drauf, „so lang' i halt
no g'sund bin."

*Meine Eltern, Anna und Michael Süßmeier –
ein Foto, gerettet aus den Trümmern unserer Wohnung.
(Foto: privat)*

Schwester Stanislava, zum Herzklopfen schön.
(Foto: privat)

Sprengbomben zerstörten den Straubinger Hof.
(Foto: privat)

Ich war für alle „der Wirtsbua."
(Foto: Mike Schmalz)

Die Mama: „Tue Recht und scheue niemand."
(Foto: privat)

Ich liebe Verkleidungen –
hier als Puffmutter Ricarda auf einem der ersten Schnallenbälle.
(Foto: Kurt Huhle)

Mein erster Auftritt als Napoleon: Stimmt die Kasse?
(Foto: Kurt Huhle)

Mein erster Einzug auf die Wiesn – mit Eseln.
(Foto: Otfried Schmidt)

Nach der Trauung vor dem Kircherl in Bad Wiessee:
Der Schwiegervater kam nicht.
(Foto: privat)

Mit meiner Frau Gitta
und den Kindern Michi und Barbi.
(Foto: privat)

Gut – besser – Süßmeier ...

Wirte-Napoleon – Märchenkönig ... so meinte Dieter Hanitzsch.
(Karikaturen: Dieter Hanitzsch)

Ich übergebe Peter Pongratz
den Brez'n-Schlüssel zum Spöckmeier.
(Foto: Mike Schmalz)

Forsthaus Wörnbrunn: Mit der von Franziska Bilek geschaffenen Wildsau und ihren Gartenzwergen.
(Foto: Thomas Zwink)

Aus einem ganzen Hendl drei halbe machen: Gauweiler sieht dich.
(Foto: Otfried Schmidt)

Franz Josef Strauß: „Suchen Sie sich einen guten Rechtsanwalt."
(Foto: privat)

Waterloo: Verbannt in alle Ewigkeit.
Mit Gildenmeister Fritz Ruf (links) und meinem Nachfolger
Helmut Huber
(Foto: Heinz Gebhardt)

Was bleibt? Ich habe meine Ziele erreicht.
(Foto: privat)

Neunzehntes Kapitel:

Der Abschied von der Mama

Die letzten Tage des Mai 1963 waren für mich eine ganz schlimme Zeit. Ich habe gespürt und gewusst, dass es mit der Mama dem Ende zugeht. Der Verfall war ihr anzusehen, sie ist immer weniger worden. Zum Schluss hat sie ein ganz spitzes Gesicht gehabt. Zwei, drei Tage, bevor sie gestorben ist, saß sie noch herunten im *Straubinger Hof* in der Küche. Sie hat nichts mehr machen können. Sie war ganz armselig dort gesessen, hatte ihr Kopftuch auf, aß kaum, trank kaum. Es ist dann auch eingetroffen, was sie immer gesagt hat: Wenn ich nicht mehr arbeiten kann, dann möchte ich sterben. Und genauso kam es auch. Sie war vielleicht noch zwei Tage oder drei Tage bettlägerig, dann ist sie gestorben.

Die Mama ist aufgewachsen in Neufahrn bei Wolfratshausen. Dort führten meine Großeltern eine kleine Wirtschaft, die sie dann aufgeben mussten. In Daglfing übernahmen sie ein kleines Sacherl, wie man sagt, hatten vielleicht eine Kuh, ein paar Hühner und Enten. Ihren Lebensunterhalt verdienten sie sich beim Münchener Rennverein, brachten dort das Geläuf in Ordnung, pflegten die Außenanlagen. Der Großvater, den ich nicht mehr erlebt habe, starb 1928. Centa, die jüngere Schwester meiner Mutter heiratete einen Großbauern aus Daglfing, übernahm mit ihm einen ehemaligen Gutshof in Hahnfeld mit vielen Kühen und Pferden. Dorthin zog auch meine Großmutter; es ist ihr nicht schlecht gegangen. Übrigens hat sie immer ein Kopftuch aufgehabt. Weil sie gegen den leisesten Windhauch empfindlich war, wie sie behauptete.

Die Mayers, die Familie meiner Großeltern, waren eine große Familie; jedoch sind die meisten Kinder sehr früh gestorben; von den neun oder zehn sind nur vier übrig geblieben. Einer davon war in der Landwirtschaft in Leutstetten beschäftigt, er lebte sehr zurückgezogen. Das charakterisierte auch meine Mama ihr Leben lang: Sich zurückhalten, nicht auffallen, bescheiden bleiben. Sie hat das überhaupt nicht gemocht, was ich so aufführte. Meine Selbstdarstellung in der Öffentlichkeit, meine Anhäufung von Ämtern, meine ausgefallenen Faschingsfeste – all das war ihr im Grunde genommen zuwider. Sie begleitete meine Aktivitäten mit dem Satz. „Du werst es scho no seh'ng!" Sie hat zwar nie gesagt, was ich schon sehen würde, aber ich bin sicher, sie meinte: Du wirst schon sehen, bei dem, was du da treibst, wirst du eines Tages auf die Nase fallen.

Sie ging auch nie aus der Küche hinaus ins Lokal. Sie ist einfach nicht in die Gaststube gegangen. Da konnte ich machen, was ich wollte. Wenn sie wirklich einmal ins Lokal hinaus kam, weil die Gäste am Stammtisch laut riefen: „Geh Anni, kimm hoid amal raus!" – dann geschah dies zu später Stunde, wenn nur noch ein paar Stammgäste da waren. Sie hat dann sofort die Außentür zugesperrt, damit ja kein Fremder mehr hereinkommt und sie am Stammtisch sitzen sieht. Der „Herr", das war der Wirt, der Herr, kümmerte sich um das Lokal, um die Gäste, die Frau stand in der Küche und kümmerte sich um das Essen. Das war ihr Reich.

Mamas älterer Bruder, ihr Lieblingsbruder Simon, stieg in den dreißiger Jahren zu einem erfolgreichen Jockey und Trainer in München-Riem auf. Auch er hielt sich von öffentlichem Trubel fern, war eher ein Einzelgänger. Noch vor dem Zweiten Weltkrieg zog er in die Schweiz als Trainer vom Rennstall der Stumpenfabrik Burger. Wenn Simon mit seinen Pferden nach Riem kam, brachte er uns regelmäßig Schokolade mit. Das war eine Sensation für uns Kinder, eine bessere Schokolade gab es nicht – wir liebten unseren

Schweizer-Schokolade-Onkel heiß und innig! Bei Kriegsausbruch kehrte er „dem Vaterland zuliebe" zurück nach München-Riem, wirkte dort als Trainer, denn die Rennbahn blieb bis Herbst 1944 in Betrieb. Schließlich wurde auch er eingezogen, an die Westfront abkommandiert und fiel dort bei der Invasion der Alliierten. Diesen Schicksalsschlag hat meine Mutter – wie ich Ihnen schon berichtete – nie verwinden können.

Mein Vater war im Gegensatz zu meiner Mutter ein sehr nach außen wirkender, leutseliger Mann. Er verstand es, die Gäste zu unterhalten. Konnte Geschichten erzählen, aber auch zuhören. Er fühlte sich bei den Leuten wohl, und sie sich bei ihm. Er stammte aus Starzhausen, einem kleinen Dorf bei Wolnzach, war ein uneheliches Kind und wurde von der Großmutter aufgezogen. Seine Mutter ist sehr früh gestorben, von seinem Vater war nie die Rede.

Mein Vater begann in Wolnzach eine Lehre bei einem Elektriker, meldete sich dann während des Ersten Weltkrieges freiwillig. Er kam an die Westfront und ist dort verwundet worden – eine Schussverletzung im Knie. Zur Ausheilung der Wunde transportierte man ihn in das Lazarett Lager Lechfeld. Dort entschied er sein weiteres Leben, seine Laufbahn, mit einem klugen Schachzug. Obwohl sein Berufsziel Elektriker war, meldete er sich als Metzger für die Lazarett-Metzgerei – da brauchte er nicht zu hungern! Nach dem Krieg verdingte er sich als Wirtsmetzger – diesen Beruf gab es, wie bereits erzählt, damals noch – in München-Thalkirchen in der *Deutschen Eiche*, arbeitete dort auch als Schenkkellner. Später wechselte er dann in das *Restaurant Arnulf* zum Ambros Fischer.

Der Wirtsmetzger wirkte – wie der Name schon sagt – in der Wirtsmetzgerei. Damals – und das Damals ist noch gar nicht solange her – hatte jedes Wirtshaus, ausgenommen vielleicht die reine Bierwirtschaft, ein eigenes Schlachthaus. Die Wirte größerer Wirtshäuser beschäftigten eigene Metzger – Wirtsmetzger. In kleinen Wirtschaften war der Wirt zugleich auch der Hersteller der Wurstwaren, die im Haus angeboten und verkauft wurden. Der Wirt war also Metzger, und die Frau war Köchin – so sah in meiner Branche damals das ideale Ehepaar aus. Jeder Wirt hatte nun den Ehrgeiz, eine Wurstspezialität anzubieten, die es so nur bei ihm gab.

Die besten Weißwürste bekam man – so hieß es – beim *Heigl im Bratwurstherzl* am *Viktualienmarkt*. Besonders bei den Weißwürsten versuchte jeder, der Beste zu sein. Wieso hat also der Heigl so gute Weißwürst', fragte man sich? Er nahm vom Kalb die besten Stücke, die man normalerweise für Schnitzel hernimmt.

> *„Ah, das ist ja kein Wunder"*, riefen die
> Konkurrenten, *„der nimmt ja a Schnitzel-*
> *fleisch für d' Weißwurscht her."*

Die Weißwurst verdankt angeblich ihre Existenz dem Peterhofmetzger Sepp Moser, dem Wirt vom *Ewigen Licht*, einem Gasthaus gegenüber dem Rathaus am Münchner Marienplatz. Genau am Faschingssonntag, am 22. Februar 1857, gingen dem Wirt die Schafsdärme für die Kalbsbratwürste aus. Er griff zu feinen Schweinedärmen, füllte dort das Kalbsbrät hinein – doch beim Braten platzten die Därme. So machte er aus der Not eine Tugend: Er warf die Würst' nicht in die Pfanne, sondern in heißes Wasser: Die Weißwurst war geboren. Die Gäste haben spontan ausgerufen:

> *„Da is eahm aber amal was G'scheit's*
> *eing'fall'n."*

Der Siegeszug der Münchner Weißwurst, zart marmoriert und frisch aus dem Kessel, begann. Sie begleitet den Münchner ein Leben lang, wie mich zum Beispiel: Bei meiner Firmung gab's als Erstes: Weißwürst'. Bei meiner Hochzeit nach der Kirch: Weißwürst'. Feiert man ein Familienfest und lädt die Verwandtschaft am Vormittag ein, damit sich die Kosten in überschaubaren Grenzen halten, gibt's: Weißwürst'.

Alljährlich werden die Weißwürste der Münchner Metzger von einer sogenannten Wurstprüfungs-Kommission auch auf „Herz und Nieren" – wenn man so sagen darf – getestet. Berufene Experten, zu denen auch ich als Vertreter der Münchner Wirte gehörte, urteilen über Geschmack und Konsistenz. Amtlich wird eine „grobe Sinneswahrnehmung" verlangt. „Die Wurscht hat koan Dampf." „Nix derf durchschmecka."„Die Bädasui ist zu g'schlampert g'hackt."

Die Bädasui – das ist die Petersilie. Oder wie wir auch sagen: der Petersil.

Ludwig Wallner, genannt Wiggerl, dessen Familie seit 40 Jahren die *Gaststätte Großmarkthalle* betreibt, achtet als berühmtester, und wie viele sagen, bester Weißwurstmetzger, darauf, dass seine Weißwürst' nur mit Kalbfleisch hergestellt werden.

Auch in die Literatur hat die Weißwurst Einzug gehalten, wie ein eigens ausgeschriebener Gedichte-Wettbewerb der *Münchner Abendzeitung* ergab:

> *Die Weißwurscht und der Elefant,*
> *die kennt ma ganz leicht auseinand*
> *indem ein Elefant mit seinem Rüssel,*
> *ned neipasst in a Weißwurschtschüssel.*

Sind Gäste aus dem hohen Norden zu bewirten, so begrüße man sie mit den Worten:

> *„Ich möchte in Deine Rundung beißen,*
> *Dich mit Genuss verschlingen,*
> *Dir Deine Haut vom Fleische reißen,*
> *aufs Neue Dich bezwingen.*
> *Die Königin der Wurscht, der Weißen*
> *um die sich Bayern und auch Preuß'n reißen.*

Bei älteren Herrschaften empfiehlt sich der Vers:

> *„Der Weißwurscht allergrößte Tugend,*
> *ist allemal noch ihre Jugend.*
> *Wird sie, noch ehe es 12 Uhr läutet,*
> *recht liebevoll und sanft enthäutet,*
> *erweist sie sich mit kühlem Bier*

als längst erprobtes Elexier,
das wir besonders gut vertragen
als „Altersbremse" sozusagen.

Und geht's amal dahin mit uns, dann lassen wir den Weiß Ferdl reden:

„Wenn ich beschließe einst mein Leben,
tuats a Paar Weißwürscht mir mitgeben.
Wenn ich's dem Petrus offerier,
dann öffnet er die Himmelstür."

Bleibt mir noch zu bemerken: Die besten Pfälzer, die hat mein Vater gemacht.

Zurück zur Mama. Die Mutter arbeitete während des Ersten Weltkrieges als Hausmädchen in einer Klosterküche. Später war sie Köchin in den *Bürgerbräu-Gaststätten* in der Kaufinger Straße bei den Wirtsleuten Mendl. Sie blieb in den *Bürgerbräu-Gaststätten*, auch nachdem die Familie Carl Geisel aus dem Schwäbischen diese sehr renommierte Gaststätte übernommen hatte. In späteren Jahren sprach die Mama immer mit großer Hochachtung von Frau Geisel – und auch mit ein bisschen Wehmut. Hin und wieder seufzte sie, aus ihr hätte mehr werden können. Bei Frau Geisel hätte sie beste Aufstiegschancen gehabt. Ich glaube, so geht es vielen, die mit ihrem Los nicht immer zufrieden sind und von den Möglichkeiten träumen, die sie verpasst haben oder meinen, verpasst zu haben.

Wie und wann begegneten sich meine Eltern zum ersten Mal? Meine Brüder und ich, wir haben nie danach gefragt. Es bot sich auch nie die Gelegenheit, dass wir am Samstag oder Sonntag beieinander saßen und uns unterhielten, und einer gefragt hat: Erzählt bitte, wie habt ihr beide euch kennengelernt? Damals gab es viele Orte, an denen sich die angehenden Wirtinnen oder Wirte, jedenfalls die Angestellten aus dem Gaststättengewerbe treffen konnten. Da waren die alljährlichen Bälle der beiden Wirtsmetzgervereine „Einigkeit" und „Zerstreuung". Ein beliebter Treffpunkt war auch das *Café Gassner* am Hauptbahnhof. Dort gaben sich

Metzger und Schenkkellner, Köchinnen und Kaltmamsellen stets montags ein Stelldichein. Ich vermute, so wird es gewesen sein: Dort im *Café Gassner* sahen sich die Mutter und der Vater zum ersten Mal: meine Mama eine bildhübsche Frau, mein Vater ein stattlicher Mann. Als Wirt hat er sich nach und nach eine umfängliche Figur zugelegt, sodass man sich nicht mehr vorstellen konnte, dass er einmal rank und schlank dahergekommen ist. Mama hat man später die viele Arbeit und Mühsal angesehen. Aber, wenn ich mir die alten Fotos anschaue, sehe ich: Mit 18 war sie eine Schönheit gewesen.

Die beiden, Mama und Papa, heirateten 1928. Mit dabei war mein älterer Bruder, fünf Jahre alt, ihr gemeinsamer, und wie man so zu sagen pflegt, bis dahin unehelicher Sohn. Sie heirateten auch aus einem sehr prosaischen Grund: Mein Vater wollte eine Gaststätte pachten – und das ging nur mit Trauschein. Die Brauereien schlossen Pachtverträge nur mit Ehepaaren ab. Bei einem Ehepaar, so dachten sie, herrscht Ordnung. Beide Partner schaffen an. Sie in der Küche, er heraußen an der Schänke und im Schlachthaus. Diese Gaststätte, die meine Eltern bekamen, war das *Kapuzinereck* am Baldeplatz.

Ich habe zu beiden aufgeschaut, zum Papa und zur Mama. Die Mama war ungemein fleißig und eine hervorragende Köchin, der Vater hat die besten Würste gemacht. Da hätten wir uns als Buben watschen lassen: Unsere Eltern waren die besten Wirtsleute, da war nicht dran zu rütteln. Sie arbeiteten in streng abgegrenzten Bereichen. Der Vater, der Herr, so haben ihn auch die Angestellten angeredet, bestimmte das Geschäft: „Herr, was ist zu tun?"

Die Mama war die Frau. Die Chefin in der Küche. Sie hat nicht einmal den Kopf herausgestreckt über das Büffet, über das man die Speisen herausgegeben hat. Das war ihre Grenze.

Als sie da saß, am Ende, todkrank, kaum noch aß und trank, schlug ich vor:

„Du, vielleicht ist es doch besser, wir schauen,
dass wir eine Pflegerin für dich bekommen."

Antwortete sie:

„Nein, es kommt mir keine fremde Person ins
Haus."

Nicht einmal die beste Freundin durfte zu ihr ins Schlafzimmer. Sie wollte auch nicht in eine Klinik, obwohl sie sehr litt. Sie hatte große Schmerzen. Zum Glück konnte ich ihr mithilfe eines mir befreundeten Arztes Morphium geben, der Hausarzt hatte es verweigert.

Ich war bei ihr, als sie gestorben ist. Ich lag neben ihr auf dem Bett im Schlafzimmer. Sie schlief. Man hat nichts gehört. Sie war völlig ruhig … Ich wollte wach bleiben, bin dann aber doch eingeschlafen. Als ich wieder wach wurde, habe sie angesprochen. Doch sie hat keine Antwort mehr gegeben. Dann musste ich feststellen, dass sie tot war.

Ja, ich habe geweint – Ich habe zwar gewusst, dass der Tod unausbleiblich ist. Dass es nicht mehr lange dauern würde. Aber es war doch die schlimmste Zeit. Denn ich habe ja alles mit der Mama mitgemacht. Wie der Vater gestorben ist. Wie meine zwei Brüder ums Leben gekommen sind. Auch das schwierige Überleben nach der Währungsreform. Wir haben zusammen gewohnt. Ich konnte sie ja nicht alleine lassen, das hätte sie nicht überstanden. Auch als ich verheiratet war, und ich mit meiner Frau und den Kindern in der Schleißheimer Straße wohnte, bin ich frühmorgens in den *Straubinger Hof* gefahren und kam nachts wieder. Je nachdem wie lange die Gäste blieben. Am Sonntag war der *Straubinger Hof* zu. Da hoffte meine Frau Gitta, dass wir wenigstens an einem Tag in der Woche ein bisschen was voneinander haben. Ja, habe ich gesagt, ich fahre jetzt bloß schnell zu meiner Mutter, und mache ihr Frühstück. Und dann kam ich oft erst um zehn Uhr abends zurück. Sie hat mich nicht weggelassen.

Ich bin dann nach Hause gefahren, zur Wohnung in der Schleißheimer Straße. Ich habe es meiner Frau erzählt, ei-

ne Welt war für mich zusammengebrochen. Dann bin ich
wieder zurück und habe alles in die Wege geleitet, was man
in solch einem Fall in die Wege leiten muss. Die Verwandtschaft anrufen, die Todesanzeige aufgeben. Eine ganz einfache Todesanzeige, das wollte meine Mama so. Sie ist in
Daglfing begraben worden, im alten Friedhof St. Emmeram,
neben meinem Vater. Später habe ich beide umbetten lassen
in das Grab meiner Brüder auf dem Waldfriedhof, sodass
die Familie beisammen ist.

Zwanzigstes Kapitel:

Den Vogel abgeschossen

Zu Münchens Paradiesen – zählt ohne Zweifel seine Wiesen, so dichtete Eugen Roth in der Festschrift 1960 zum 150. Wiesnjubiläum.

> *Es laufen Kellnerinnen emsig*
> *durch alle Reih'n, wo wild und bremsig*
> *die Menge ohne Unterlass*
> *sich heiser schreit nach einer Maß.*

Ich kann das nicht ganz unterstreichen, dieses wild und bremsig, denn noch 1960 war die Wiesn ein vergleichsweise gemütliches Volksfest. Anekdoten wurden publiziert über Ludwig Thoma, der regelmäßig bei der *Fischer-Vroni* einen zweipfündigen Hecht verzehrt haben soll, über Ludwig Ganghofer, Max Halbe, Frank Wedekind als Oktoberfestbesucher – und über den unvergessenen Karl Valentin. Jener ließ sich, wie Alois Hahn, der Leiter des Bayernteils der *Süddeutschen Zeitung*, jedes Mal einen Weißfisch braten, dessen Größe er mit einem Metermaß bestimmte. Er starrte dann, seinen berühmten schwarzen „Goggs", seine schwarze Melone, auf dem Kopf, in die Holzkohlenglut, beobachtete den Steckerlfisch kritisch und maß ihn nach, bevor er ihn verzehrte, ob er nicht an Länge verloren hatte.

Die Presse kümmerte sich damals nicht so wie später in den 60er- und 70er-Jahren oder wie heute um die Wiesn. Vom Einzug wurde ausführlich berichtet, zur Halbzeit erschienen Artikel und zum Schluss. Im Jubiläumsjahr 1960 dichtete Hanns Vogel „Bierführer-G'stanzl", Kurt Preis, Lokalchef des *Münchner Merkur* und Namensgeber des

„Pumuckl" seiner Ehefrau Ellis Kaut, beschrieb „Red W. Morrison, den Verächter des Todes", sein Kollege Herbert Schneider brachte die traurige Ballade vom „Waste, dem Jungfrauentröster", und Karl Spengler beobachtete den „Vogel-Jakob". Das war dann schon alles. Eine pausenlose Berichterstattung wie sie heute normal ist, war damals unvorstellbar.

Das Amt des Wiesnsprechers erschien für mich anfänglich wenig aufregend zu sein. Als ich auf die Wiesn kam, stellte die Familie Schottenhamel schon seit Jahren den Sprecher, den Ansprechpartner für die Stadt. Der alte Michael Schottenhamel war sehr mit Oberbürgermeister Thomas Wimmer befreundet, sie duzten sich. Es wird erzählt, dass Michael Schottenhamel Anfang der 50er den OB, der zu Fuß auf der Wiesn unterwegs war, mit den Worten ansprach:

„Was ist denn, geh' halt rei zu mir."

Und so entstand, wie es heißt, der heute übliche Einzug des Münchner Oberbürgermeisters und sein Anzapfen der ersten Maß im *Schottenhamel-Zelt*, viele Jahre begleitet und beobachtet von dem Reporter des *Bayerischen Rundfunks*, Michael Stiegler, und gipfelnd in dem Ruf: *„O'zapft is!"*

Ich war in der Vorstandschaft der Wirte, war in der Öffentlichkeit bekannt, galt als redegewandt: So wurde ich von 1970 bis 1984, dem Jahr des Debakels, in der Nachfolge Schottenhamels Sprecher der Wiesnwirte. Als erstes veränderte ich das Gesicht der Anzeigen. Diese Anzeigen sahen bis dahin aus, als würde für eine Beerdigung geworben, nicht aber für das Oktoberfest. Ich habe mich mit Karikaturisten wie zum Beispiel mit Dieter Hanitzsch, mit dem ich in Freundschaft verbunden bin, zusammengetan, wir waren lustig, den Medien zugewandt. Das entsprach auch den Intentionen der Stadt, der damalige Fremdenverkehrsdirektor Otto Hiebl sah es auch so:

„Man kann sich nicht mehr verstecken", sagte er, „mit der Tarnkappe hinausgehen und dann wieder verschwinden."

Fortan war ich bei allen nur möglichen und unmöglichen Veranstaltungen zugegen. Dazu vorab ein kleines G'schichterl aus Amerika:

Zwei Freunde treffen sich. Meint der eine: „Was machst denn du für ein Gesicht? Freust du dich denn nicht, dass du in den Senat gewählt worden bist?"

„Freilich, schon", antwortet der andere, „aber du glaubst gar nicht, wie nervös ich vor der ersten Sitzung bin, weil ich befürchte, dass mich alle fragen, wie ausgerechnet ich es geschafft habe, in den Senat gewählt zu werden."

„Da mach dir mal keine Sorgen", antwortet der schon länger im Senat sitzende Freund, „spätestens nach vierzehn Tagen fragst du dich, wie die anderen alle hereingekommen sind."

An diese Geschichte musste ich denken, als ich zum ersten Mal eine Einladung zur Sitzung der sogenannten Plakatjury in den Händen hielt: Die Wahl des Plakats für die nächste Wiesn stand auf der Tagesordnung. Voller Ehrfurcht vor diesem erlauchten Gremium sagte ich zu.

Ich solle etwas früher kommen, verlangte der Wiesnbürgermeister, Dr. Eckart Müller-Heidenreich, als Einlader und Vorsitzender der Kommission. Als Wiesnbürgermeister wurde bei uns damals der dritte Bürgermeister bezeichnet, dem die Angelegenheiten des Oktoberfestes oblagen. Er wolle mit mir, in meiner Eigenschaft als Sprecher, noch eine Kleinigkeit vorab besprechen, tat Müller-Heidenreich kund. Arglos ließ ich mich zum Mittagessen in das *Flughafenrestaurant* in München-Riem einladen, wo anschließend der weise Rat der Plakatjury tagte. Das wie immer hervorragende Essen blieb mir alsbald im Halse stecken.

Der Herr Bürgermeister klärte mich mit dürren Worten über die miese Haushaltslage des Oktoberfestes auf, es sei ein Defizit vorhanden, das die Stadt mit einer saftigen Platzmiete für die Balkone in den Festzelten auszugleichen gedenke.

Deswegen also hatte ich früher zu kommen! Und von einer Kleinigkeit war längst keine Rede mehr!

Ich war verärgert. Hätte ich nur eine leise Ahnung gehabt, hätte ich mich vorbereiten und beraten lassen können. Am liebsten wär' ich aufgestanden und gegangen.

Dem Herrn Wiesnbürgermeister gelang es schließlich, mich zu beruhigen und zum Bleiben zu überreden. Mit ziemlichen Missvergnügen suchte ich mir einen Platz in der Runde der Plakat-Sachverständigen. Die Jury setzte sich aus Professoren der Akademie zusammen, aus einschlägigen Künstlern und natürlich aus Politikern, die zum Glück von allem etwas verstehen.

Von den vielen Plakatentwürfen waren nach einer Vorsortierung etwa zwanzig übrig geblieben. Diese Werke wurden anschließend in einem Einführungsvortrag vorgeführt, so etwa wie Mode vorgeführt wird. Verhältnismäßig rasch einigte man sich auf die Hälfte der Entwürfe für die Endausscheidung, und ich traute meinen Augen nicht, wie ich zusehen musste, wie ein total moderner, abstrakter Entwurf in die immer engere Wahl kam.

Das Werk sollte die Kommunikationskraft der Wiesn darstellen – in Picasso-Manier. Ich meldete mich zu Wort, denn hier war Gefahr in Verzug.

„Meine sehr verehrten Damen und Herren",
begann ich, *„von einem Oktoberfestplakat
erwartet man, dass es eine ganz bestimmte
Funktion erfüllt, nämlich die, die Bevölkerung
zu einem Besuch der Wiesn zu animieren.
Dieses Plakat, wenn Sie es in einem nieder-
bayerischen Bahnhof neihänga, bewirkt das
Gegenteil, nämlich, dass koana mehr auf
d'Wiesn fahrt, weil die Leit sag'n, da pass'n
ma nimmer dazua."*

Auf meine Ausführungen hin meldete sich ein Professor der Akademie zu Wort: Wieso ich denn dazukäme, so daherzureden, wer mich überhaupt eingeladen hätte, und dergleichen mehr.

Antworte ich:

> *Der Herr Bürgermeister hat mich eingeladen.*
> *Er hat mir allerdings bedeutet, dass ich nicht*
> *mit abstimmen dürfe, aber ich könne jederzeit*
> *meine Meinung äußern.*"

Nicht mehr und nicht weniger hätte ich getan. Darüber hinaus sei ich sehr wohl berechtigt das alte Sprichwort zu zitieren: Wer zahlt, schafft an.

> *„Wir die Wiesnwirte, beziehungsweise die*
> *Wiesnbeschicker finanzieren über unseren*
> *Werbekostenzuschlag diese Kampagne.*"

Der Herr Professor rastete aus: Er bestehe darauf, dass ich umgehend den Saal verlasse, ansonsten würde er das Amt als Jurymitglied niederlegen.

Das war starker Tobak. Der Herr Wiesnbürgermeister Dr. Eckart Müller-Heydenreich, ein in jeder Situation freundlich lächelnder Mann, wollte vermitteln.

> *„Ich schlage vor, wir stimmen darüber ab, ob*
> *Herr Süßmeier hierbleiben soll oder nicht.*"

Jetzt reichte es mir. Ich stand auf:

> *„Herr Bürgermeister, meine Damen und*
> *Herren. Die Situation ist bereits peinlich*
> *genug. Wir sollten sie nicht noch peinlicher*
> *werden lassen. I geh'. Nicht aber ohne vorher*
> *die Feststellung getroffen zu haben, dass ich*
> *heute wieder einmal erfahren durfte, wo sich*
> *die Wirte in dieser Stadt einzureihen haben,*
> *nämlich an der letzten Stell', wo ma zwar no*
> *zahl'n derf, aber ansonsten sein Mäu halten*
> *muss. Pfüa Gott.*"

Und draußen war ich. Der Herr Fremdenverkehrsdirektor Otto Hiebl ist mir zwar noch nachgelaufen um mich umzustimmen, was ihm aber nicht gelang. Das von mir beanstandete Plakat wurde nicht an die erste Stelle gewählt, und das war dann doch eine Genugtuung für mich. Zur Wahl eines Oktoberfestplakates allerdings wurde ich künftig nie wieder eingeladen. Ich darf aber den verehrten Leser jetzt einladen zur Prominenz, zu meinen Erlebnissen mit Prominenten auf der Wiesn.

Das entscheidende Jahr war für mich das Jahr 1965. Ich war, wie erinnerlich, in die Hauptreihe vorgerückt, stand dank meines Mentors Dr. Bernhard Scheublein von der Paulaner-Thomas-Brauerei mit prächtiger Fassade neben dem *Hofbräuhaus-Zelt*, und der Gedanke trieb mich um, wie ich mein Zelt an den schwachen ersten Wochentagen voll bekommen kann. Ich kam auf die Idee, Prominente „hereinzulocken" … Ich dachte mir, wenn ein „einfacher Bürger" sieht, dass sogenannte Promis in mein Zelt gehen, dann sagt er sich:

> *„Hoppla, da kannst aa nei geh', wenn's dem*
> *schmeckt, dann schmeckt's mir aa."*

Zugute kam mir, dass mein Zelt ja *Armbrustschützenzelt* hieß, die Armbrustschützen des *Winzerer Fähndl*s meine Partner waren und Schießwettbewerbe austrugen. Von 1958 an wurde der Sicherheit wegen nicht mehr auf den Vogelbaum geschossen, sondern auf die Scheibe. Ich zählte eins und eins zusammen und veranstaltete 1965 am ersten Wiesn-Montag das Prominentenschießen. Bei diesem ersten Prominentenschießen war nicht eine Zielscheibe zu treffen, sondern ein goldener Maßkrug, es war tatsächlich ein vergoldeter Maßkrug! – und den hat die Franziska Bilek gewonnen. Franziska Bilek, Zeichnerin, Grafikerin, Malerin, Buchillustratorin, Zwergerl- und Nilpferd-Modelliererin, Schöpferin des schier unsterblichen Hirnbeiß, der auch heute noch, lange nach ihrem Hinscheiden, in der *Münchner Abendzeitung* erscheint.

Franziska traf all die Jahre auch nur dieses einzige Mal. Sie hat in den späteren Jahren immer wieder mitgeschossen und war außer sich, dass sie nichts mehr traf. Der goldene Maßkrug war ein echter Sonntagsschuss gewesen. Ich lud

auch den damaligen Landwirtschaftsminister Alois Hundhammer ein. Bin als Landsknecht verkleidet hoch zu Ross
– das wiederholt sich etwas in meiner Biografie, ich gestehe
es – in den Hof seines Ministeriums eingeritten, um ihn auf
die Wiesn zu bitten. Er begrüßte mich, war sehr angetan
und erschien beim Schießen. Bürgermeister Albert Bayerle
war beim ersten Prominentenschießen dabei, auch Marianne Koch. In den späteren Jahren erlebte ich viele Leute aus
dem Showgeschäft, Uschi Glas, Hannelore Auer, die später Heino geheiratet hat, Luis Trenker und Showmaster wie
Lou van Bourg und Vico Torriani.

Vico Torriani, der Sohn eines Reit- und Skilehrers, Showmaster der Fernsehsendung „Der goldene Schuss", liegt mir
noch heute im Ohr mit *Du schwarzer Zigeuner, Zwei Spu-
ren im Schnee* und *Schön und kaffeebraun sind alle Frau'n*.
Mit seiner Agentur hatte ich schon monatelang vorher Kontakt aufgenommen, ich bekam eine Zusage, und es stand in
den Fernseh-Illustrierten: Vico macht mit beim Armbrust-
schießen auf dem Oktoberfest. Der Tag kam, er war in
München, in Geiselgasteig, zur Aufzeichnung einer Silves-
tersendung. Da meldete sich sein Sekretariat:

> *„Der Herr Torriani wird sich leicht verspäten,*
> *außerdem besteht er darauf, dass er mit*
> *der Funkstreife auf das Oktoberfest gefahren*
> *wird."*

Ich rief im Polizeipräsidium an. Der Polizeipräsident Dr.
Manfred Schreiber war außer Haus, ich ließ mich mit dem
Vizepräsidenten, Dr. Georg Wolf, verbinden und bat ihn
um Hilfe.

> *„Der Vico Torriani kommt zum Schießen nur,*
> *wenn er mit der Funkstreife auf die Wiesn ge-*
> *fahren wird."*

Ich möchte hier nicht wiederholen, was der Herr Dr. Wolf
über den Herrn Vico Torriani gesagt hat, aber immerhin:
Dem Taxi, in dem Torriani dann saß, fuhr eine Funkstrei-

fe voraus – über die Lieferanten-Zufahrt zum hinteren Zelteingang.

Zuvor hatte es mit seinem Sekretariat einen Disput gegeben hat, wer das Taxi bezahlt. Ob ich das Taxi nicht schon vorher bezahlen könne!

Torriani war fürchterlich nervös. Er kam in mein Zelt, und als er diese Menschenmenge an den Tischen und auf den Bänken sah, fragte er, ob er ihm eine Leibwache stellen könnte. Sagte ich:

> *„Die Leibwache, das sind die 3000 Leute, die*
> *im Zelt sind. Die sind alle auf meiner Seite."*

Das hat ihm nicht genügt. Ich habe alle Ordnungsleute zusammengetrommelt, und diese sind dann, die eine Hälfte voraus und die andere Hälfte hinterher, mit ihm durchs Zelt marschiert. Kein Mensch hat gewusst, um was es eigentlich ging. Und, was soll ich sagen, wir kamen zur Schießstätte, da war das Schießen soeben zu Ende gegangen. Für die *Bildzeitung* hat er dann noch einen Schuss simuliert, und seine beiden hübschen Assistentinnen standen ihm dabei zur Seite. Später erfuhr ich, dass es ein Werbeauftritt war. Er trug dieses Westerl aus dem „Goldenen Schuss", das hatte man von Zürich herbeigeschafft. Gott sei Dank hat er nicht gesungen.

Ergreifend schön sang Ivan Rebroff. Er hatte sich in der Zeit vertan, erschien schon am Sonntag statt am Montag. Nun war er da, und ich habe ihn eingeladen. Er entwickelte wirklich einen schönen Appetit. Uns freute es, dass es ihm so gut geschmeckt hat. Die Leute wurden schließlich auf ihn aufmerksam, die Kapelle begleitete ihn mit dem Bayerischen Defiliermarsch hinauf auf das Podium, und er dirigierte. Die Menschen waren begeistert: dieses Temperament, dieses Trumm von Mannsbild! Riesenbeifall! Er ließ sich nicht lange bitten und sang: *Kalinka*. Unsere Unterbrunner Blaskapelle hat das wahrscheinlich noch nie gespielt und musste es vom Blatt spielen. Im Zelt war es wie in einem Konzertsaal. Mucksmäuschenstill. Es wurde nicht bedient, niemand trank, niemand aß, alles war Aug und Ohr für Ivan Rebroff. Diese Stimme, die vier Oktaven umfasste! Ja, es war wie in einem Konzertsaal. Einen solch stürmischen Beifall hat es nie mehr gegeben. Das war der Berliner Kosake Ivan Rebroff. *Kalinka, Kalinka …*

Luis Trenker, der den Berg des Schicksals erklommen und den Kampf ums Matterhorn gewonnen hat, erzählte in den sechziger Jahren im *Bayerischen Rundfunk* schwungvoll und packend aus seinem Leben. Er kam, dirigierte die Blaskapelle, wollte anfangen, eine seiner Geschichten zu erzählen, aber das ließ er dann doch sein, es war zu laut. Er verabschiedete sich – und schickte ein paar Tage später Autogrammkarten. Dabei lagen 20 Mark sowie seine Entschuldigung, dass es ihm Leid täte, dass er vergessen hatte, der Bedienung ein Trinkgeld zu geben. Das war höchst beeindruckend und hat sich beim Bedienungspersonal sofort herumgesprochen: Der Luis Trenker hat ein solch schönes Trinkgeld hergegeben!

All diese und die noch folgenden kleinen Geschichten sollen freilich nicht darüber hinwegtäuschen, dass mein Amt als Wiesnsprecher ein riskantes Amt war. Ich wurde oft angefeindet, ja, in die Pfanne gehauen. Es gab Jahre, in denen die Presse uns Wirte – und mich vor allem – wegen unserer Preisgestaltung, wegen des Bierpreises, heftig angegriffen hat.

Ich wurde zum Schwarzen Mann gestempelt. Als ich einmal am Rindermarkt mein für die Wiesn geschmücktes Gespann besteigen wollte, stellte sich ein Familienvater mit seinen beiden Kindern vor mich hin, deutete auf mich und sagte:

> *„Buben! Das ist der Mann, der jedes Jahr den*
> *Bierpreis erhöht!"*

Zu einem regelrechten „Bierkrieg" – wie die Zeitungen titelten – kam es im Vorfeld der Wiesn 1970, und ich wurde als Sprecher der Wiesnwirte ins Kreuzfeuer genommen. Die bayerischen Landtagswahlen standen bevor, und der Bierpreis wurde zum Politikum. Wir hatten mit Unterstützung des Wiesn-Bürgermeisters Albert Bayerle eine Erhöhung des Bierpreises für die Maß um 35 Pfennige auf 2,75 Mark angekündigt. Empörung von der Deutschen Angestellten-gewerkschaft bis hin zur bayerischen katholischen Kirchen-zeitung, – zumal der Hendl-König Friedrich Jahn, der zum ersten Mal auf die Wiesn zog, in seiner *Wienerwald*-Hüh-nerbraterei nur 2,50 Mark für die Maß verlangen wollte.

Der Herr Wirtschaftsminister Dr. Otto Schedl mischte sich ein, zitierte uns an einem heißen Sonntag ins Minis-terium, servierte uns großzügig Whiskey und verlangte ei-ne Preissenkung. Wir waren in der Bredouille. Wir konnten nicht nachgeben, sonst hätten wir Albert Bayerle brüskiert, der sowieso schon beim Oberbürgermeister Hans-Jochen Vogel einen harten Stand hatte, jener aber war in Urlaub. Wir gaben also nicht nach, und Dr. Schedl überzog uns mit einem Prüfungsverfahren wegen „missbräuchlicher Anwen-dung einer monopolartigen Stellung", gegen das ich Ein-spruch erhob. All dies war im August 1970 ein gefundenes Fressen für die Presse, des Volkes Zorn richtete sich gegen mich, meine Frau und ich bekamen Drohungen, wie:

„Der Galgen ist schon hergerichtet."

Ende August kam OB Vogel kam aus seinem Urlaub zurück, versprach, den Bierpreis „münchnerisch" zu regeln. Er lud uns in den *Ratskeller*, war hervorragend vorbereitet und äu-ßerst geschickt in der Verhandlungsführung, nicht mit Pis-tole, sondern mit Bleistift. Er nahm die angekündigte Er-höhung der Platzmiete von der Stadt zurück, handelte den Brauereien einen Nachlass von drei Pfennige ab, und auch wir Wirte gaben um drei Pfennige nach – kurz: Die Maß wurde um ein Zehnerl billiger als vorgesehen, bravo, schrie-ben die Zeitungen, der Hansi Vogel hat gesiegt.

Eitel Sonnenschein also? Die Deutsche Angestellten-gewerkschaft rief die Wiesnbesucher dazu auf, mit Dosenbier auf die Wiesn zu gehen. Ich habe dann die Einladung für das Prominentenschießen in eine solche Dose hineinlegen lassen. Ohne Bier natürlich.

Einundzwanzigstes Kapitel:

Mein ruhiger Tag

Nicht unbedingt mit dem Prominentenschießen zu tun hatte der Besuch der späteren Königin der Niederlande, Beatrix Wilhelmina van Oranje-Nassau, in meinem *Armbrustschützen-Zelt*. Ihr Mann Claus von Amberg tagte beim World Wildlife Fond im *Bayerischen Hof*, und sie, die Prinzessin, kam mit Familienmitgliedern aus dem Hause Wittelsbach zu uns. Sie saß vorne an der Brüstung, damit sie auch etwas sah. Wir betreuten sie natürlich sehr aufmerksam, und ich beschloss, ihr einen Maßkrug zu schenken. Ich instruierte vorher meinen Hausfotografen und bedeutete ihm, in dem Moment, wo ich der Prinzessin den Maßkrug überreiche, ein Foto von uns beiden zu schießen.

Ich ging also zu ihr, nahm meinen ganzen Charme zusammen:

> *„Dieser Maßkrug ist das Wahrzeichen der*
> *Wiesn. Ich darf Ihnen den schenken."*

Ich drücke ihr den Maßkrug in die Hand, lächele sie an und schaue immer auf den Fotografen – aber der fotografiert nicht.

Die Zeremonie ist vorbei, ich gehe zu ihm hin, ich war natürlich stocksauer, und schimpfe:

> *„Warum ham S' denn koa Foto g'macht?"*

Sagt er:

> *„Die war's?"*

Er hat sie nicht gekannt.

Das gibt es ja nicht, denke ich. Er hat sie nicht gekannt!

„Ja", sage ich, *„meinen Sie, ich schenke einem*
jeden da jetzt einen Maßkrug?"
Ich bin an einen Herzlstand und habe das größte Herz
genommen, bin wieder zur Prinzessin. Ich nahm wieder
meinen Charme zusammen:
„Der Maßkrug gehört ja eigentlich dem Mann,
bei uns ist für die Frau das Herzerl gedacht."
Ich hänge ihr das Herz um und lächle sie an, schaue wieder
zum Fotografen, und er steht da und versucht zu fotografieren, doch sein blöder Apparat funktioniert nicht.

So bin ich um ein schönes Foto mit der Beatrix gekommen.
Sie hat sich leider auf der Wiesn nie wieder sehen lassen.

Die Callas war sehr volksnah; ich hatte das nicht erwartet von ihr. Sie, eine der großartigsten Opernsängerinnen der
Welt, saß in unserem Wiesnzelt. Wir haben uns ganz besonders um sie gekümmert, wir wollten sie zum Dirigieren der
Blaskapelle aufs Podium zu schicken, sie ist aber da nicht
hinaufgegangen, wir haben das verstanden. Immerhin hat
sie den Hut eines Musikers aufgesetzt, einen Trachtenhut,
den behielt sie den ganzen Abend auf. Mit diesem Trachtenhut auf dem Kopfe hat sie sich dann auch verabschiedet.

Sie war sehr, sehr fröhlich und guter Dinge. Sie hat Reherl, also Pfifferlinge, gegessen in Rahm mit Semmelknödel und dazu einen Radi bestellt. Wir trauten unseren Augen nicht, sie steckte die Radiblätter in die Reherl: Es sah
grausam aus. Im Grunde hat sie ein neues Gericht kreiert.
Wir haben uns aber nicht getraut, es auf die Speisenkarte
zu setzen.

„Entschuldigen Sie, heute ist Montag, heute ist
mein ruhiger Tag."
So führte sich Marika Rökk ein, begleitet von Dr. Kurt
Plapperer, dem Direktor des Deutschen Theaters. Auch er
sagte:
„Es ist heute Montag, und es ist ihr ruhiger
Tag. Sie kann beim Schießen nicht aktiv mit-
machen."

Marika Rökk haucht mich an:

„Haben Sie ein stilles Eckchen?"

Antworte ich:

„Im Bierzelt leider ausgeschlossen."

Das möglichst ruhige Eckchen haben wir ihr dann in meiner Wirtsboxe angewiesen. Sie hat ein bisschen Bier getrunken – und auf einmal quasselte sie, angetan von der Stimmung im Zelt, drauf los, vergaß den ruhigen Montag. Ich habe sie wortreich gefeiert. Was für eine wunderbare Schauspielerin sie sei. In meiner Jugendzeit hätte ich mir alle ihre Filme angeschaut. Die *Csárdás-Fürstin, Maske in Blau, Das gab's nur einmal* ... Da war sie erst recht begeistert von der Bierzeltatmosphäre. Und hatte den ruhigen Montag vergessen. Ich habe mich dann um andere Gäste gekümmert, bis ich wieder geholt wurde: Frau Rökk wolle sich verabschieden. Ich ging zu ihr, und sie hauchte:

„Entschuldigen Sie, dass ich so still war. Aber heute ist Montag, heute ist mein ruhiger Tag."

Gunter Sachs, der für alle Welt damals der Prototyp des Gentleman-Playboys war und immerhin Brigitte Bardot erobert hatte, kam meistens mit einem Tross von Leuten, höchst prominenten und wichtigen Leuten – ob es ein von Fürstenberg war oder der Meisterkoch der Nouvelle Cuisine, Paul Bocuse. Ich habe dieses Etikett Playboy an Gunter Sachs nie ganz ernst genommen, denn er engagierte sich als Kunstsammler, arbeitete intensiv als Dokumentarfilmer und Fotograf. Er war ein höchst angenehmer Gast, hat auch jedes Mal dirigiert. Die Musiker liebten ihn – nicht zuletzt wegen des fürstlichen Trinkgeldes, das er gab. Das heißt, er selber hat nie persönlich bezahlt, er hat immer jemanden dabei gehabt, der diese Aufgabe zu übernehmen hatte.

Mit einem Trupp von Leuten tauchte einmal auch Roman Polanski auf. Er hatte viel Freude an allem Jubel und Trubel, blieb, tanzte den *Tanz der Vampire* – wie sich später herausstellen sollte. Nach ausführlichem Konsum steht die Truppe auf und geht. Geht einfach, ohne zu zahlen! Ich laufe demjenigen, der da offensichtlich Regie geführt hat, hinterher und sage:

> *Sie, entschuldigen Sie bitte, wo dürfen*
> *wir denn die Rechnung hinschicken?"*

Sagt er:

> *„Rechnung? Sie können sich die Ehre*
> *anrechnen, dass der Herr Polanski bei Ihnen*
> *als Gast war."*

Entgegne ich:

> *„Mit der Ehre kann ich meine Leute nicht*
> *bezahlen."*

Wenn er vorher gesagt hätte, wir wollen ja nur einmal hereinschauen – wie auch immer; vielleicht hätte ich ihn als meinen Gast betrachtet. Aber so? So einfach lasse ich mich nicht vorführen. Weder von einem Polanski noch von sonst wem. Die Rechnung wurde jedenfalls beglichen.

Zur Preisverleihung der Armbrustschützen, zum Hirschessen, kam in meinen frühen Jahren auf der Wiesn auch der Herr Ministerpräsident, Dr. Hans Ehard.

Wir wollten gerade nach dem Schießen das Essen servieren, alle Bedienungen hatten sich aufgereiht, um mit dem Tablett und mit dem Hirschbraten hinüber zur Schießanlage zu eilen, wo ein paar hundert Leute versorgt werden mussten. In diesem Moment kommt der Herr Ministerpräsident und will zu allererst die Preisverleihung vornehmen. Ich war mit den Nerven völlig erledigt. Ich sage:

> *„Herr Ministerpräsident, eine Frage gleich zu*
> *Anfang, können Sie gut kochen?"*

Sagt er, nein, das könne er nicht von sich behaupten.

> *„Nun dann"*, sage ich, *„dann müssen Sie mich*
> *das Essen servieren lassen,*
> *sonst laufen mir alle meine Köche davon."*
> *„Wie lange dauert denn das?"*
> *„20 Minuten."*

184

Das war ein wenig geflunkert. Es hat schon ein bisschen länger gedauert. Aber wir konnten unseren Hirschbraten servieren, und die Preisverteilung war anschließend.

Hier beweist sich: Man darf sich von großen Namen nicht gleich einschüchtern lassen.

Ähnlich war es mir ja mit dem OB Thomas Wimmer ergangen, der zu früh gekommen war und sagte:

„Jetza, jetz bin i da. Jetzt kennts ofanga."
Dem haben wir einen Hirschbraten ohne Spätzle serviert – aber die Geschichte kennen Sie ja schon.

Zu einem Ritual wurde nach und nach der alljährliche Bürgermeister-Rundgang. Die drei Münchner Bürgermeister besuchten nacheinander alle Wiesnzelte. Erich Kiesl – wegen seiner Vorliebe für Diensthubschrauber auch Propeller-Erich genannt – legte dabei großen Wert auf eine generalstabsmäßige Vorbereitung. Er, der Oberbürgermeister von 1978 bis 1984, wollte, dass die Leute im Zelt von seiner Ankunft in Kenntnis gesetzt wurden – aber die Leute haben ihn nicht sehr beachtet, einige pfiffen sogar. Also, der Schuss ging nach hinten los, Herr Kiesl – flink wie ein Wiesel, schrieb die *Zeit* – stellte das ein.

Es besuchte mich in meinem Zelt auch Münchens seinerzeit und auch heute noch sehr populäre Oberbürgermeister Dr. Hans-Jochen Vogel. Ich führte ihn in meine Boxe, und dort hing ein Ölgemälde, das Kaiser Wilhelm II. zeigte. Dieses Ölbild hatte ich einmal für ein paar Mark vom Tandler Aaron Deutsch für einen meiner Schnallenbälle erworben und nun hier auf der Wiesn in meiner Boxe angebracht.

Da macht der Dr. Vogel einen Aufstand wegen dieses Bildes! Wie ich dazu komme, diese Majestät in meinem Zelt aufzuhängen, schimpfte er.

„Wissen Sie denn überhaupt, was der auf lateinisch ins Goldene Buch der Stadt geschrieben hat, als er München besuchte? Der Wille des Kaisers ist der Wille des Volkes. Dieser Antidemokrat! Den hängen Sie wieder hinaus!"

185

Ich habe rasch nach einer Erklärung gesucht, habe sie auch gleich gefunden:

> *Wissen Sie, Herr Oberbürgermeister, ich habe ihn deswegen reingehängt, zum Dank dafür, dass er nie aufs Oktoberfest kumma is."*

Das hat dem OB aber nicht genügt.

Wenig später kommt Heidi Brühl als Gast zu mir, mit ihrem amerikanischen Ehemann, dem Schauspieler Brett Halsey. Sie, das *Mädel vom Immenhof*, lebte in Rom, stand vor einer Karriere in Las Vegas. Ihr Mann hatte von Bayerischer Geschichte wenig Ahnung, deutete auf das Ölgemälde und rief:

> *"That's Ludwig!"*

Er hat gemeint, es zeige König Ludwig II., den Märchenkönig.

Sage ich:

> *"Das passt jetzt grad gut, der Oberbürgermeister mag das Buidl nicht."*

Brett Halsey sagt:

> *"Das Bild kommt in unsere Wohnung nach Rom."*

Sag ich:

> *"Ja also schenka tua i eich den ned. Ihr bekommts ihn leihweise."*

Dass ich den Wilhelm nie wiederbekommen würde, das war mir in diesem Moment klar. Ich nahm ihn aus dem Rahmen, rollte ihn ein und ließ ihn mir als Leihgabe quittieren; die beiden sind hoch beglückt von dannen gezogen. Heidi Brühl ist jung gestorben, mit 49. Von Brett Halsey weiß ich nicht, wo er ist, und vom Kaiser Wilhelm weiß ich's ebenfalls nicht. Oberbürgermeister Dr. Hans-Jochen Vogel zeigte ich bei seinem nächsten Wiesnbesuch die Leihurkunde. Er und Münchens dritter Bürgermeister Alfons Bayerle unterschrieben das Dokument:

> *"Zur Kenntnis genommen."*

Zweiundzwanzigstes Kapitel:

Die Weißwurst in der Großmarkthalle

Ich will nicht sagen, dass es zum Charakter eines Wirtes gehört, immer Ausschau nach neuen Lokalen zu halten, aber eines zieht das andere nach sich. Ich hatte nun seit 1958 die Wiesn, und da lag natürlich die *Gaststätte Großmarkthalle* in meinem Blickfeld als ideales Versorgungslokal, weil wir dort über eine größere Metzgerei verfügen konnten und uns näher an der Wiesn befanden.

Der damalige Kommunalreferent Anton Weiß, der bei uns Stammgast war, weil er sein Büro im städtischen Hochhaus nah dem *Straubinger Hof* hatte, tat mir kund:

    *„Die Großmarkthalle wird frei, das ist
    ein Geschäft für Sie."*

Ich war sehr angetan, denn es handelte sich um ein sogenanntes Tagesgeschäft. Am Abend geschlossen, am Samstagnachmittag und Sonn- und Feiertag geschlossen, morgens schon in aller Früh' geöffnet – aber das machte mir nichts aus. Im Gegenteil, das war mir sogar sehr recht. Ich hoffte auch, dass meine Mama mitgeht, sie, die ja immer von einem Tagesgeschäft geträumt hat. Aber sie war gesundheitlich schon so angeschlagen, dass sie doch nicht mitmachte. So behielt ich den *Straubinger Hof* bei und gab ihn erst Ende 1963 ab, nach dem Tod der Mama.

Im August 1962 übernahm ich die *Gaststätte Großmarkthalle*; ich war seit Januar 1962 verheiratet und legte Wert drauf, dass der Pachtvertrag nur auf meinem Namen abgefasst war. Damit bei meinem Schwiegervater auf keinen Fall der Eindruck entsteht, ich hätte seine Tochter Christa nur geheiratet, um an ein größeres Geschäft zu kommen.

Früher, also vor dem Krieg und auch lange Zeit nach dem Krieg besaßen die Brauereien die Mehrzahl der Münchner Wirtshäuser und verpachteten ihre Betriebe mit Vorliebe an Leute vom Fach. Idealvorstellung: Der Mann ist Metzger, die Frau Köchin, und beide sind verheiratet. Deswegen schaute man, Ehepaare zu finden, die tatkräftig im eigenen Betrieb mitarbeiteten.

Die *Gaststätte Großmarkthalle* gehört der Stadt München. Die Stadt hatte sie an die Paulaner Brauerei vermietet oder verpachtet, und diese hat das Lokal wieder unterverpachtet. Ein Wirt, der ein Lokal von einer Brauerei übernimmt, war, und das hat manche Missstimmung erzeugt, in gewisser Weise in der Hand dieser Brauerei. Die Biermarke ist ihm vorgegeben, der Bier-Einkaufspreis ebenso. Er hat keine Möglichkeit, über den Einkaufspreis zu verhandeln. Andererseits gibt es kaum eine andere Chance, an eine Gaststätte zu kommen als über die Brauerei. Jene erwarben – clever wie sie waren und sind – jedwede Wirtschaft, die sich noch im Besitz eines privaten Eigentümers befand, kauften zudem gezielt Lokalitäten in Neubauten. Ihr Ziel: Möglichst viele Gaststätten zu besitzen, die sie verpachten konnten, um dort ihr Bier zu verkaufen.

Zur Politik der Brauereien gehörte es damals auch, dass ihre Gasthäuser eine eigene Metzgerei betreiben und gute Küche vorweisen konnten. Man gab unter Umständen sogar einen Küchenzuschuss – so war es bei meinen Eltern noch – mit dem Hintergedanken: Wenn der Wirt seine Speisen preisgünstiger anbieten kann, trinken die Gäste mehr Bier.

Die Pächterin der *Gaststätte Großmarkthalle*, die Frau Burgmeier, war nicht mehr die jüngste. Sie war Witwe und hatte gesundheitliche Probleme. Bei der Stadt und auch bei der Brauerei meinte man, es müsse ein Wechsel herbeigeführt werden. Dabei waren die Gäste nicht unzufrieden und hatten sogar das Gefühl, man drücke ihre Wirtin brachial aus dem Geschäft heraus, nun ja … Wenn ich nicht gewesen wäre, dann wäre ein anderer Wirt gekommen.

Ich ging die Sache nicht blauäugig an: Ich habe gewusst, wie viel Bier dort verkauft wird, ich habe die Pachtbedingungen gekannt, habe mir die Personalkosten ausrechnen können – bei insgesamt – die Bedienungen eingerechnet – 20 Mitarbeitern. Es war ein sehr konzentriertes Geschäft. Es gab keine toten Zeiten. Wir haben im Sommer um fünf Uhr in der Früh', im Winter um sechs Uhr aufgesperrt, und sofort waren die Leute da. Wenn wir am Nachmittag um fünf Uhr zugesperrt haben, dann mussten wir die Gäste mehr oder weniger hinauskomplimentieren.

Es gab damals in München eine große Zahl von Kramerläden, also von kleinen Lebensmittelgeschäften, und deren Inhaber kamen morgens schon sehr früh, um als erste in der *Großmarkthalle* einzukaufen und möglichst rasch wieder in ihre Läden zurückzukehren. Sie wollten die Waren absolut frisch anbieten. Vor ihren Einkäufen kehrten diese Kramer oft bei uns ein und taten sich gütlich an unseren Weißwürsten. Für die Herstellung der Weißwürste, sorgten zwei oder drei Metzger, die schon um vier Uhr morgens mit ihrer Arbeit begannen. Hier sei noch einmal das Lob der guten Weißwurst gesungen. Sie muss frisch, locker und kälbern sein – also vom Kalb – dann dürfen Sie auch die Haut mitessen. Die Geschichte der Weißwurst habe ich schon erzählt.

Dass der Humorist Weiß Ferdl „a Paar Weißwürscht" g'sagt hat, sei ihm verziehen. Er stammt aus Altötting, und da weiß man halt nicht, dass man Münchner Weißwürste nur stückweise, aber niemals paarweise bestellt.

Der Konsul Werner Eckart, der Erfinder des Pfanni-Knödels, demonstrierte das in einem meiner späteren Lokale seiner Begleitung. Er orderte:

„Für den Anfang sieben Stück, und wenn's mir schmeckt noch mal fünf."

Wohlgemerkt sieben plus fünf bestellte er, nicht zwölf – und er aß sie ganz allein. Da staunte der ebenfalls anwesende Stadtschulrat Dr. Anton Fingerle nicht schlecht.

Dabei war der Herr Konsul ein schlanker, ja fast hagerer Mann. Man sieht also: Die Weißwurst macht schlank, man muss nur genügend davon essen.

Die Wirte rund um den Marienplatz haben eine Zeit lang am Rosenmontag vor dem Münchner Rathaus tausende Weißwürste zum Spottpreis von nur einer Mark pro Stück verkauft, und zwar von viertel nach elf Uhr bis zum Zwölf-Uhr-Läuten – genau 45 Minuten lang. Auch die Großzügigkeit der Wirte hat seine Grenzen!

Der *Donisl*-Wirt Franz Hiebl rief zum hundertsten Jubiläum der Weißwurst, 1957, sogar einen Weißwurstkongress ein. Das hatte Folgen:

Die übrigen Wirte waren sauer: Ein Tiroler, schimpften sie, manndelt sich da auf. (Der Hiebl stammte aus Innsbruck.)

Die Bäckerinnung sagte zuerst zu, und dann wieder ab, als ruchbar wurde, dass der *Donisl*-Wirt seine Semmeln, seine Brezen, Maurerloabe und dergleichen nicht bei einem Bäcker bezog, sondern in eigener Regie herstellte.

Einige der eingeladenen Honoratioren hielten anzügliche Reden auf die angebliche Wässrigkeit der Weißwurst.

Stadtschulrat Dr. Anton Fingerle behauptete, die Metzger hätten diese Wurst erfunden, um die bislang geltenden physikalischen Gesetze auf den Kopf zu stellen. Jetzt könne man das Wasser mit dem Messer schneiden.

Dr. Alois Lindner, der Direktor der Staatlichen Chemischen Untersuchungsanstalt, trieb den Spott auf die Weißwurst noch weiter. Er stellte das Jahr 1883 in den Mittelpunkt seiner Ausführungen. 1883 wurde die Mangfall-Wasserleitung nach München eröffnet.

„Ab dem Zeitpunkt", so führte der Doktor aus, „haben die Metzger bloß noch den Wasserhahn aufmacha braucha."

Ein anderer Wirt, Kurt Baader, veranstaltete zum 20. Jubiläum des *Donisl* ein Weißwurstsymposium mit Ministern, Staatssekretären, Stadträten, Generalkonsuln, Intendanten – wie den aus Westfalen stammenden, in München zu Ehren gekommenen August Everding, einem der einflussreichsten Theater- und Opernregisseure des 20. Jahrhunderts, genannt Cleverding.

Alle Vorträge waren weißwurstfreundlich, ja, man könnte von Lobeshymnen sprechen. Nur ein Stadtrat fiel aus der Rolle. Er behauptete:

„Der Mensch und die Weißwurst haben beide
ein gemeinsames Merkmal. Beide bestehen zu
80 Prozent aus Wasser."

Den Mann hab' ich nie wieder gewählt.

Ja, die Zusammensetzung von Original Münchner Weißwürsten ist behördlich vorgegeben:

„Der Muskelfleischanteil der Weißwürste besteht überwiegend aus Kalbfleisch. Dem entsehnten Fleisch werden gekochte ausgelöste Kalbskopfteile mit Haut, Bindegewebsteile von Kälbern sowie gekochte Schwarten von jungen Schweinen zugesetzt.
Diese Zusätze (Häutelwerk) dürfen insgesamt nicht mehr als zehn Prozent betragen. Bei der Untersuchung des Fertigproduktes dürfen keine höheren Werte als 25 Prozent Fremdwasser und 30 Prozent Fett festgestellt werden.
Diese Rezeptur ist verbindlich."

So das Referat für Kreisverwaltung und öffentliche Ordnung am 15. März 1972.

Die Weißwurst war natürlich das große Plus in meinem Wirtshaus *Großmarkthalle*. In aller Früh Weißwürste, ein

Lüngerl, oder eine Suppe frisch auf den Tisch – das gab es ja nicht so oft in München.

An meinem ersten Tag in der *Großmarkthalle* bin ich nicht gerade mit Girlanden empfangen worden. Die Angestellten waren mit dem Wechsel nicht unbedingt einverstanden. Vielleicht hatten sie auch ein leichteres Spiel mit der alten Wirtin gehabt, die alles nicht mehr so überblickte.

Ich habe mit dem Personal gesprochen, soweit es geblieben ist. Einige sind gegangen, vor allem die Verwandtschaft der Frau Burgmeier. Das war ein Aderlass, weil es immer Gäste gab und gibt, die Sonderwünsche vorbringen, die der Wirt kennen sollte. Die Gefahr besteht ja immer in einem Geschäft, zu wenig auf die Sonderlichkeiten eines Stammgastes einzugehen.

In der *Großmarkthalle* tauchten selten Fremde auf; das war keine Laufecke. Meine Gäste waren alles Stammgäste: Leute, die in den Markthallen einkauften, dort ihr Geschäft betrieben oder ihre Arbeitsstelle hatten. Da konnte man nur mit Leistung Erfolg haben. Da kam niemand, der vom Wirt unterhalten werden wollte. Meine Gäste hatten schlicht keine Zeit. Sie sind nur hereingekommen, um möglichst rasch zu essen, und dann sind sie wieder verschwunden. Nur die Tagelöhner blieben länger. Sie setzten ihr Geld, das sie verdient hatten, in Bier um – und das war ein wesentlicher Faktor für unseren Bierverbrauch. Diese Leute hatten alle einen sauberen Durst.

Die Tage waren lang für mich, sehr lang. Denn ich hatte den *Straubinger Hof* ja noch nicht aufgegeben, meine Mutter lebte noch. Zwischen vier und fünf Uhr bin ich aufgestanden, in unserer Wohnung in der Schleißheimer Straße, bin in die *Großmarkthalle* gefahren, habe als allererstes dort eingekauft. Wobei ich die alte Regel beherzigte, dass man bei demjenigen einkauft, der auch bei einem verkehrt. Da bin ich nicht umhergelaufen und habe geschaut, wo der Salat noch einmal um ein Zehnerl billiger ist. Ich habe bei dem gekauft, der ein guter Gast von mir war. Er wiederum machte für mich Reklame und zog andere Geschäftsleute in mein Wirtshaus.

Der *Straubinger Hof* sperrte um neun Uhr auf. Solange die Mama noch lebte, war ich jeden Mittag dort. Ich hätte die Mutter niemals alleine lassen können. So hielt ich mich doch mehr im *Straubinger Hof* auf als in der *Gaststätte Großmarkthalle*. Das wurde von der Stadt und von der Brauerei nicht gern gesehen. Wenn einmal etwas nicht so ganz funktionierte, lästerte man:

„Das ist ja kein Wunder. Der ist ja die ganze
Zeit im Straubinger Hof."

In dem Moment, in dem meine Mutter die Augen zugemacht hat, habe ich zu mir gesagt:

„Du musst dich also jetzt ganz auf die Groß-
markthalle konzentrieren."

Das tat ich. Ich habe den *Straubinger Hof* aufgegeben und habe mich ganz auf die *Großmarkthalle* konzentriert. Es war für mich eine harte Entscheidung, aber es hatte anders keinen Sinn. Die *Großmarkthalle* brachte vom Umsatzvolumen her das Vierfache des *Straubinger Hof*es und war, wegen unserer Metzgerei und der Nähe zur Theresienwiese, eine gute Basis für das Oktoberfest. Da musste sich das Herz dem Verstand unterwerfen – ungeachtet der 32 Jahre meines Lebens, in denen der *Straubinger Hof* meine Heimat gewesen war.

Dreiundzwanzigstes Kapitel:

König Ludwig und Richard Wagner

Die *Großmarkthalle* gab ich zum Jahresende 1967 auf. Mir folgte der Heinz Wallner, der Vater des schon gerühmten Ludwig Wallner. Zwischenzeitlich pachtete ich das *Hotel Amba* am Bahnhof und baute die Empfangshalle um. Vielleicht hatte ich mich da verstiegen. Ich installierte eine Pilsbar in ein mir fremdes Haus, was ja ohnehin verrückt war. Das Hotel gab mir nicht viel, wenn ich ganz ehrlich bin. Ich war und bin kein Hotelier. In einem Anfall von geistiger Umnachtung übernahm ich 1970 auch noch, zwei Häuser entfernt, die *Spatenbräuhallen*. Glücklicherweise lautete der Vertrag so, dass ich nach zwei Jahren einen Notausgang öffnen und wieder gehen konnte. Das tat ich auch und übernahm den *Spöckmeier* nahe dem Marienplatz. Ich war froh. Hier im *Spöckmeier* fand ich wieder die Nähe zum Gast.

Wir haben im *Spöckmeier* mit völlig neuem Personal anfangen müssen. Der gesamte Gebäudekomplex war abgerissen und wieder aufgebaut worden – er war vier Jahre lang eine Baustelle gewesen. Erschwerend kam hinzu, dass wir zu den Olympischen Spielen von Fremden überrannt wurden, und die alten Stammgäste überhaupt keine Plätze mehr fanden. Schlimmer noch: Wir kannten diese Stammgäste ja gar nicht. Und selbst wenn wir sie gekannt hätten, wäre es unmöglich gewesen, ihnen das ganze Lokal freizuhalten. Viele haben sich beim Hausherrn beschwert, bei der Paulaner-Thomas-Brauerei.

Mit Stammgästen ist es meistens pfundig, aber manchmal auch ein Kreuz. Wenn ein Gast zu einer Bedienung, die gerade neu angefangen hat, sagt:

„Hören Sie mal, ich bin hier Stammgast", dann bedeutet das für die Neue höchste Alarmstufe, denn diese Erklärung heißt soviel wie: Ab jetzt hat alles so zu funktionieren, wie ich es, der Stammgast, gewohnt bin.

Ein aufmerksamer und fürsorglicher Wirt unterstützt die „Neue" und klärt sie auf, welche Sonderwünsche der einzelne Gast hat, welche Eigenheiten – die durchaus liebenswert sein können – und was auch vorkommen kann, welche Marotten.

Bei einem Stammgast des *Spöckmeier*, bei dem Inhaber der Togal-Werke, Günther Johannes Schmidt, mussten wir, sofern er mit Geschäftspartnern erschien, regelrecht Theater spielen.

Günther Johannes Schmidt hatte seinen eigenen Stuhl, der ständig für ihn reserviert blieb, und damit er nicht verwechselt werden konnte, war dieser Stuhl gekennzeichnet. In die Rückenlehne waren die Initialen GJS eingeschnitzt.

Er war für den Fabrikanten reserviert – und zwar immer bei sogenannten Geschäftsessen. Allerdings durfte „sein" Stuhl nicht von vorneherein an seinem Platz stehen, sondern nur ein ganz normaler, alltäglicher.

Traf Herr Schmidt mit seinen Gästen ein, war die erste Szene fällig, er reklamierte: „Ja, wo ist denn mein Stuhl?"

Seine Begleitung, sofern sie das erste Mal mit ihm im *Spöckmeier* einkehrte, horchte auf.

„*Was, dieser Mann hat hier einen eigenen Stuhl?*"

Meine Mitarbeiter entschuldigten sich vielmals. Auch gespielt:

„*Wird sofort erledigt.*"

Sein Stuhl wurde aus dem Geschäftsführerbüro, in dem das Möbel seinen Platz auf Abruf hatte, herbeigeschleppt. Jetzt erst nahmen alle ihre Plätze ein. Obwohl sich der Stuhl des

Fabrikanten von den anderen nur durch die geschnitzten Initialen GJS unterschied, saß mein Stammgast auf ihm wie auf einem Thron. Seine Geschäftspartner sahen das genauso und waren voller Bewunderung für die außergewöhnliche Bevorzugung ihres Gastgebers.

Die Ursache für die Präparierung des Stuhles und der ganzen Aufführung war die:

Günther J. Schmidt hatte in seiner Firma ein Ölgemälde hängen, das die von König Ludwig I. entdeckte Münchner Schönheit Helene Sedlmayr in der Altmünchner Festtracht einer Kellnerin zeigt. GJS überließ es mir aus Gefälligkeit, Sis Koch, die mir schon den Max und Moritz gemalt hatte, kopierte es. Auf diese Weise kam die Helene Sedlmayr auf meine Biergläser, auf alle Speisen- und Menükarten, auf die Briefköpfe, Plakate und dergleichen – nachdem sie beim König Ludwig I. nur auf die Leinwand gekommen war.

Sigi Sommer hätte an dieser Stelle hinzugefügt: Hoffentlich war diese auch senkrecht gespannt.

Für die Überlassung und Verwertung des Helene-Sedlmayr-Porträts verlangte der Fabrikant lediglich die Initialen-Schnitzerei und die ständige Wiederholung des kleinen Stuhltheaters, das wir gerne für ihn jedes Mal aufs Neue aufführten.

Das großzügige Trinkgeld, das er für die „Kleine Komödie" gab, konnte man als Gage bezeichnen.

Nach und nach eroberten Stammgäste mein Lokal. Es kamen viele aus meinem Freundeskreis vom *Straubinger Hof*, es bildeten sich Stammtische aus Pressefotografen, Bergsteigern – zum Beispiel den Ruchenköpflern, aus Stadträten, Sportlern, Angestellten der umliegenden Kaufhäuser, Rentnern und Pensionisten. Ja, sogar höhere Beamte vom Arbeitsamt trafen sich bei uns an ihrem Stammtisch.

Eine Bedienung, noch dazu eine langgediente, hat einen Blick für den Gast.

Sie erkennt an der Art, wie er seinen Platz wählt, ob er ihn sich selber aussucht, wen, wie und ob er überhaupt fragt, wie und was er bestellt, wie und was er dann schließlich isst und trinkt, um welche „Sorte" Gast es sich handelt. Im *Spöckmeier* verkehrte neben vielen Stammgästen auch eine große Zahl sogenannter Laufkundschaft.

Laufkunden sind eine besondere Spezies unter den Gästen.

Dabei kam es darauf an, ob etwa eine Sportveranstaltung die Massen in die Stadt trieb, ein Schlussverkauf als Anziehungspunkt für Scharen von Kauflustigen sorgte, oder ob vor dem Wirtshaus, in Münchens „guter Stube", eine Kundgebung mit mehr bürgerlichen oder mehr radikalen Parolen ablief.

Die Bedienungen waren sich in ihrem Urteil immer rasch einig. Einmal hieß es:

„Heit hamma vielleicht a so a Zeigl herin!"

Ein andermal, und dabei klang Zufriedenheit in der Stimme mit:

*„Heit hamma wieder lauta scheene Leit im
Lokal."*

Die Bedienungen lagen mit ihrer Einschätzung nie daneben und trafen den Nagel jedes Mal auf den Kopf.

Mit einer Beurteilung, die immer wieder zu hören war, konnte ich zuerst gar nichts anfangen:

„Heit san wieder lauta Rosenheimer da!"

Woran, fragte ich mich, soll einem Gast anzusehen sein, dass er aus Rosenheim kommt? Was unterscheidet einen Rosenheimer etwa von einem Bad Aiblinger oder gar einem Münchner? Gibt es besondere Merkmale? Die Erklärung war einfach:

Einmal im Monat kehrten regelmäßig vier fröhliche Damen mittleren Alters bei uns im *Spöckmeier* ein und bestellten alle vier jedes Mal dasselbe, nämlich Lüngerl.

Jedes Mal jede ein Lüngerl, das musste auffallen.

Eine besonders wissbegierige Bedienung entdeckte schließlich das „Geheimnis" der vier Fröhlichen.

„Woher kommen denn die Damen?" fragte sie eines Tages mit besonders freundlicher Stimme, denn eigentlich hätte ihre Frage lauten müssen:

„Warum bestellen Sie sich denn allerweil a Lüngerl bei uns und ned amal was anderes?"
„Wissen S'", gab eine aus dem Quartett die aufklärende Antwort, *„mir Viere fahren einmal im Monat nach München zum Eikaffa oder aa bloß zum Schaufensteroschaug'n, und weil wir alle viere gern a Lüngerl mög'n, und weil's bei uns in Rosenheim nirgends a so a guats Lüngerl gibt als wia bei Eahna, kehr'n ma jedes Mal bei Eahna zum Lüngerlessen ei."*

Seitdem hießen bei den Bedienungen im *Spöckmeier* alle Lüngerlbesteller „Rosenheimer".

Wir übernahmen im *Spöckmeier* auch einige beliebte Münchner Traditionen, vor allem in der Starkbierzeit. Wie der Nockherberg war auch der *Spöckmeier* für einen Spezial-Salvator-Ausschank bekannt – mit Musik und entsprechendem Speisenangebot: Hendl und Haxen. Auch Fischessen gab es bei uns. Eines Tages fuhr dabei sogar die Feuerwehr vor. Mein Freund Fritz Rettenmeier von der *Fischer-Vroni* hatte die Idee, Steckerlfisch zu braten. Als Platz des Geschehens wählten wir im Freien den Anlieferungsbereich hinter dem Kaufhof. Der Fritz briet und briet voller Hingabe, und der Rauch stieg zum Himmel, nicht nur zum Himmel, sondern auch in die Be- und Entlüftung des Kaufhofs: Sirenengeheul. Feueralarm! Im Nu rasten acht Feuerwehrautos heran. Ja, das war dann das Ende der Steckerlfisch-Braterei.

Vom Faschingssamstag bis zum Faschingsdienstag herrschte – schon in Erinnerung an meine Zeit im *Straubinger Hof* – Remmidemmi. Unsere Gaststuben wurden dekoriert, unsere Bedienungen haben sich maskiert, unser Küchenpersonal kam kostümiert – und ich erst recht. An einem Faschingssonntag, an dem es des herrlichen Wetters wegen noch turbulenter als sonst zuging, bestellte ein Gast, was nicht gerade alltäglich war, eine Flasche Champagner nach der anderen.

Er trank sie nicht allein, sondern forderte die um ihn herumsitzende Tischrunde auf, kräftig mitzuhalten. Das ließ sich die Zufallsgesellschaft, wie sie ein solcher Tag oft zusammenwürfelt, nicht zweimal anschaffen und zechte kräftig mit.

Gelegenheiten wie solche, bei der ein nobler Fremder die Champagnerkorken nur so springen lässt, sind selten genug, das weiß jeder von uns.

Die einzige, die nach der fünften Flasche dem Frieden nicht mehr recht traute, war die Bedienung, die dem spendablen Gast das edle Getränk laufend servierte.

Mit sorgenvoller Miene kam sie zu mir:

„I woaß ned recht, der schaugt ma ned so aus,
als hätt' er soviel Geld dabei, dass er sei Zech'
zahl'n kannt."

In der Tat hatte sich bereits eine stattliche Summe angesammelt.

Ich empfahl ihr, zur altbewährten Notlüge zu greifen.

„Sag'n S' einfach, mir ham jetzt Schichtwechsel,
und Sie müssten abkassieren."

Gesagt, aber nicht getan. Der freigiebige Champagner-Spender beschied der Kassiererin in überzeugendem Tonfall:

„Schicken Sie mir die Rechnung nach Schloss
Nymphenburg. Ich bin nämlich König Ludwig."

Nun sind Bedienungen im Allgemeinen in Geschichte nicht überaus bewandert, aber das wusste die Bedienung Traudl ganz gewiss, dass von den letzten drei Ludwig-Königen keiner mehr am Leben war. Sie eilte sofort zu mir, um mir die Hiobsbotschaft zu überbringen.

Ich versuchte, sie zu beruhigen:

„Vielleicht macht er bloß an Spaß und will uns
tratzen."

„Naa, a Spaß is des koana mehr", meinte die
Traudl. „I woaß nimmer, was i toa soll."

Da musste ich das Heft selbst in die Hand nehmen und begab mich an den Tisch des königlichen Zechers.

Hier muss ich einflechten, dass ich es an dem Tag nicht leicht hatte, als Wirt überzeugend aufzutreten. Ich hatte mir meine Amtsführung dadurch sehr erschwert, weil ich mich, wie immer an den letzten Faschingstagen, bis zur Unkenntlichkeit verkleidet hatte.

An jenem besagten Sonntag war ich in die Maske des Richard Wagners geschlüpft. Originalgetreu, versteht sich.

Ich trug eine schwarze Samtjacke, hatte mir ein schwarzes Schleiferl umgebunden und mir auf den Kopf, wie weiland Wagner selbst, ein übergroßes schwarzes Barett gesetzt.

Den letzten Schliff besorgte der Maskenbildner. Die Verkleidung war perfekt, erwies sich aber für die Lösung des „König-Ludwig-Falles" als außerordentlich hinderlich, ja als völlig unbrauchbar.

Ich wurde bereits bei meinem ersten Versuch, die Dinge ins Lot zu bringen, zur Zielscheibe des Hohns und Spotts der freigehaltenen Mitzecher, die sich inzwischen einen schönen Champagnerrausch angetrunken hatten. Jetzt kam's dick:

„Eahm schaugerts o, er daad si da einfach
neimisch'n. Schaug', dass d' nach Bayreuth nauf-
kimmst, wos d' her bist. Ausgerechnet er, der
am König 's Geld aus der Tasch'n zog'n hat, er
daad si da aufmanndln. Wennst d' an Charakter
hättst, dann daadst du die Zech' übernehmen.
Schleich di, lass unseren König in Ruah."

Mit solchen und ähnlichen Vorhaltungen wurde ich von allen Seiten attackiert. Mir war klar, hier konnte ich nichts mehr ausrichten. Da war Hopfen und Malz, und vielleicht auch gar der Champagner verloren.

Als letzten Versuch gleichsam, bat ich um die bürgerlichen Personalien des „Königs", um vielleicht später an mein Geld zu kommen. Vergebens.

„I bin der König Ludwig, mei Adress' is Nym-
phenburg. Des muaß Eich langa."
Mehr war aus ihm nicht herauszubringen.

In dieser aussichtslosen Situation bat ich die Polizei, mir
bei der Feststellung der Identität des „Hochadeligen" be-
hilflich zu sein.

Die Funkstreife ließ nicht lange auf sich warten und
nahm unter heftigen Protest der champagnergetränkten
Untertanen ihren König Ludwig mit.

„Fehlt bloß no da Gudden", schrie einer den
Polizisten nach, als ginge es ab nach Neusch-
wanstein oder gleich in den Starnberger See.
Es ging aber nur zum nächsten Revier, von wo aus ich alsbald einen Anruf bekam.

„Ja, mei", meinte der den Fall bearbeitende Beamte teilnahmsvoll, *„wen ham S' uns denn*
da herg'schickt, der hat ja an Paragrafen, was
woll'n S' denn von dem?"
Dann meinte er noch, der Gute:

„Woll'n S' a Anzeige macha?" fügte aber, bevor
ich überhaupt zum Überlegen kam, hinzu:
„Da kummt aber nix raus, des sag' i Eahna
glei."
„Naa", sag ich, *„aber sag'n S' eahm, er hat ab*
sofort Hausverbot bei mir im Spöckmeier.''
Das Verdikt wurde ihm übermittelt, und ich hörte lange
Zeit nichts mehr von ihm. Nach Monaten, ich hatte den
Vorfall schon fast vergessen, meldete sich der Schankkell-
ner vom Büffet aus zu mir ins Büro:

„Herr Süßmeier, da is oana, der möchte sei
Zech vom Faschingssonntag zahl'n. Und ob
er dann wieder reigeh' derf, fragt er, wenn er
zahlt hat."
Er durfte, denn der König Ludwig vom Faschingssonntag
bezahlte tatsächlich seine Zeche auf Mark und Pfennig.

Und da sag'n d' Leit allweil, unser König hätt' g'spunna.

Vierundzwanzigstes Kapitel:

Bierfrei

Mein Hauptbestreben im Leben – ich hab' das schon betont – war es, so unabhängig wie möglich zu sein. In einer eigenen Wohnung zu leben, ein eigenes Geschäft zu haben. Nicht betteln oder einem anderen Honig um den Bart schmieren zu müssen. Selbst bestimmen. Selbst die Verantwortung tragen, wenn etwas nicht hinhaut. Nicht anderen Vorwürfe machen, auch nicht sich selbst. Sich sagen: Jetzt hast du es probiert, und es hat halt nicht funktioniert. Ein zweites Mal machst du es besser. Es soll dir eine Lehre sein.

So ging es mir auch nie um die Größe einer Wirtschaft, die ich übernehme, sondern nur darum, dass ich Herr im Haus bin.

Der Kauf des *Forsthauses Wörnbrunn* in München-Grünwald entsprang einem reinen Zufall. Sie werden es nicht glauben, aber ich habe damals geboxt. Nicht im Ring oder gegen Gegner, sondern gegen Sandsäcke. Ich habe Boxen trainiert, so wie jeder Berufsboxer trainiert.

Der Karlstetter Sigi, früher Gast im *Straubinger Hof*, inspizierte mich und sagte:

> *„Oida, du muaßt was tun, schaug Dei Wamp'n*
> *o. Kimm zu mir rei."*

Ich hatte bis dato nur eine blutige Erinnerung an den Boxsport. Während des Krieges kehrte im *Straubinger Hof* regelmäßig ein Mittelgewichts-Boxer ein, der Öchsle Karl, Postler von Beruf. Dieser unser Stammgast war ein Defensivboxer, also war nicht k.o. zu schlagen. Er stand immer wieder auf, die Leute mochten ihn; ich mochte ihn auch.

Vor der Währungsreform wurden die Boxkämpfe noch im Prinzregentenstadion veranstaltet. Also, mein Vater, die Mama und ich gingen zum Boxkampf. Wir saßen, weil wir ja vom Öchsle Karl Karten bekommen haben, vorne am Ring. Jetzt wurde auf den Öchsle Karl eingeschlagen wie eh und je, er ging nicht k.o., hat aber geblutet.

Meine Mutter regte das fürchterlich auf. Sie sprang auf und beschimpfte den Gegner vom Öchsle. Das erzürnte wiederum andere Zuschauer. Sie brüllten:

„Bleib doch dahoam".

Meine Mama war geheilt. Sie ist nie wieder auf einen Boxkampf gegangen.

„Oida, schau dir amoi dei Wamp'n o", hatte der Sigi zu mir gesagt. Ich kann jedem G'wamperten dieses Training empfehlen – ein sogenanntes Intervalltraining, intensiv und wirkungsvoll. Drei Minuten Aktion, eine Minute Pause, drei Minuten volle Aktion und dann wieder eine Minute Pause. Seilspringen, Fahrradfahren, Sandsackschlagen. Abwechselnd. Der Karlstetter Sigi galt viel als Trainer, bei ihm trainierte auch Hein ten Hoff, einer der besten deutschen Schwergewichts-Boxer, später Gastronom und Präsident des Bundes Deutscher Berufsboxer.

Auch Polizisten boxten beim Sigi, besonders die von der Funkstreife – und viele Künstler. Gerhard Wendtland, ich hab' noch seinen Schlager *Tanze mit mir in den Morgen* im Ohr, und auch der legendäre Rundfunksprecher Fritz Benscher, berühmt für seine *Garagenhupferl*-Sendung.

Am meisten strengte das Fahrradfahren an. Das Fahrrad wurde auf eine Apparatur gestellt, die aus drei Walzen bestand, hinten zwei und vorne eine. Das war so, als wenn Sie bergauf fahren würden. Wenn Sie das Treten aufgehört hätten, wären Sie heruntergefallen. So traten Sie lieber gerne in die Pedale – bis zum Gehtnichtmehr. Nach einer Stunde Fahrradfahren eine Stunde schlafen, und dann hat Sie der Sigi massiert, und Sie sind raus auf die Straße und haben gerufen:

*„Wo ist der nächste Baum? Den reiß' i jetzt
raus."*

Also, ich mache da keine Sprüche.

Zwei Jahre war ich fest dabei. Ich möchte betonen, dieses
Boxtraining war kein Zuschlagen oder Niederschlagen – es
war eher ein Fitnesstraining. Ich habe nie gegen einen Spar-
ringspartner oder Gegner geboxt. Meine Boxhandschuhe
trug ich nur für den Sandsack.

Beim Training habe ich den Adam Sepp, den Mitbesitzer
des *Forsthauses Wörnbrunn* kennengelernt. Der Karlstetter
Sigi, dieser Pfundskerl, hat ja alles gewusst. Beim Masseur
redet man ja wie beim Friseur. Er steckte es mir:

„Du, ich glaub', der Sepp will verkaufen."

Ich kannte das *Forsthaus Wörnbrunn*. Mit Dr. Max Schottenhamel, der in Grünwald wohnte, hatten wir Wiesnwirte
einmal einen Radlausflug nach *Wörnbrunn* gemacht; es
gab Schmalznudeln, dafür war *Wörnbrunn* besonders bekannt. Nicht im Traum wäre mir eingefallen, dass ich dort
einmal der Eigentümer sein könnte.

Ich wusste, es ist gescheiter, Sepp Adam nicht zu drängen. Er hatte seinen Stolz, war auch in sich gespalten. Auf
der einen Seite wollte er *Wörnbrunn* behalten, auf der anderen Seite drückten ihn womöglich Schulden. Außerdem hatte er Pläne, in Südamerika neu anzufangen, mit einer Farm
beispielsweise – so wurde erzählt. So war er hin- und herge-
rissen. Seine Schwester besaß gegenüber dem Forsthaus einen Reitstall, sie war sehr traurig über seine Entscheidung.
Er war schließlich froh, als er *Wörnbrunn* verkauft hatte –
und ich war froh, als die Prozedur beim Notar endlich vorbei war. Das alles geschah 1975.

Ich erwarb das Forsthaus zusammen mit einem Bier-
Lieferungsvertrag der *Augustiner* Brauerei, der noch sie-
ben Jahre lang seine Gültigkeit hatte. Den habe ich erfüllt.
Denn es wäre völlig sinnlos gewesen, diesen Vertrag vorzei-
tig auflösen zu wollen. Sie wollten ihr Schild draußen am
Lokal haben bis zum Schluss.

Nach sieben Jahren war ich dann so zu sagen bierfrei. Es gibt verschiedene Arten von Freiern, ich war ein Bierfreier. Eine Situation, von der alle Wirte träumen, wie jemand, der sich im Fegefeuer befindet und auf den Himmel wartet.

Es war nahe liegend, dass ich mit der Paulaner-Brauerei verhandelte, mit der ich ja schon auf der Wiesn eng und gut zusammengearbeitet hatte. Nun lief auch zu der Zeit, als ich Bierfreier in *Wörnbrunn* wurde, der Pachtvertrag vom *Spöckmeier* aus. Der *Spöckmeier*, das *Forsthaus Wörnbrunn* und das *Armbrustchützenzelt* auf der Wiesn – das war eine Einheit. Das war optimal, um großzügige Verträge herauszuholen. Ich bin nicht auf das letzte Fünferl aus gewesen, und die Brauerei auch nicht. So waren die Verträge für beide Partner auf Dauer ideal.

In meinem Leben als Wirt hat mich die Paulaner Brauerei immer unterstützt. Ohne die Bereitschaft der führenden Leute, mich zu fördern – in erster Linie von Dr. Bernhard Scheublein, dann Dr. Rudolf Schessl und besonders Friedrich Schneider, hätte ich nicht diese Erfolge gehabt. Wobei besonders Dr. Scheublein der Mann war, der mir auf der Wiesn den wichtigen Schub gab und den richtigen Start für den *Spöckmeier*.

Gut – besser – Paulaner – dieser Spruch trifft oder traf auch auf mich zu, wie Dieter Hanitzsch meinte: *Gut – besser – Süßmeier.*

Ich beschloss, mich zunächst ganz auf den *Spöckmeier* zu konzentrieren und das *Forsthaus Wörnbrunn* auf Zeit zu verpachten. Fritz Rettenmeier, mein guter Freund, war ebenfalls an *Wörnbrunn* interessiert; vielleicht hat er zu spät erfahren, dass das Haus zum Verkauf stand. Er war damals schon mit der Münchner Geschäftsfrau Irma Pongratz befreundet, mit ihr schloss ich den Pachtvertrag ab und machte dabei klar:

„Nach sieben Jahren übernehme ich
Wörnbrunn selber."

Mit Frau Pongratz stiegen auch Sohn Peter und dessen Frau Edith in das *Wörnbrunn*er Boot, und Peter Pongratz gestaltete das Forsthaus zu einem Treffpunkt von Künstlern und von der Crème de la Crème des noblen Grünwald. Peter hatte und hat ein goldenes Händchen. Als sich der Tag näherte, an dem ich zurückkehren würde, nach sieben Jahren leibhaftig im Herbst 1982, fiel es ihm, seiner Mutter und meinem Freund Fritz schwer, das Forsthaus aufzugeben und aus *Wörnbrunn* hinauszugehen; sie gaben ein großes Abschiedsfest. Dieses Fest wurde in der *Münchner Abendzeitung* angekündigt. Noch am selben Morgen rief mich Falk Volkhardt an, der Besitzer des *Hotels Bayerischer Hof.* – ein nobler Kollege und mir ein guter Freund.

Ob denn der Pongratz „oder wie er hoaßt“, ob der schon was hätte.

Sage ich: „Naa“.

Sagt er: „I hätt' was.“

Sag ich: „I sag' ihm, er soll dich einladen, dann kummst raus.“

Falk Volkhardt kam zu dem Fest. Und noch am gleichen Tag übertrug er Peter die Geschäftsführung der *Tenne* in Kitzbühel.

So wurde es eine überaus fröhliche Feier, ein argentinisches Asado-Fest hatte es Peter Pongratz genannt. Michael Graeter, der Society-Kolumnist der *Münchner Abendzeitung* notierte „viele Festräusche“. Ich schreibe für Sie die Gästeliste ab: Akupunkteur Manfred Köhnlechner und FC-Bayern-Star-Kicker Karl-Heinz Rummenigge mit seiner hübschen Frau Martina. Flugzeugspezialist Ludwig Bölkow (unterbrach mit seiner Frau Erika den Urlaub), die Show-Zwillinge Alice und Ellen Kessler, Czaba von Ferenczy und Peter Zechbauer (Zigarren). Bücher-Molly Margit Schönberger („Wir sind rund, na und?“) und Teigwarenfabrikant Josef Bernbacher mit Frau Ingeborg. Fernseh-Ärztin Dr. Antje Schaeffer-Kühnemann, Paulaner-Chef Friedrich Schneider, Fremdenverkehrsdirektor Heinz Strobl und Eissprinter Dr. Erhard

Keller. „*Playboy*"-Chefredakteur Fred Baumgärtel mit Frau Helga und Neurologe Professor Dr. Frank Marguth und Genetiker Professor Dr. Jan Murken und Orthopädie-Professor Dr. Bernd Rosemeyer mit Frau Michaela. Goldmann-Verleger Gerd Frederking und die *Wienerwald*-Junioren Günter Steinberg mit Frau Margot und Günter Peitzner mit Frau Evelyn. Baron von Richthofen und Hotelier Dr. Max Schottenhamel mit Frau Ariane ...

... und natürlich Falk Volkhardt und Peter Pongratz' Mutter Irma sowie Peters Ehefrau Edith. Peter Pongratz bekam einen Lorbeerkranz „*Champion von Wörnbrunn*", Jürgen Marcus sang: Ich würde gerne bei dir sein.

Dabei war auch für die *tz* Dagobert Dohn. Er kündigte an, dass ich „den Prominententempel innerhalb von neun Monaten gewaltig herausputzen" würde. Was ich auch tat. Ich hatte seit Jahr und Tag schon Überlegungen angestellt, was man aus dem Forsthaus machen könnte, vor allem aus dem ersten Stock, aus dem Stadl, der früheren Remise, die früher einmal abgebrannt und jetzt gemauert war.

Du kannst aus dem Stadl einen schönen Saal machen, dachte ich, du kannst oben im Haus Zimmer einrichten – ein Hotel, du kannst die Küche erweitern, du kannst anbauen. Das war einfacher gedacht als getan, es gab eine Bausperre. Ohne Genehmigung des Forstministeriums durfte man nichts dazu bauen.

Die Vorgeschichte: Das Forstministerium hatte das Forsthaus 1962 aus Staatsbesitz verkauft – zu einem günstigen Preis, aber mit einer Klausel, die besagte: Sollte das Forsthaus durch Anbau oder Umbau an Wert gewinnen, bekommen wir eine Nachbezahlung.

Ich fuhr ins Forstministerium zum zuständigen Ministerialbeamten, erzählte ihm von meinen Umbauplänen. Er antwortete:

„Ja, so einfach ist das nicht. Erstens existiert eine Bausperre, und zweitens kostete das

etwas, weil Wörnbrunn *durch den Anbau an Wert gewinnt.*"

Ich war platt. Ich fragte:

„Was stellen Sie sich denn vor?"

„So an die 50 000", sagt er – wenn ich die Zahl noch richtig im Kopf habe.

Gebe ich zurück:

„Sie, so einfach können Sie sich das nicht machen. Das müssen Sie mir schon aufteilen und spezifizieren, warum ausgerechnet diese Summe."

Antwortet er:

„Wenn ich zu Ihnen in den Spöckmeier gehe, dann können Sie mir auch keine Spezifikation geben, warum zwei Weißwürst bei Ihnen 2,20 Mark kosten."

Sage ich:

„Bei zwei Weißwürsten vielleicht nicht. Aber wenn Sie bei mir für 50 000 Mark Weiß- würste kaufen, dann bekommen Sie eine genaue Spezifikation."

Er hat lachen müssen, und ich bekam vom Ministerium ei- ne Spezifikation, sie war unantastbar. Ich durfte umbauen, und es ist genauso geworden wie ich es mir vorgestellt hat- te. Ich musste zwar einen hohen Kredit aufnehmen, aber ich bekam das Geld, weil ich der Bank die Zahlen von der Wiesn vorlegen konnte.

Nachdem mir nun *Wörnbrunn* ans Herz wuchs, gab ich 1986 den *Spöckmeier* auf, wobei auch mein Waterloo 1984 auf der Wiesn eine Rolle spielte. Peter Pongratz – aus Kitz- bühel zurück – wurde im *Spöckmeier* mein Nachfolger. Er zog später in den *Salvator-Keller*, dem heutigen *Paulaner,* auf den Nockherberg und übernahm – nachdem er sich zig- mal vergeblich beworben hatte – von Willy Kreitmair das *Winzerer Fähndl.* Er ist inzwischen von Edith geschieden und mit Arabella Schörghuber verheiratet, der Tochter des damaligen Baulöwen Josef Schörghuber, der das *Hotel Ara-*

bella – so erzählt man sich – nach ihr benannte und mir später *Wörnbrunn* abkaufte.

Wie's halt so zugeht im Leben.

Fünfundzwanzigstes Kapitel:

Eine Frage der Ehre

Mein erstes Treffen mit ihm kann ich präzise nicht mehr feststellen, bekannt war er mir seit 1978. Er war Stadtrat und organisierte für die CSU den Wahlkampf für Erich Kiesl, der Münchens erster und bislang einziger gewählter CSU-Oberbürgermeister werden sollte. Mein Freund Wolfgang Pfaff war mit Kiesl bekannt und sprach mich an, mitzuhelfen. Ich warb für den Kiesl – damals rührte ich die Trommel für ihn. Zum Beispiel überredete ich die Wirte in der Innenstadt, die Plätze vor ihren Lokalen für Wahlkampfstände der CSU zur Verfügung zu stellen. Ich war ja auch Mitglied der CSU, heute bin ich es nicht mehr. Das war damals gar nicht so opportun, dass man in der CSU war, denn in München hatten die „Roten" das Sagen.

Peter Gauweiler war 1972 für die CSU als jüngster Stadtrat ins Münchner Rathaus eingezogen – ich hatte zunächst nichts mit ihm zu tun. Für mich saßen die wichtigen Leute im Wirtschaftsausschuss der Stadt. Das waren die Erzengel Gabriel, die den Eintritt in das Wiesnparadies bewachten und sich auch wie Erzengel fühlten. Und wichtig waren natürlich die Bürgermeister, der Oberbürgermeister und der Fremdenverkehrsdirektor, damals in erster Linie Otto Hiebl, dann Heinz Strobl.

Nun, als 1978 Erich Kiesl die Wahl gewonnen hatte, erzählte man sich in der Stadt, dass Herr Gauweiler, inzwischen zum Dr. jur. promoviert, CSU-Fraktionsvorsitzender werden wolle. Kiesl jedoch habe, aus welchem Grund auch immer, Franz-Josef Delonge vorgezogen. Gauweiler habe man nun die „Stempelbehörde" versprochen, das Kreisverwaltungsreferat, das er dann, 1982, dann auch tatsächlich übernahm.

Von da an ist er natürlich aufgefallen, weil er, nun ja, Ideen gehabt hat. Er wollte wohl auch auffallen. Wir durften plötzlich nicht mehr mit unseren alten Packwägen auf die Wiesn fahren, weil sie ausrangiert und nicht mehr alle zugelassen waren. Da fragten wir uns:

„Ja, hoppala, was ist denn jetzt los?"

Es war ein Schuss vor den Bug.

Rechtsanwalt und Kreisverwaltungsreferent Dr. Gauweiler hat sich mit dieser Anordnung bei den Wiesnwirten deutlich bemerkbar gemacht. Er hat sozusagen die Wiesn ins Visier genommen – und das Einschenken.

Einen Vorgeschmack bekam ich, als Günter Jauch, damals Moderator beim *Bayerischen Rundfunk*, sich meiner kritisch annahm. Kritisch, aber nicht genau genug. Er erschien, ohne sich anzumelden, in meinem Zelt und kontrollierte das Einschenken meines Schenkkellners Biwi. Ein paar Tage vorher hatte er anfragen lassen, wie viele Liter Bier in so einem „Hirschen" drin sind, und ich antwortete der Einfachheit halber, ohne dem eine besondere Bedeutung beizumessen:

„200 Liter".

Sie müssen wissen, dass die Wirklichkeit anders aussehen kann. Die Fässer sind so gefertigt, wie es das Holz hergibt, und da gibt es 190-, aber auch 240-, 250-Liter-Fässer, das geht hinauf sogar bis 280 Liter. Bei seinem Test ging Günter Jauch davon aus, dass alle Fässer genormte 200-Liter-Fässer sind und vermeldete im Radio: Aus einem 200-Liter-Fass sind 289 Liter ausgeschenkt worden.

Er interviewte mich, ich sagte:

„Unvorstellbar. Das ist ausgeschlossen."

Aber er hat das hinausposaunt, und schon stand es in der Boulevardpresse. 289 Liter aus 200! – was ja unmöglich ist. Da hätten die Leute ja fast kein Bier mehr bekommen.

Daraufhin wurde mein Schenkkellner Biwi verdächtigt, ein Zauberkünstler zu sein. In der *Welt* schrieb Peter Schmalz, dass der Biwi seine Bierwechsel öle, dieser berühmte Schenkkellner, der aus einem 200 Liter-Fass sage und schreibe 189 Liter ausgeschenkt habe. Das war ein Druckfehler, hätte 289 Liter heißen sollen. Daraufhin habe ich bei der nächsten Pressekonferenz scherzhaft geschimpft:

„Also, wir lassen uns vieles nachsagen, aber dass wir aus einem 200 Liter-Fass nur 189 Liter ausschenken, das ist ja der Gipfel. Das grenzt ja an üble Nachrede."

Biwi aber schenkte ich anlässlich seines 50. Geburtstages bei meiner Pressekonferenz zur Wiesn-Eröffnung 1983 ein Trikot mit der Rückennummer 289.

Diese Gaudi war eine Nummer zu groß.

Die damals in Düsseldorf(!) erscheinende Fachzeitung *Der Bayerische Gastwirt und Hotelier* berichtete allen Ernstes in einer Vorschau auf das Oktoberfest, dass ich dem Schänkkellner Biwi vor versammelter Pressemannschaft wegen seines Ausschankergebnisses gratuliert hätte. Daraufhin schrieb der SPD-Abgeordnete und Notar Dr. Peter Paul Gantzer Briefe an verschiedene Ministerien, wieso es in Bayern möglich sei, dass ein Wirt den „Verbraucherbetrug" öffentlich feiern dürfe.

Die Gaudi um die Zahl 289 war für mich und viele andere ein Riesenspaß, aber mit diesen Dingen, das habe ich später schmerzlich erfahren, darf man keinen Spaß treiben. Ich schrieb sofort dem Herrn Gantzer, schrieb an die Minister, schrieb auch dem Herrn Ministerpräsidenten Franz Josef Strauß, erklärte den wahren Sachverhalt. Der Abgeordnete Herr Gantzer steckte zurück:

„Setzen wir uns zusammen und trinken eine Maß miteinander, und dann ist das wieder vergessen."

Aber der Dr. Peter Paul Gantzer ist mir diese Maß immer noch schuldig.

Das Einschenken einer Maß Bier ist seit eh' und je ein beliebtes Thema, ein Thema, bei dem jeder Bescheid zu wissen glaubt, der Mathematiklehrer wie der ABC-Schütze, ein Thema, bei dem jeder glaubt, sich profilieren zu können, der Politiker wie der Studiosus. Wenn Sie im Oktoberfestzelt vor dieser überschäumenden Maß Bier sitzen, haben Sie sich nicht auch oft gefragt:

Ist die Maß nun richtig eingeschenkt oder nicht?

Jedes Jahr kam zu jener Zeit dieses Thema wieder aufs Tapet. Sogenannte Abmahnvereine wurden ins Leben gerufen, betrieben von geschäftstüchtigen Rechtsanwälten. Von sich reden machte auch immer wieder der *Verein gegen betrügerisches Einschenken* mit seinem Vorsitzenden Rudi Scheibengraber. Selbsternannte Bierprüfer maßen nach, ob ein Bier richtig eingeschenkt war oder nicht. Wenn nicht, erstatteten die Abmahnvereine Anzeige wegen Verstoßes gegen die Auflage, beim Biereinschenken stets das „volle Schankmaß zu geben." Dann wurde der Wirt abgemahnt, und das verursachte Kosten, denn der Wirt musste sich ebenfalls einen Anwalt nehmen.

Das waren also diese Vorzeichen.

Hoppala! dachte ich. Es braut sich etwas zusammen.

Beim Helmut Huber, von dem noch später die Rede sein wird, in seinem kleinen *Huber-Zelt*, wurde es zur Halbzeit der Wiesn 1983 ernst. Bei einer Pressekonferenz der Stadt fragten die Journalisten:

„Wie viele Beschwerden gab's heuer wegen
schlechten Einschenkens?"

Antwortete der Fremdenverkehrsdirektor Heinz Strobl:

„Wir haben 13 Beschwerden."

13 Beschwerden waren bei der Behörde eingegangen wegen schlechten Einschenkens. Meinte der Strobl Heinz:

„Dreizehn? Eigentlich nicht der Rede wert."

Verspätet erschien der damalige sogenannte Wiesnstadtrat, der Berti Frankenhauser (CSU). Aggressiv, vielleicht noch nicht ganz ausgeschlafen. Er wurde gefragt:

„Was sagen Sie dazu?"

„Das ist ja unerhört", schimpfte er.

Er wüsste aus eigenem Erleben ganz andere Fälle.

Es wurde dann der Vorwurf an Oberbürgermeister Kiesl laut, dass er zu wenig gegen diese Missstände unternehme.

„Der redet zwar, aber er handelt nicht."

Ein gefährlicher Vorwurf, denn im folgenden Jahr – 1984 – stand Kiesl zur Wiederwahl an und verlor.

Kreisverwaltungsreferent Dr. Peter Gauweiler nahm das Heft in die Hand. Ich besuchte ihn in seinem Büro. Ich sagte:

> *„Ich gebe Ihnen ja Recht, diese Auswüchse müssen abgestellt werden. Sie sollten aber auch einsehen, dass wir Ihnen das Feld nicht alleine überlassen können. Sonst sieht das ja aus, als würden wir das tolerieren. Es mag ja sein, dass Sie sich die Federn alle auf Ihrem Hut 'neinstecken wollen. Aber ein paar müssen Sie uns auch lassen."*

Ich setzte hinzu:

> *„Kontrollen müssen sein, aber mit Augenmaß. Uns Wirte kann man nicht als potenzielle Betrüger hinstellen. Und eine Schau abziehen."*

Er äußerte sich nicht eindeutig. Bei einer der nächsten Besprechungen sollten die Kontrollverfahren erörtert werden.

Vorsorglich bin ich nach Freising hinausgefahren, nach Weihenstephan. Dort gilt das Wissenschaftszentrum der Technischen Universität München als das „Mekka" der Brauwissenschaft.

„A g'scheit's Bier, das kommt aus Bayern", sagen angeblich sogar die Koreaner und studieren in Weihenstephan die Kunst des Bierbrauens. Hier erfahre ich alles über Maische und Würze, Hefe und Gärung, Geschmack, Trübung und Schaum, kurz: über die Bierstabilität. Ich bat um eine Expertise: Wie lange dauert es, bis Schaum zu Bier wird?

Oder genauer gesagt: Wie lange dauert es, bis der Schaum getrocknet und zu Bier geworden ist?

Der Sachverständige urteilte: Etwa 30 Sekunden vergehen, bis sich das Bier erstmals vom Schaum trennt. Erst nach dem Ablauf von drei Minuten kann man die Höhe des bleibenden Schaums zuverlässig bestimmen. Bei einem frisch angezapften Bier dauert dieser Zeitraum länger. Drei, vier Zentimeter Schaum ergeben dann einen Zentimeter Bier. Eine Bestimmung der Biermenge ist erst nach der vierten Minute möglich.

Also, wenn Sie's ganz genau wissen wollen, ob die Maß vor Ihnen richtig eingeschenkt ist oder nicht, dann sollten Sie mit Ihrem Urteil vier Minuten warten.

Sechsundzwanzigstes Kapitel:

Die entführte Braut

Noch schreiben wir den 1. Mai des Jahres 1983. Es war ein sonniger Tag, aber es war sehr kühl, trotzdem saßen die Leute draußen im Garten. Im Garten meines *Forsthauses Wörnbrunn* in Grünwald. Nach dem argentinischen Asado-Fest von Peter Pongratz und seiner Frau Edith, haben wir in neun Monaten das Haus und den Stadl umgebaut und im ersten Stock Hotelzimmer eingerichtet. Es war der Tag der Eröffnung.

Die Medien hatten ausführlich berichtet, und es kamen sehr viele Neugierige. Und wie immer an einem ersten Tag, waren wir natürlich aufgeregt und hofften, dass alles funktioniert. Ein Bäckermeister aus Unterhaching saß auf der Terrasse unter dem Stadldach, weil die anderen Plätze schon belegt waren, und diese Terrasse hatte eine leichte Schräge. Rief mich der Bäckermeister an den Tisch und sagte:

„Sie, da derfa S' koan Schweinsbraten servieren, weil Eahna sonst die Soß' davolaaft.“

Das stimmte, aber es war auch zu viel Soße auf dem Teller. Wir haben das dann abgestellt und nicht mehr so viel Soße auf den Teller gegeben.

Die Unterbrunner Blasmusi, meine Wiesnkapelle, spielte auf, doch es war keine groß aufgezogene Eröffnungsfeier. Wir wollten in erster Linie die Leute aus der Umgebung, die Grünwalder, die Ober- und Unterhachinger, die Sollner und die Pullacher, die auf der anderen Seite der Isar wohnten, zu uns herziehen, und das ist uns auch gelungen. Dazu besuchten uns viele Stammgäste aus alten Zeiten – vom *Strau-*

binger Hof, von der *Großmarkthalle* und vom *Spöckmeier*
– und wurden bei uns heimisch.

Größten Wert legte ich auf gute Mitarbeiter und auf ein
vielfältiges Angebot. Wir boten für jeden etwas: Zum Kaffee erwarteten die älteren Damen frischen, hausgemachten
Kuchen, Spaziergänger, Wanderer und Radler labten sich
an einer deftigen Brotzeit, und für diejenigen, die ihr Essen
besonders genießen wollten, kreierten wir anspruchsvolle
Mehr-Gänge-Menüs. Ich war nun 52 Jahre alt, und ein Gas-
tro-Kritiker hätte mich wahrscheinlich so angepriesen:

> *„Richard Süßmeiers Lebenserfahrung als*
> *Münchner Wirt fließt in das Forsthaus Wörn-*
> *brunn und gestaltet es zu einem Wohlfühl-*
> *erlebnis. Er, der Napoleon der Wirte, über-*
> *schaut alles und ist auf dem Höhepunkt seiner*
> *freundlich ausgeübten Macht.“*

Die Einrichtung der Stuben war sehr gemütlich, die Wände
strahlten hell – manchem Gast anfangs zu hell.

> *„Also, das blendet ja direkt“*, monierte
> Joachim Fuchsberger. Ich antwortete ihm:
> *„Na, jetzt warten S' halt a bissl, des*
> *lasst scho nach.“*

Er war schon bei Peter Pongratz Stammgast gewesen und
wurde nun auch einer der unsrigen.

Bei der Auswahl des Küchenchefs hatte ich eine glückliche Hand, wie man so sagt. Der Ruf eines Wirtshauses steht
und fällt mit der Leistung der Küche.

Andreas Geitl arbeitete mit seinen 25 Jahren schon als
Sous-Chef im *Hilton* am Tucherpark. Er stammt aus Lan-
genbruck bei Pfaffenhofen, war einerseits vertraut mit der
bayerischen Mentalität, aber andrerseits welterfahren genug, um zu wissen, dass es auch andere Gaumenfreuden
gibt als bayerische Schmankerl. Er brachte seinen zweiten
Mann mit, seinen Stellvertreter Hinni Gruben, Nordfriese.
Dieser kannte sich mit Fischgerichten bestens aus und bereitete sie hervorragend zu. Andreas Geitl ging später zu Peter

Pongratz in den *Paulaner* am Nockherberg, wird auch dort sehr gerühmt und schreibt exzellente Kochbücher.

Der Patissier kam aus dem Hause *Käfer*. Gerd *Käfer*, der Gourmet-Papst, wie seine Biografie überschrieben ist, war mir gram. Er beklagte sich, ich hätte ihm den Patissier abgeworben. Das war aber nicht der Fall. Sein Lamentieren nun über die angebliche Abwerbung seiner Leute schlug mir zum Guten aus. Die *Abendzeitung* berichtete groß, die Küche müsse Spitze sein in *Wörnbrunn*, denn dort würden die Leute vom *Käfer* kochen.

Also jedenfalls, der Anfang stand unter einem guten Stern.

Wir beschäftigten bis zu 30 Leute in der Küche, die Lehrlinge mitgerechnet. Wenn der Stadl und unsere Nebenräume voll besetzt waren, dann konnte es sein, dass wir 600 bis 700 Gäste im Haus hatten. War der Garten geöffnet, erhöhte sich die Zahl rasch auf 1000.

Die Wildsau, die am Eingang des Gartens stand, verdanke ich Franziska Bilek, der Grafikerin, Illustratorin und Modelliererin, von der schon die Rede war. Dazu wieder ein kleines G'schichterl:

Sie, die Schöpferin des schier unsterblichen Hirnbeiß war mit dem *Poetentaler* der *Turmschreiber* ausgezeichnet worden und wünschte sich meine Person als Laudator, in der Hoffnung, dass meine Lobpreisung keine der üblichen Lobgesänge sein würde, denn Lobgesänge hatten für sie den Charakter von Grabreden.

Franziska eine Laudatio zu halten, erschien mir leicht: Ihre ansteckende Fröhlichkeit, ihr lausbubenhaftes G'schau, ihr überschäumendes Temperament, ihre Lust, jedem und jeder einen Streich zu spielen, waren die auffälligsten Merkmale ihrer Originalität. Ideen produzierte sie am laufenden Band. Wurde die Idee verwirklicht, geschah dies mit Perfektion.

Den Satz: „Des tuat's scho", gab es bei ihr nicht. Sie war eine Perfektionistin.

Wie so mancher Perfektionist hatte auch sie eine Schwäche: Sie war vergesslich. Um diese Schwäche zu umgehen, legte, pappte, nagelte sie die halbe Wohnung voller Zettel.

Kleine, größere: Je wichtiger für sie die Notiz war, umso größer war das Format. Die allerwichtigste Notiz pappte sie mit Tesastreifen auf den Bildschirm ihres Fernsehers; dort konnte das „Memo", wie man heutzutage sagt, am wenigsten untergehen.

Die Verleihung des *Poetentalers* fand im vollbesetzten Cuvilliés-Theater statt. Im Gegensatz zum prunkvollen Dekor des Theaters, einem Kleinod des Rokoko, war die Zeremonie der Preisverleihung eher schlicht.

Franziska Bilek saß auf einem einfachen Stuhl allein auf der Bühne. Dunkelheit, Stille. Die Scheinwerfer leuchteten auf.

Ich trat an die Rampe der Bühne, schaute mich prüfend um und begann:

> *„Mei is des a scheena Saal! Da kannt' ma vielleicht a scheen's Wirtshaus draus macha."*

Großer Beifall, das gefällt halt den Leuten.

Sodann lobte ich die Jury, dass sie die Ausgezeichnete zu Recht auserkoren habe, setzte anschließend in meiner Rede das Wissen um die künstlerische Arbeit der Jubilarin bei den Festgästen voraus, ließ allerdings dabei meine Zusammenarbeit mit Franziska Bilek bei der *Wörnbrunner Wildsau* nicht unerwähnt.

Nach dieser kurzen Einleitung kündigte ich dem Auditorium an, dass ich mich nicht mit dem bisherigen Leben der Jubilarin auseinandersetzen werde, wie es allgemein üblich sei, sondern mit ihrem kommenden Tagesablauf nach der Verleihung des *Poetentalers*. Ich erhob meine Stimme:

Am Morgen nach dem heutigen Festabend wird mich Franziska Bilek, die ja, wie wir alle wissen, etwas vergesslich ist, anrufen und wird mir mit freudiger Stimme kundtun:

> *„Herr Süßmeier, stell'n S' Eahna vor,*
> *was i kriagt hab'!"*

„*Nein*", sag ich, „*ich kann's mir nicht vor-stellen.*"

„*Den* Poetentaler", sagt sie, „*stell'n S' Eahna vor, ich hab' den* Poetentaler *kriagt. Den müass'n S' Eahna oschaug'n. Ham'S morg'n Zeit? Dann kommen'S vorbei.*"

Ich sage zu und gehe hin. Die nachmittäglichen Einladungen bei Franziska Bilek sind stets mit Kaffee und Platzerl verbunden. Der Kaffee ist saumäßig stark, die Platzerl, die aus ihrer heurigen, vorjährigen und vorvorjährigen Produktion stammen, schmecken alle ausgezeichnet, sind aber von unterschiedlicher Konsistenz – wie man sich denken kann.

Nach etlichen Tassen und den unvermeidlichen Hinterherschnäpsen wird mich die Bilek fragen:

„*Sag'n S' amal, weshalb hab' ich Sie eigentlich heut ei'glad'n?*"

„*Frau Bilek*", sag ich, „*Sie wollten mir den* Poetentaler *zeigen, den man Ihnen kürzlich verliehen hat und der so schön sein soll.*"

„*Ja freilich, jetzt weiß ich's wieder.*"

Sie freut sich über meine Aufklärung und entschuldigt sich, dass sie ihn, den Taler, nicht griffbereit habe.

„*Wenn ich jetzt nur wüßt', wo ich den hing'legt hab'.*"

Ich weiß es natürlich erst recht nicht.

„*I hab'n glei*", sagt sie voller Optimismus, „*ham S' no a bissl Zeit?*"

„*Freilich*", sag ich unbekümmert, und sie macht sich auf die Suche.

Da sie nicht weiß, wo sie zum Suchen anfangen soll, kommt es zu keinem richtigen System. Sie sucht kreuz und quer drauf los. Von Zeit zu Zeit ruft sie nach mir:

„*San S' no da? I hob'n glei, ham S' no a bissl Zeit?*"

Einmal ist ihre Stimme lauter, einmal klingt sie entfernter.

Die Wohnung ist eine Altbauwohnung, und sie ist groß. Ich weiß nicht, ob sie meine Antworten immer gehört hat, jedenfalls, ich bin noch da, als sie, völlig außer Atem, wieder ins Wohnzimmer zurückkehrt. Erschöpft lässt sie sich aufs Kanapee fallen.

> *„Herr Süßmeier, jetzt müss'n S' mir draufhelfen und mir sag'n, nach was ich eigentlich such'!"*

Die Zeit ist inzwischen so weit fortgeschritten, dass ich keine Verlängerung mehr hinnehmen kann. Wahrheitswidrig sage ich:

> *„Frau Bilek, jetzt wenn S' mir meinen Kopf runterreißen, ich weiß es auch nicht mehr."*

Da muss die Bilek lachen, dass es mir genauso ergeht wie ihr, und wir verabschieden uns herzlich bis zur nächsten Kaffee-Einladung.

Ich hatte mit dieser nicht alltäglichen Laudatio einen großen Erfolg, die Leute im Cuvilliés-Theater klatschten, Franziska klatschte mit. Und jedes Mal, wenn ich in *Wörnbrunn* an meiner Wildsau vorbeiging, dachte ich an diese Laudatio. Denn, Sie mögen es glauben oder nicht: Fast genauso hat sich die Geschichte bei einem späteren Besuch in Franziska Bileks Wohnung abgespielt.

> *„Herr Süßmeier, jetzt müss'n'S mir draufhelfen und mir sag'n, nach was ich eigentlich such'!"*

Unser Stadl, der einstmals als Pferdestall diente, wurde bald Mittelpunkt unterschiedlichster Veranstaltungen, von Betriebsfesten, Taufen, Geburtstagsfeiern, Hochzeiten – mit Hochzeiten erlebt man da allerhand.

Der Vater des Bräutigams steht plötzlich auf und verkündet den Anwesenden:

> *„Damit niemand auf falsche Gedanken kommt: Ich war gegen diese Hochzeit und bin es noch."*

Die Verwandtschaft ist natürlich außer sich, die Braut mit Recht. Es herrscht eine totale Missstimmung im Raum. Zudem es sich dann auch noch herausstellt, dass der Bräutigam-Vater, der die Kosten hätte übernehmen sollen, sich weigert, die Rechnung zu bezahlen – und der Bräutigam kein Geld hat. Also ist es für mich wieder einmal schwierig, an mein Salär zu kommen.

Oder diese Brautentführungen! Ich halte die ja für Unfug. Wahrscheinlich entstand dieser Brauch in kleinen Ortschaften, in denen es nur zwei Wirtschaften gab, den Ober- und den Unterwirt, oder den Alten und den Neuen Wirt. Bei dem einen fand die Hochzeit statt und zu dem anderen Wirt wurde, um ihn nicht zu vergraulen, die Braut entführt.

Das hat manchmal tragische Folgen. Lebhaft ist mir in Erinnerung eine Hochzeit, bei der die Braut entführt worden war – der Bräutigam sie aber nicht suchte! Die Hochzeitsgesellschaft sitzt im Stadl am Tisch – ohne Braut, der Bräutigam sagt:

„Die soll bleiben, wo sie ist. Ich gehe keinen
Meter aus dem Haus."

Die Braut beziehungsweise die Braut-Entführer kamen dem Bräutigam entgegen, versammelten sich in einem Hotelzimmer in der Hoffnung, dass der Bräutigam die paar Meter bis zum Hotel schafft.

Er dachte nicht daran aufzustehen.

Schließlich schlich sich die Entführergruppe mit Braut in den Stadl. Die Braut setzte sich in eine Ecke, nicht weit vom Bräutigam. Die Hochzeitsgesellschaft bat ihn, jetzt endlich seine Braut zu holen. Er sagte:

„Nein, das kommt für mich nicht infrage, die
soll bleiben, wo sie ist."

Es ist dann ein schöner Krach entstanden. Sie haben sich gestritten auf Teufel komm raus und sich den ganzen Abend nicht mehr beruhigt.

Vielleicht ist es dann erst recht eine glückliche Ehe geworden, wer weiß das schon.

Eine Gesellschaft erschien einmal zum Mittagessen, alle festlich gekleidet. Niemand von uns ahnte, dass es Trauerkleidung war und das Mittagessen ein Leichenschmaus.

Die Gäste waren so froh und unbekümmert und haben sich auf die lustigste Weise unterhalten. Nicht im Entferntesten konnte man auf die Idee kommen, dass die Tafelrunde soeben vom Friedhof kam. Nachdem die Bedienung auch nicht wusste, was da gefeiert wird, bin ich hin zu ihnen mit einer besonders gestalteten Kaffeetasse. Das hatte ich eingeführt, den Feiernden eine Tasse, ein Krügel oder ein schönes Glas als Andenken zu schenken. Ich sah mich in der Tischrunde um und fragte:

> *„Darf ich mich nach der Hauptperson*
> *erkundigen?"*

Stille.

Schließlich antwortete einer aus der aus der Tafel:

> *„Die Hauptperson haben wir vor einer Stunde*
> *eingegraben."*

Da stand ich nun mit meiner Tasse da.

Ich habe sie dann der ältesten Dame am Tisch überreicht.

Es waren keine großen Fehler, die ich machte, aber doch immer wieder kleine. Zum Beispiel, wenn man einen weltbekannten Künstler nicht erkennt. Einmal feierten Max Greger und Max Greger jun., die mit ihren Frauen zu meinen liebsten Stammgästen zählten, zusammen mit Joe Cocker, dem berühmten Sänger. Es hieß, ich solle hineingehen und dem Joe Cocker gratulieren. Ich gehe hinein, erkenne ihn aber nicht und musste fragen: „Wem soll ich jetzt gratulieren?"

Max Greger hat mich anschließend zu Recht gerügt:

> *„Das darf dir nicht passieren, dass du*
> *Joe Cocker nicht kennst!"*

Aber es waren durch die Bank, bis auf wenige Ausnahmen, wirklich schöne Feste. Wir feierten den 100. Geburtstag eines Mitglieds der Siemensfamilie. Der Jubilar war noch sehr rüstig, und viele ältere Herrschaften feierten mit ihm. Auch eine Frau von Siemens, eine feine Dame, saß mit am Tisch. Sie wohnte in Holland in der Nähe des Domizils, in dem, wie sie erzählte, Kaiser Wilhelm der Zweite seinen Lebensabend vorwiegend mit holzhacken verbrachte.

„Ich bin nicht so töricht", sagte sie. *„Ich gehe immer unter junge Leute. Damit bleibe ich jung."*

Ich brachte sie für ihre Rückreise zum Bahnhof. Als erstes ging sie in die Bahnhofsmission und unterhielt sich dort mit den jungen Leuten. Sie war wieder mitten drinnen, und ich erkannte:

Diese Frau meistert ihren Lebensabend hervorragend.

Hut ab! Oder – wie der Franzose sagt: *Chapeau!*

An dieser Stelle sei an meinen Lieblingsfotografen Kurt Huhle von der *Münchner Abendzeitung* und eine wahre Episode aus den Zwanziger Jahren in Berlin erinnert. Zur Ankunft des Reichskanzlers Gustav Stresemann mit Staatsgästen auf dem Anhalter-Bahnhof hatte sich eine Schar Fotografen mit ihren schweren Apparaten und Blitzlichtgeräten aufgestellt. Nun war es damals so, dass der Verschlussdeckel des Kameraobjektivs erst im letzten Moment, bevor die Blitzlichter losgingen, abgenommen werden durfte, und Kurt Huhle war als Lehrling die Aufgabe übertragen worden, das Kommando zu geben. Reichskanzler Gustav Stresemann und die Staatsgäste nähern sich würdevoll, und Kurt ruft mit heller Stimme:

„Deckel ab!"

Und alle hohen Herren nehmen ihre Zylinder ab.

Der treuen Leserin und dem treuen Leser, die mir bis jetzt gefolgt sind, sei nun das Rezept einer Altbairischen Schwammerlsupp'n verraten, die sich dank meines Küchenchefs Andreas Geitl großer Beliebtheit erfreute:

Für vier Teller braucht man:

400 Gramm verschiedene Schwammerl
(zum Beispiel Steinpilze, Maronen, Reherl – in
Hochdeutsch: Pfifferlinge – je nach Jahreszeit)
geputzt und gegebenenfalls etwas zerkleinert.
Salz, Pfeffer, Muskatnuss, Balsamico-Essig.

80 Gramm Butter, eine mittelgroße Zwiebel,
geschält und gewürfelt. Ein Liter Rinds- oder
Geflügelbrühe, eine kleine Tasse Sahne. Ein
Esslöffel Mehl, vier Esslöffel Petersilie, grob
geschnitten.

Und so wird's gekocht:

In einem größeren Topf die Hälfte der Butter
erhitzen. Die Zwiebelwürfel darin gut anbra-
ten. Die Schwammerl hinzufügen, würzen mit
Salz und Pfeffer und nur ein bis zwei Minuten
andünsten lassen.

Das Schwammerlgemisch mit Brühe sowie
Sahne aufgießen, salzen, pfeffern und bei ge-
ringer Hitze etwa fünf Minuten köcheln lassen.
Aus der restlichen Butter und dem Mehl eine
helle Schwitze zubreiten und diese unter stän-
digem Rühren in die Suppe geben. Achtung:
Die Suppe darf nur ganz leicht angedickt sein.
Mit etwas Muskatnuss und einem Schuss
Balsamico-Essig abschmecken – nicht mehr
kochen. Die Suppe sollte einen leicht säuer-
lichen Touch haben.

Petersilie unter die fertige Suppe mischen –
fertig.

Als Einlage eignen sich kleine Semmelknödel, braucht's aber nicht unbedingt, ein gutes Brot dazu – wunderbar.

Dieses war auch ein Leibgericht des späteren amerikanischen Präsidenten Bill Clinton, damals noch Gouverneur von Arkansas. Er besuchte uns zusammen mit seinem Studienfreund Rüdiger Löwe, einem leitenden Redakteur des Bayerischen Fernsehens. Unsere *mushrooms* mundeten Bill Clinton bestens, er wollte sie unbedingt mit nach Amerika nehmen. Niemand von uns ahnte, dass der später einmal Präsident der Vereinigten Staaten werden würde. Wahrscheinlich nicht einmal er selbst.

Er ließ sich im Garten mit der von Franziska Bilek gestalteten Wildsau fotografieren. Er streichelte die Sau. Wie
wir später erfuhren, war eine Wildsau auch das Maskott-
chen seines Lieblingssportvereins. Ich habe daraus eine Sto-
ry gemacht und später bei jeder sich bietenden Gelegenheit
erzählt:

> *„Bill Clinton hat die Sau gestreichelt, und*
> *daraufhin ist er Präsident der Vereinigten*
> *Staaten geworden."*

Siebenundzwanzigstes Kapitel:

Vogeljakob und Knödelgesicht

Das Sprichwort sagt: Gewarnter Mann ist halb gerettet. Doch niemand warnte mich, ich mich selbst auch nicht. Nichts deutete hin auf ein Waterloo. Ich war in München und Bayern bekannt wie kein zweiter Wirt. Weihnachten 1983 feierte bei mir in *Wörnbrunn* der *Bayerische Hotel* und *Gaststättenverband* bei Grießnockerlsuppe, halber Ente, Bratapfel, Blaukraut und Kartoffelknödel, Zimteis mit Pfirsichsalat, Paulaner Bier, Weißwein, Rotwein und Punsch.

Die Speisekarte hatte ich mit der Hand geschrieben.

„Das Jahr wird einige Probleme bringen", sagte der Verbandspräsident Otto Lamm, meinte damit aber nicht die verschärfte Gangart des Kreisverwaltungsreferats, sondern die Schwarzgastronomie und die Belastungen durch Arbeitszeitverkürzungen. Meine Weihnachtsgesellschaft, Gitta, meine Kinder und ich, erfreuten uns an unserem beliebten Heimatdichter Peps Steidle und den Gilchinger Musikanten. Für den Verein Sportpresse trat ich mit Helmut Stegmann, dem Chefredakteur der *tz*, als Nikolaus auf. Er, der mich um mindestens zwei Köpfe überragte, gab den imposanten, fürchteinflössenden, Knecht Ruprecht.

Bei Sonne und Temperaturen um 16 Grad saßen Anfang Januar 1984 meine Gäste draußen im Garten. Mitte Januar erhielt Bundeskanzler Helmut Kohl den Karl-Valentin-Orden, und Narrhalla-Präsident Paul Stengel frotzelte, Kohl sei nun bereit, „sich selbst zu verkohlen". Bei der „Nacht der Gastronomie" im *Bayerischen Hof* bot ich mit meinen

Wiesnwirte-Kollegen Günter Steinberg, Artur Fichtel, Toni Weinfurtner, Wiggerl Hagn, Georg Heide und Peter Schottenhamel den Schäffler-Tanz. Die Kostüme hatten wir uns bei den Ismaninger Schäfflern ausgeliehen. Wenig später bekam ich die Große Ehrenmedaille der Weißblauen Vereinigung *Liberalita Bavariae*, fühlte mich hochgeehrt, denn vor mir waren Franz Josef Strauß und Walter Sedlmayr damit bedacht worden.

Im Januar, 250 Tage vor Beginn des Oktoberfests ist sie in München wieder Gesprächsthema Nummer eins – die Schankmoral auf der Wiesn. Der mir wohlbekannte Vorsitzende des Vereins gegen betrügerisches Einschenken, Rudi Scheibengraber, hatte Post aus Bonn bekommen – wie er der Presse mitteilte – vom Vereinsmitglied 2964, vom Herrn Bundesjustizminister Hans A. Engelhard höchstpersönlich. Dieser wies den sehr geehrten Oberbürgermeister Erich Kiesl darauf hin, dass das schlechte Einschenken den guten Ruf Münchens und des Oktoberfestes schlimmstens schädige. Ich lese dies im *Münchner Merkur* in einem Artikel von Fritz Wook, klebe den Artikel in meinen Ordner. Ich hätte ihn mir besser hinter die Ohren stecken sollen.

Umgehend kündigte der Herr Oberbürgermeister Kiesl energische Gegenmaßnahmen an. In einem Brief an den bayerischen Wirtschaftsminister Anton Jaumann wettert er, die Wiesn-Maß müsse voll werden, sonst drohe den Festwirten der Rausschmiss!

Ich lese dies und denke mir: Was der Mann alles schon jetzt im Kopf haben muss! „Das Oktoberfest ist weit, und die Wahl ist nah!" kommentierte denn auch ironisch Karl Wanninger in der *tz*. Für ihn sind Erich Kiesls Drohgebärden nichts anderes als „Zuckerl für den Bürger."

Die Wahl war tatsächlich nah in diesem Januar 1984, die Wahl des neuen Münchner Oberbürgermeisters. Der amtierende – Erich Kiesl – kämpfte gegen den ehemaligen OB Georg Kronawitter.

Bei mir rissen die Feste nicht ab. Ich feierte den Geburtstag des Daimler-Benz-Direktors Karl J. Dersch, die Abschlussprüfung der Industrie- und Handelskammer für Hotelkaufleute, trat als Wurstprüfer auf – bei der 221. Sitzung der Städtischen Wurstprüfungskommission im *Hofbräuhaus*. Wir testeten den Geschmack von Weißwürsten – mein spezielles Fachgebiet, wie Sie mittlerweile wissen. Neben mir saßen der *Hofbräuhaus-Wirt* Michael Sperger und Wiesnwirt Wiggerl Hagn. Wenn ich den Blick hob, sah ich den Kreisverwaltungsreferenten Dr. Peter Gauweiler Wurststücke aufspießen.

Wir schrieben den 3. Februar 1984, und es waren noch genau acht Monate bis zu dem Tag, an dem mir Herr Dr. Gauweiler meine Konzession entziehen wird, und ich mein Zelt schließen muss. Am besten schmeckte eine Weißwurst aus Augsburg – was große Verwirrung hervorrief.

Tags darauf ließ ich als Puffmutter Ricarda im „sittsamen" *Wörnbrunn* den Schnallenball aus dem *Straubinger Hof* wieder aufleben. Helmut Högl spielte auf, ich hatte eingeladen:

Flitscherl, Schnallen, Halbseidene, Freier, Voyeure, Unternehmer aus der Branche, galante Herren und zur Entrüstung neigende Damen, alle in Dienstkleidung.

Kurz: Ich ließ die Schnallen tanzen, unter ihnen Eisläufer Dr. Erhard Keller und Vinzenz-Murr-Chef Karl Deuringer und Altplayboy James Graser. Dagobert Dohn notierte in der *tz* am andern Tag aus der Gästeliste: Wolfgang Pfaff, Fritz Rettenmeier, Dr. Paul Stengel, Fritz Auringer, Putzi Holenia, Walter Sahm, Eugen Schulz, Werner Bader und Poppy Eglinger mit ihren Gardemädchen. Wolfgang Pfaff – an diesem Abend Johanna Maria Pfaff – stieß auf alle an:

„*Prost, Prösterchen, Prostitution!"*

Ich erzähle Ihnen all dies so ausführlich, um Ihnen eine Vorstellung davon zu geben, auf welchen Wogen von Gaudi und Derblecken ich schwamm. Meine Reden waren immer deftig-bissig. Auf dem Altmünchner Kappenabend trat ich als Professor *Spöckmeier* auf, als Erfinder einer neuen

Wurst, der Grünwurst. Hergestellt aus Altöl, Dioxin, grünen Tannennadeln, Streusalz und Anabolika.

Ich rief:

„Diese Wurst bleibt zunächst den Ministerien vorbehalten. Der Öffentlichkeit wird sie erst zugänglich gemacht, wenn alle Beamten dank dieser Wurst ausgestorben sind."

Beim Starkbier-Anstich der Narrhalla in Wiggerl Hagns *Rheinhof*, im Untergeschoss, im *Bairischen Raritäten Theater*, las ich als *Aloisius* – als *Münchner im Himmel* – so manchem die Leviten, spielte auch auf die Gesichtsform von Herrn Kiesl und Herrn Kronawitter an:

„Man macht sich, wenn man so umeinanda fliagt, so seine Gedanken. Hams denn im Rathaus das ned g'spannt, dass ma's in der Fastenzeit mit am Knödelgsicht schwerer hat, die Leut zu überzeug'n, als wenns'd an Kopf aufhast as wia der Vogeljakob."

„Jetzt bring' i neuerdings nimmer die göttlichen Eingebungen ins Maximilianeum nei, jetzt geht's umgekehrt, arschlings. Jetzt muss i die weltlichen Eingebungen dort abholen für hinauf. Da kennt sich bald keine Sau mehr aus ... Nahrrhalleluja sag' i, zefix Narrhalla."

Sie dürfen sich Herrn Dr. Peter Gauweiler nicht als engstirnigen Bürokraten vorstellen. Er war zwar ausgesprochen konservativ, doch er wusste die Medien zu nutzen: Er kämpfte Mitte der 70er-Jahre gegen die Jusos, Mitte der 80er gegen Homosexuelle und Drogenkonsumenten, beklagte stets publikumswirksam die Entmündigung und Internierung unseres Märchen-Königs Ludwig II.: Damit seien der Monarchie „die Eier abgeschnitten" worden. Er wirkt bei Drucklegung dieses Buches als Bundestagsabgeordneter und stellvertretender Vorsitzender des Ausschusses für Kultur und Medien. Er weiß sich in Szene zu setzen, und die Wiesn war damals seine Bühne.

Zu Ostern schenkte ich meiner Frau Gitta einen großen, bunten Frühlingsblumenstrauß. Außerdem nahm ich mir die Zeit, mit meiner ganzen Familie zu frühstücken, was ich froh gestimmt am 11. April der *Bildzeitung* verriet. Gleichen Tages drohte Bürgermeister Winfried Zehetmeier, den Wirten die Zulassung fürs Oktoberfest zu versagen, die beim Bierpreis zu kräftig hinlangten. Der Preis bewegte sich in Richtung sechs Mark – nach heutigem Geld etwa drei Euro. Zum Frühlingsfest auf der Theresienwiese entsandte Herr Gauweiler neun Kontrolleure, sie hielten ihre Mess-Stäbe an 596 Maßkrüge auf den Tischen und notierten: Keiner der 596 Maßkrüge war richtig eingeschenkt, in allen war weniger als ein Liter Bier.

Das war, wohl wahr, kein schönes Ergebnis und machte Schlagzeilen. Dr. Gauweilers „Generalprobe" für die Wiesn wurde hoch gelobt, und er drohte den Wirten, die schlecht einschenkten, mit dem Rausschmiss. Sie „fliegen vom Oktoberfest", titelte die *tz*.

Einige Wochen vor Beginn der Wiesn 84 war ich bei Gauweiler. Erich Kiesl (CSU) hatte die Wahl verloren, Georg Kronawitter (SPD) war zum Oberbürgermeister gewählt worden. Herr Kreisverwaltungsrefent Dr. Gauweiler tat mir kund, dass er sich überlege, ob er nicht zwei Betreibern, zwei großen gastronomische Betreibern, die Konzession verweigern solle. Ich sagte:

> *„Das können Sie nicht machen. Ein paar*
> *Wochen vor der Wiesn mit Argumenten zu*
> *kommen, die Sie schon lange in der Schub-*
> *lade haben. Das hätten Sie früher angehen*
> *müssen. Die Leute freuen sich auf eine fröh-*
> *liche, lustigen Wiesn, und Sie wollen dagegen*
> *steuern und behaupten: Geht's nicht hinaus,*
> *das sind lauter Banditen. Das geht nicht."*

Es war mir völlig klar: Es ging ihm ums richtige Timing. Er hat ja gewusst: Die Presse kommt, wenn die Wiesn aufgebaut wird. Und da wollte er einsteigen und die schwarzen

Schafe anprangern. Das Material gegen diese Leute lag vermutlich schon lange in seiner Schublade. Warum er so lange gewartet hat? Ich hatte den Eindruck: Er wollte eine Schau abziehen.

Sein nächster Auftritt bestand darin, uns – er wird es anders sehen – zu drangsalieren. Dazu müssen Sie wissen, dass jeder gastronomische Betreiber für die Wiesn außer seiner Zulassung zur Wiesn eine Gaststättenkonzession braucht, eine sogenannte Gestattung, jedes Jahr aufs Neue. Diese Gestattung hatten wir, die für die Wiesn 1984 zugelassenen Wirte, schon Monate zuvor beantragt. Das Kreisverwaltungsreferat antwortete mit einem Zehn-Punkte-Fragen-Katalog. Erst wenn dieser Katalog, diese „Anhörung" zufriedenstellend ausgefallen sei, so tat Herr Dr. Gauweiler kund, werde diese Gestattung erteilt.

Er fragte zum Beispiel nach
- der personellen Ausstattung während der ruhigen und während der Stoßzeiten,
- der Zahl der Schänken im Vergleich zum Vorjahr,
- den Maßnahmen zur Vermeidung früherer Beanstandungen,
- den Belehrungen des Personals seitens des Wirtes.
Ich fühlte mich an die Überwachungsbehörde erinnert, die George Orwell in seinem Buch „1984" beschrieben hat. Ja, Sie lesen richtig. George Orwell schrieb dieses Buch in den vierziger Jahren und sagte für 1984 einen *Big Brother*, einen Großen Bruder, voraus, der alles beobachtet und allgegenwärtig ist. *Big Brother is watching you.* Der große Bruder sieht dich.

Der Kreisverwaltungsreferent Dr. Peter Gauweiler wollte uns Angst machen:

> *„Wenn sie (die Wirte) unsere Auflagen nicht erfüllen, machen wir das Zelt zu. Wir trauen uns."*

Wir trauen uns? dachte ich. Wir? Sprach hier der Papst oder der Kaiser Wilhelm?

Achtundzwanzigstes Kapitel:

Gauweiler sieht dich

Hinterher ist man immer schlauer, sagt die Volksweisheit. Die Stadt weiht an der Theresienhöhe den neuen Wiesn-U-Bahnhof ein mit einem Wiesnpanorama an den Wänden der Station, gestaltet von der Malerin Ricarda Dietz. Unser *Verein Oktoberfestmuseum* stiftete im Andenken an Xaver Heilmannseder 80 000 Mark: „Riesenscheck – Kiesl war ganz weg!" schreibt die Presse. Der OB Kiesl bedankt sich schriftlich bei mir:

> *„… möchte ich Dir aber auch auf diesem Wege noch einmal für die großzügige Spende zur Ausgestaltung des Wiesn-U-Bahnhofs danken. Mit freundlichen Grüßen. Dein Erich."*

Die Traditionsgaststätte *Donisl* wird als Räuberhöhle enttarnt – „Raub, Unterschlagung, Betrug, Körperverletzung und Erpressung am häufigsten". Das hat „grad no g'fehlt" überschreibt DER SPIEGEL seinen Artikel. Im Juni verspricht der neue alte OB Georg Kronawitter für das folgende Oktoberfest eine Offensive gegen schlechte Schankmoral. Beim Münchner Brauertag im Festsaal des Alten Rathauses fließt viel Freibier, wir feiern den 80. Geburtstag von Franz Stahlmann, dem einstigen Wirt der *Schwabinger Brauerei*, die man später unverständlicherweise in *Schwabing Bräu* umgetauft hat. Herr Dr. Gauweiler steht im Lichte der Fotografen: Er erhält vom Rudi Scheibengraber, dem Ihnen nun schon bekannten Vorsitzenden des Vereins gegen betrügerisches Einschenken eine Silberne Ehrennadel mit der Begründung, er habe den Schenkkellnern tüchtig auf die Finger geklopft.

Der Münchner Stadtrat genehmigte in vier Wiesn-Festzelten „Container-Bier", heute – außer im *Augustiner* – in fast jedem Bierzelt zu finden.

Ich ging unangefochten als Wirte-Napoleon durch die Medien und zeigte mich entsprechend aufgeputzt mit der Weinkönigin Irene Sänger bei der Eröffnung einer Fränkischen Weinwoche in *Wörnbrunn*. Mit Ludwig Hollweck, dem Leiter der Monacensia Handschriftensammlung, dem wohl kenntnisreichsten Biografen der Stadt München, meinem treuen Ratgeber und Freund, veröffentlichte ich *„Auf geht's beim Schichtl" – Geschichte und Geschichten rund um das Oktoberfest –* im Vorgriff auf die 1985 anstehende Jubiläums-Wiesn, nicht ahnend, dass ich dann nicht mehr dabei sein würde. Im edlen Münchner *Herkulessaal* brachte ich beim Ersten Münchner Festspielball mein Lokal *Zum Spöckmeier* in Erinnerung und gestaltete den Programmpunkt: WEISSWURSTPAUSE. Dieser Festspielball war eine Wohltätigkeitsveranstaltung, da aber inzwischen das Wort Wohltätigkeit leicht antiquiert klingt, spricht man heute meistens von einer Benefizveranstaltung. Geht es dabei besonders hoch her, nennt man es: Gala-Benefizveranstaltung.

Vom Veranstalter dieser Gala-Benefizveranstaltung war versprochen worden, dass das Ereignis unter der Devise stehen sollte: Tue Gutes, aber rede auch darüber! Ich brachte mich gern als Wohltäter ein, stiftete die Weißwürste, die Brezen, das Bier und eine kleine Trachtenkapelle.

Neben mir brachte ein Caterer Tische und Stühle herbei (zu Sonderpreisen) und ein anderer lieferte (zu Spezialpreisen) das Diner, das aus einer kalten Gala-Platte bestand. Beide wurden im Programmheft erwähnt, ich nicht.

Ich war nicht sehr erfreut, wie man sich vorstellen kann, aber ich sah ein, dass der Herkulessaal in der Residenz und die Weißwürste zwei grundverschiedene Dinge sind.

Die Vorbesprechungen gingen bis ins Detail. Uns wurde eine Ecke der großen Empfangshalle des Herkulessaals zugewiesen. Dort durften wir unser kleines Wirtshaus, unseren kleinen *Spöckmeier*, einrichten. Die Weißwürste mussten im Freien heiß gemacht werden, eine Auflage, die ich akzeptierte. Schwieriger war die Klärung der Haftungsfrage. Es könnte ein Fass herunterfallen, wurde mir erklärt, und den Marmorboden beschädigen; herabtropfender Senf oder heruntergefallene Weißwursthäute könnten Flecken verursachen.

Ich übernahm für alle möglichen Vorkommnisse dieser Art eine Generalhaftung, denn ich hatte für mich und den *Spöckmeier* einen werbewirksamen Auftritt geplant und wollte diesen wegen solcher Lappalien nicht gefährden.

Als Wirt anno 1880 verkleidet – ich nahm mir das Outfit des legendären Steyrer Hans zum Vorbild – bat ich mir aus, die Weißwurstpause publikumswirksam oben im Saal selbst ankündigen zu dürfen. Anschließend würden meine Metzger, Bedienungen, Musiker, Schenkkellner und ich voraus in einer Art Prozession alle Weißwurstfreunde zu unserem kleinen *Spöckmeier* führen.

Dazu kam es aber nicht. Der für die Benefizveranstaltung verantwortliche Ministerialrat – den Namen hab' ich vergessen, aber „stroh" oder „stroht" war mit drin – schnappte sich vor mir das Mikrofon und verkündete lapidar:

„*Weißwurstpause.*"

Diese Ankündigung erinnerte mich sogleich an die berühmten zwei Worte beim Opernball in Wien:

„*Alles Walzer*".

Hat nur gefehlt, dass der Herr Ministerial gesagt hätte:

„*Alles Weißwurst.*"

Nein, WEISSWURSTPAUSE hat er gesagt. Kein Wort vom Süßmeier, kein Wort vom *Spöckmeier*, kein Wort davon, dass die Weißwürste hausgemacht sind. Also per saldo null Werbung für mein Wirtshaus. Ich war perplex, denn so war es ja schließlich nicht verabredet.

Es kam, wie es kommen musste. Die Gäste stürmten die Treppe herunter, und ich stand mit meinem Personal allein im Konzertsaal. Nachdem ich meine Lähmungserscheinungen überwunden hatte, stürzten auch wir den Gästen hinterher. Mittlerweile hatte sich bei der Ausgabe ein ziemliches Durcheinander entwickelt – Thomas Wimmer hätte das Ganze wie einst bei einer Stadtratssitzung als „Tombulawohu" bezeichnet.

Die Gäste bedienten sich kurzerhand selbst.

Es dauerte einige Zeit, bis mein Personal die strategisch wichtigen Positionen wieder erobert hatte. Höchste Zeit! Ich suchte derweil Trost bei zwei besonderen Ehrengästen, nämlich bei der Sängerin Felicitas Wheathers und bei dem Generalintendanten August Everding. Ein schönes Foto mit den beiden und mit meiner Person als Steyrer Hans hängt noch heute zur Erinnerung an diese Weißwurstpause in meinem Wohnzimmer.

Noch zwei Monate bis Wiesnbeginn.

Die Einschläge kamen näher.

Weil sich ein Stammtisch von Archäologen im *Augustinerkeller* vor drei Jahren – 1981 – über das schlechte Einschenken beschwert hatte, war der Verbraucherschutzverein vor Gericht gezogen und hatte in einem Berufungsverfahren Recht bekommen. Das Oberlandesgericht drohte – jetzt im Juli 1984 – dem *Augustiner-Wirt* Rudolf Reiter ein Ordnungsgeld in Höhe von 500 000 Mark an, wenn in Zukunft die Maßkrüge nicht bis zum Eichstrich voll sein würden. Kreisverwaltungsreferent Dr. Peter Gauweiler zeigte sich im Licht der Fotografen erfreut mit einem – voll eingeschenkten, nehme ich an – Maßkrug in der Hand. Ich – als Wirte-Sprecher – war wieder einmal gefragt. Ich nahm diesmal die Drohung sehr ernst und prophezeite:

„Das Leben für die Wiesnwirte wird gefährlich."
Fügte aber sogleich kämpferisch hinzu:

> *„Jedoch – wir haben keine Angst. Auch ange-*
> *sichts der bevorstehenden Kontrollen auf der*
> *Wiesn nicht."*

Und ich erklärte zum x-ten Mal:

> *„Kein Wirt will dem schlechten Einschenken*
> *das Wort reden. Aber es ist ja bekannt, dass*
> *es bei Stoßbetrieb nicht immer einfach ist."*

Die Zelte und die Bier-Bäume auf der Wiesn wuchsen für das Oktoberfest in die Höhe, meine Frau und ich feierten in *Wörnbrunn* den Kaffeeboss Albert Darboven, ich stehe dabei auf einer wackeligen Holzkiste, Frau Dr. Gabriele Weishäupl wird zur neuen Chefin des Fremdenverkehrsamtes gewählt, verspricht, Hongkong und Australien nach München zu holen, ich stelle die offiziellen „Jubiläums"-Bierkrüge vor, lasse vor meinem *Armbrustschützenzelt* eine Riesen-Wildsau modellieren und hochziehen, Kreisverwaltungsreferent Dr. Gauweiler lässt uns Wiesnwirte hängen – bis zum Dienstag vor Wiesnbeginn.

Wir hatten unsere Gaststättenkonzession, unsere sogenannte Gestattung, immer noch nicht bekommen.

Also waren wir de jure vorher gar nicht im Stande, Verträge mit Bedienungen, Lieferanten und anderen abzuschließen. Am Mittwoch – drei Tage vor dem „O'zapft is" – bekamen wir die Konzession. Meine Meinung damals wie heute: Das war Absicht. Das war ein Muskelspiel.

Ich rief:

> *„Jetzt drei Tage vor der Wiesn brauchen wir*
> *die Gaststättenkonzession auch nicht mehr.*
> *Die kann er jetzt behalten."*

Die Kollegen waren anderer Meinung, fürchteten, sich ins Unrecht zu setzen. Ich sagte:

> *Nein, jetzt soll er mir den Hut 'naufsteigen.*

Neunundzwanzigstes Kapitel:

Das Bierwunder von München

Strenger Blick, Schnurrbärtchen angeklebt, buschige Augenbrauen, perfekter Scheitel – am Mittwoch vor der Wiesn hatte ich mich in den obersten Wiesn-Aufpasser, Herrn Dr. Peter Gauweiler, verwandelt. Unter großformatigen Fotos mit dem Konterfei Herrn Gauweilers und der Schriftzeile *Gauweiler sieht Dich! – Gauweiler is watching you!* eröffnete ich in meinem Zelt eine denkwürdige Pressekonferenz.

Ich tat den anwesenden Journalisten kund, dass ich diese Gauweiler-Fotos überall an den Schänken aufhängen werde, um den Schenkkellnern die Gefahr, in der sie sich beim schlechten Einschenken befinden sowie die Wichtigkeit des Herrn Gauweiler bildhaft vor Augen zu führen.

Das war das erste. Dann hatte ich noch die Idee, meinen Schenkkellner Biwi, dem ich ja scherzhaft das Trikot mit der Aufschrift 289 geschenkt hatte, in meine Gaudi mit einzubeziehen. Der Biwi war ein ganz braver und war nie drauf aus, schlecht einzuschenken, sondern im Gegenteil: Er gehörte zu denen, die sich mehr Zeit ließen, bis die Maß voll war. In all den öffentlichen Tests der Boulevardpresse – ob von der *Abendzeitung* oder der *tz* – war ich immer unter den Wirten, die am besten eingeschenkt haben.

Bei dieser Pressekonferenz habe ich mir nun den Spaß erlaubt, den Biwi mit Schnurrbart und Kochmütze als Hendlbrater auftreten zu lassen. Ich habe ein Hendl genommen, ein schon fertig gebratenes, und ließ in dieses eine dritte – ebenfalls gebratene – Hendlhälfte einnähen. Auf Anhieb war das nicht zu erkennen. Ich habe dem Biwi gesagt, er soll das Hendl vor den Augen aller sehr vorsichtig anschneiden. Er war selbstverständlich sehr aufgeregt, weil er jetzt im Blickpunkt der Pressefotografen und der Journalisten stand. Er schnitt das ganze Hendl auf, begann leicht zu stottern und rief:

„Dadada, da is ja no no ein halbes drin."

Ich sagte:

„Dann brauchen wir noch einen dritten Teller."

Und ich beschimpfte mich, wie blöd ich doch die ganzen Jahre über gewesen sei, den Biwi an der Schänke arbeiten zu lassen, wo er doch aus einem ganzen Hendl drei Halbe machen kann. Wie viel Gewinn mir da entgangen sei in den letzten Jahren!

Es war eine Riesen-Gaudi.

Die Presse verstand meine „bühnenreife Persiflage", schlug vor, mich zum Staatsschauspieler zu küren. Sie schrieb:

„Spaß muss sein."

Herr Stadtrat Gauweiler jedoch verstand keinen Spaß, nein, der Mann verstand keinen Spaß. Es war für mich Krieg.

Das ging schon los beim Anzapfen am Eröffnungstag, um zwölf Uhr. Um zwölf Uhr zog ich mit dem Festzug der Wirte ein. Mein Wagen war der letzte beim Einzug, diesmal nicht von Eseln gezogen, sondern von Pferden. Wir hatten uns verspätet, wir waren noch nicht an der Paulskirche, da hörten wir die Böller schon: „O'zapft is!" – und da war der Zirkus bei mir schon in vollem Gange. Ich komme ins Zelt, mache, was ich immer gemacht habe beim Wiesnbeginn, bin zu meinen Leuten, zu den Schenkkellnern, zum Küchenchef, ins Büro, Handschlag:

Auf eine gute Wiesn!

Ich war gerade in meiner Wirtsboxe, da hieß es, ich möchte sofort ins Büro kommen, da wären zwei Prüfer, die wollten mich unbedingt sprechen. Ich laufe in mein Wiesnbüro, seh' die beiden, sage:

„Um was geht's?"

Meint der eine:

> *„An der Gartenschänke geht es drunter und*
> *drüber."*

Sag ich:

> *„Sie, das ist nichts Neues. Um zwölf Uhr! Die*
> *Leute warten, es sind hunderte Leute dort,*
> *die reißen dem Schenkkellner den Krug aus*
> *der Hand. Die wollen unbedingt die erste*
> *Maß haben. Da brauch' i gar ned nausgeh'n.*
> *Das ist nichts Neues für mich."*

Die beiden verstanden mich nicht oder wollten mich nicht
verstehen.

Ich erklärte ihnen:

> *„Wissen Sie, was ich jetzt mache? Jetzt begrüße*
> *ich meine Gäste, meine Stammgäste. Weil von*
> *denen lebe ich. Und vielleicht Sie aa. Und wenn*
> *ich das erledigt habe, dann werde ich mich wie-*
> *der Ihnen zuwenden. Wenn Sie aber ned so viel*
> *Zeit ham, dass Sie des derwarten kenna, dann*
> *is g'scheiter, Sie gengan liaba glei."*

So hat es begonnen. Das war der erste Streich des Kreisverwaltungsreferats am Wiesneröffnungstag, um zwölf Uhr mittags. Da wollte man mich gleich packen nach dem Motto:

> *„Dir helf' ma scho."*

Eine unmögliche Art, mit Wirten umzugehen.

Plötzlich erfahre ich: Beim Biwi wird kontrolliert. Ich
eile zur Schänke, der Biwi hat das Protokoll bereits unterschrieben. Eine fehlerhafte Prüfung, wie sich später herausstellte – und Biwi hatte obendrein keine Brille dabei gehabt,
hat gar nicht lesen können, was er unterschrieb. Plärre ich:

> *„Wie konnst du des unterschreib'n?"*

Antwortet er:

> *„Die ham g'sagt, ich muss unterschreiben."*

Frage ich:

> *„Wer hat g'sagt: du musst unterschreiben?"*

Sagt er:

„Der da."

Ich weiß nicht mehr, wie „der da" geheißen hat. Dann habe ich zu „dem da" gesagt:

> *„Und hat man meinen Schenkkellner auch auf*
> *die Rechtslage aufmerksam gemacht?*
> *Dass er gar nicht unterschreiben braucht?"*
> *Nein, hatte man nicht. Ich verlange das Proto-*
> *koll, das der Biwi unterschieben hat:*
> *„Tua den Zettel her."*

Ich reiße den Zettel zweimal durch. Schiebe ihn dem verdutzten Beamten oben in seine Westentasche hinein. Und sage:

> *„Jetzt können Sie gehen. Da hängt die Fahne*
> *no ned drob'n, die Sie brauchen, damit er hier*
> *unterschreiben muss, was man ihm vorlegt."*

Hier ist ein Formular des Kontrollberichtes über ordnungsgemäßes Einschenken:

Schänke Nr.: ....

Name d. Schänkkellner: ....

Zahl der kontrollierten Krüge (1 l): ....

Zahl der beanstandeten Krüge: ....

Davon

a) bis zu 10% Fehlmenge ....

b) über 10% Fehlmenge ....

Bemerkungen: über Nachschenken: ....

auf ... maliges Nachschenkbegehren wurde wie folgt reagiert: ....

Unterschrift des Kontrollbeamten: ....

Erklärung des Schänkkellners (Betroffener):

Ich wurde darüber belehrt, dass das Nichtgewähren des vollen Schankmaßes (ungenügendes Einschenken) einen Verstoß gegen Ziff. 4.1. der dem Betreiber des Festzeltes erteilten gaststättenrechtlichen Auflage gem. § 12 Abs. 3 des Gaststättengesetzes – GastG – darstellt und nach 28 Abs. 1 Nr. 2 und Abs. 3 GastG als Ordnungswidrigkeit mit Geldbuße bis zu 10 000,- DM geahndet werden kann.

So, und das hätte man unterschreiben sollen.

Die Situation ist natürlich eskaliert. Zum Beispiel wurde behauptet, ich hätte das Protokoll in kleine Fetzen zerrissen.

So stand es auch in der Presse „...zerrissen und den Beamten vor die Füße geworfen".

Erst ein knappes Jahr später wurde dies widerlegt. Der Richter hat das Corpus delicti in seinen Akten gehabt. Jeder konnte sehen, es war nur zwei Mal zerrissen. Der Beamte musste dies auch zugeben, dass ich ihm den Zettel oben in seine Weste hineingesteckt hatte.

Wie gesagt, es eskalierte. Es war wie im Krieg. Auch am Sonntag wurde eine Schänke kontrolliert, ich eile zu den Beamten hin und frage:

> *„Was machen Sie da? Sind Sie Gäste*
> *von mir?"*
> *„Nein."*
> *„Was sind Sie dann?"*
> *„Wir sind Beamte."*
> *„Was machen Sie?"*
> *„Wir kontrollieren Ihre Schänke hier."*
> *„Zeigen Sie mir Ihren Ausweis."*

Einer zeigte seinen Ausweis, der andere sagte:

> *„I konn ned."*

Sag ich:

> *„Sie, wenn Sie keinen Ausweis haben, dann*
> *müssen Sie wieder gehen."*

Bat er seinen Kameraden:

> *„Lang a mal hinten nei in mei Tasch'n, da is*
> *mei Ausweis drin."*

Dann hat er ihm die Tasche ausgeleert.

Frage ich:

> *„Warum können Sie nicht selbst reinlangen?"*

Weil er zählte. Er hat gezählt. Er hat einen Zählapparat in seiner Hosentasche gehabt.

Ich ging zu meinen Schankleuten und befahl:

> *„Ihr hörts jetzt auf. Die Schänke ist geschlos-*
> *sen. Ihr machts jetzt Brotzeit. Ihr machts erst*
> *wieder auf, wenn ich es euch sage."*

Wieder zurück bei den Prüfern sage ich:

„Sie können jetzt gehen. Weil der Schank-
betrieb ist eingestellt."

Kurz darauf große Szene an einer anderen meiner Schänken.
Zehn Prüfer stehen um mich herum, bilden um die Schänke
einen Halbkreis. Ich wehre sie ab:

„Kommen Sie a bisserl näher. Wenn Sie jetzt
da wieder ein Theater machen, dann mach ich
die Schänk' zua. Und die nächste, und
die übernächste und die letzte mach' i a zua.
Und wenn alle zua san, dann werd' ich mei-
nen Gästen über Lautsprecher sag'n: Wegen
der massiven Anwesenheit der städtischen
Kontrolleure sind meine Leute nicht mehr im
Stande, eine korrekte Arbeit zu liefern. Der
Schankbetrieb ist eingestellt. Und jetzt gehen
Sie hinauf und sag'n S' des Eahnam Befehls-
haber."

Am Wiesn-Eröffnungstag glaubte ein Prüfer, ein Herr G., besonders geschickt vorgehen zu müssen. Er beobachtete von
13.50 Uhr an die Schänke Nummer drei. Vergegenwärtigen
Sie sich: Wir haben fünf Schänken in Betrieb, und es sitzen in
diesem Augenblick 5 000 Menschen im Zelt, und Hunderte
drängen sich in den überfüllten Gängen. Rund 30 000 Maß
Bier werden an diesem Wiesn-Eröffnungstag in meinem Zelt
ausgeschenkt. Herr G. nun beobachtete also die Schänke drei
– vom Balkon aus, das Zählgerät in der Hosentasche. In sein
Protokoll, das später dem Gericht vorlag, schrieb er hinein:

„Vom Balkon aus konnte ich die Schänke gut
einsehen. Als ein neues Fass angezapft wurde,
begann ich mit dem Stückzahlmesser die
gefüllten Krüge zu zählen. Nachdem das Fass
leer war, zeigte der Stückzahlmesser die Zahl
198 an ... Auf Befragen des Fasskontrollbuch-
führers sagte dieser, das soeben geleerte Fass
habe 152 Liter Bierinhalt gehabt. Er zeigte
uns auch die Eintragung im Kontrollbuch."

Aus einem 152-Liter-Fass 198 Maß gezapft! Das sei unmöglich, hab' ich gesagt, als ich davon erfuhr. Wir haben auch Radler-Maß ausgeschenkt, das konnte die Erklärung für diese Zahl 198 sein.

Das Ergebnis der Zählung des Herrn G. und die Folgen machten am Wiesnmontag Schlagzeilen:

„Bier-Polizei" will 4 000 DM von Süßmeier."

„Einschenken: Wirte-Sprecher soll als erster zahlen."

„Wiesn: Wirbel um die Maß-Kontrollen. 4000 Mark Zwangs- und Bußgeld musste der Wirte-Napoleon blechen, weil aus einem 152-Liter-Fass 198 Maß flossen."

Ich habe versucht zu rekonstruieren, wie die Journalisten so rasch von den Kontrollen Wind bekommen konnten. Das Kreisverwaltungsreferat im Behördenhof auf der Wiesn hatte indirekt die Presseleute informiert! Im *Armbrustschützenzelt* seien aus einem 152-Liter-Bierfass 198 Maß Bier ausgeschenkt – und von den Bedienungen weggetragen worden. Dem Wirt werde ein Bußgeld zudiktiert werden in Höhe von 2 000 Mark und ein Zwangsgeld in Höhe von 2 000 Mark.

Am Wiesnmontag warf sich Herr Dr. Gauweiler in Positur, nannte auf einer Pressekonferenz zwar nicht meinen Namen, aber gab offiziell bekannt, dass „in einem Bierzelt Nummer eins" aus einem Einzelfass mit 152 Litern 198 Krüge gezapft worden seien. Jedem der Anwesenden war folglich klar, dass ich dieses Bierzelt Nummer eins war.

Obgleich ich über meine Anwälte Dr. Robert Peter und Dr. Klaus Boele sofort die Richtigkeit dieser Zählung bezweifelte, rechtfertigte Herr Gauweiler seine strengen Einschenkkontrollen bei allen möglichen und unmöglichen Gelegenheiten mit dieser für ihn wundersamen Biervermehrung. In einer von Herrn Gauweiler mitverfassten Broschüre, betitelt: *„Das Oktoberfest – Ein Lehrstück zur Rechtswirklichkeit"* lese ich:

„Der Ausschank von 198 Maß Bier aus einem
152-Liter-Fass auf der Wiesn 1984 wird
bundesweit als das „Wunder von München"
bezeichnet" Das schlechte Einschenken ist
also bereits Legende."

Ich stellte später Strafanzeige gegen den Herrn Kreisverwaltungsreferenten und seinen Verwaltungsdirektor wegen
übler Nachrede und Verleumdung, wegen Verletzung von
Privatgeheimnissen. Es gab kein „Wunder von München"
stellte das Gericht später fest.

Die Beziehung zwischen mir und Hern Dr. Gauweiler
blieb immer gespannt, hat sich nie entkrampft. Vor Gericht
hielt er mir einmal die Hand hin, und ich hab' ihm die Faust
gegeben. Ich erinnere mich: Er beharrte seinerzeit darauf,
dass die Verhandlung nicht öffentlich stattfand. Die Presse
und alle, die dort waren, auch meine Kinder, durften nicht
hinein in den Saal. Ich habe ich mich aufgeführt und gefragt, ob es jetzt wieder Sippenhaft gebe – und der Richter
ließ meine Kinder hinein.

Es kam noch schöner: Gauweiler hätte aussagen sollen,
und er sagte, er könne nicht.

Fragt der Richter:

„Ja, wieso nicht?"

Argumentiert er, er brauche die Zustimmung vom Plenum
der Stadt. Woraufhin die Pressereferentin des Herrn Gauweiler gefragt wurde, ob sie aussagen wolle. Antwortet sie,
sie sage auch nicht aus, weil er ihr keine Redeerlaubnis gegeben habe. Dann sind wir wieder gegangen.

Ein Theater. Eine endlose Geschichte.

Zufälligerweise bekam ich einen Film, den der Kassierer
von der Schänke drei auf der Wiesn ein Jahr vorher – also
1983 – gemacht hat. Mit dem Blickwinkel von oben nach
unten, also genau von der Stelle, an der dieser Prüfer, Herr
G., die Schänke beobachtet und diese 198 Maß gezählt hatte. Der Kassierer hatte ein Auge auf eine der Bedienungen
geworfen und sie gefilmt. Auf diesem Film ist zu sehen, wie

dem Schenkkeller immer wieder aus den Regalen Krüge hingeschoben wurden – halbvoll mit wasserfarbiger Limonade –, die dann mit Bier aufgefüllt als Radlermaß über die Schänke gingen.

Folglich konnte nicht stimmen, was Herr G. gezählt hatte. Auch an diesem Wiesn-Eröffnungstag 1984 waren an dieser Schänke Radlermaß ausgegeben worden – etwa 40 Maß, wie mein Personal später bestätigte. Jedoch Herr G. hatte ausdrücklich zu Protokoll gegeben:

„Während der Kontrolle wurden keine
Radler-Maß ausgeschenkt."

Ich ließ kurz nach der Wiesn den Vorgang rekonstruieren.

Der „Tatort", die Schänke Nummer drei, wurde in einem betriebsbereiten Zustand versetzt. Schenkkellner, Kassier, Schankgehilfe und Bedienungen traten in Originalbesetzung an. Mit weißer Limonade halbgefüllte Maßkrüge – zwölf Stück – wurden in das Gläserregal hinter dem Standort des Kassiers bereitgestellt. Meine Bedienungen bestellten und bekamen nacheinander 76 Maß Bier und 26 Maß Radler. Die Szene wurde vom Balkon aus fotografiert.

Fazit der Vorführung: Vom Balkon aus konnte nicht gesehen werde, dass sich in den Krügen im Regal bereits Limonade befand. Der Einschenkvorgang wurde durch den Schenkkellner verdeckt.

Vor Gericht, neun Monate später, musste der Prüfer G. einräumen, dass ihm unbekannt gewesen sei, dass in meinem Zelt auch Radler-Maß ausgeschenkt worden seien und dass er möglicherweise beim Hinunterspähen vom Balkon die mit wasserfarbener Limonade halbgefüllten Krüge nicht erkannt habe, die Sache wendete sich zum Guten.

Doch jetzt an diesem ersten Wiesn-Montag 1984 stand ich in aller Öffentlichkeit als Schankbetrüger da. Schlimmer noch, ich konnte mir an diesem Montagmorgen, dem Tag des Prominenten-Schießens, nicht vorstellen, dass schon bald mein ganzes Lebenswerk zertrümmert sein würde.

Dreißigstes Kapitel:

Razzia und Aus

Der erste Montag auf der Wiesn ist, wie Sie sich erinnern, für mich der Tag des Prominentenschießens, ein Tag größter Aufregung. Ich musste immer wieder nachfragen, wer tatsächlich zu diesem Wettstreit komme, wer abgesagt habe. Es war wichtig, dass wir um siebzehn Uhr anfingen, damit die Berichte und Fotos über das Schießen schon am folgenden Morgen in den Zeitungen stehen konnten. Etwas süffisant schrieb dazu Fritz Wook im *Münchner Merkur*:

> *„30 Prominente hatte Richard Süßmeier,*
> *Wirt des Armbrustschützenzeltes, zum Wett-*
> *streit geladen, unbeschadet dessen, dass er in-*
> *zwischen selbst in die Schusslinie geraten ist."*

17 Uhr, die Ehrengäste kamen: Ich begrüßte den Herrn Polizeipräsidenten Gustav Häring, den Senatspräsidenten Hans Weiß, den stellvertretenden bayerischen Ministerpräsidenten Karl Hillermeier, der dann mit einem einzigen Treffer 600 Gramm Holz vom Adler holte.

Ich schüttelte Hände, die Hand von Landwirtschaftsminister Hans Eisenmann, die Hand von Alt-Oberbürgermeister Erich Kiesl, die des Malers Rupert Stöckl und die der Fernsehmoderatorin Anne-Marie Sprotte, die 590 Gramm Holz vom Adler abschoss und damit zweite wurde.

Ich machte meine Honneurs bei dem Filmproduzenten Luggi Waldleitner, dem Show-Star Margot Werner, dem Messechef Werner Marzin, dem Quiz-Master Max Schautzer und dem Intendanten des *Bayerischen Rundfunks* Reinhold Vöth, der drittbester Schütze wurde.

Wer war alles noch dabei? Erni Singerl, die Volksschauspielerin; Sylvia Hanika, Tennisstar; die Musiker Max Greger junior und senior sowie der Karikaturist Dieter Hanitzsch, der mich gern und oft als Napoleon der Wirte gezeichnet hatte.

Herr Gauweiler, der auf der Einladungsliste stand, war nicht erschienen.

Ich verteilte bereits die Preise, da hieß es, ich möchte doch gleich ins Büro kommen, die Polizei wäre im Haus.

Zwei Herren standen in meinem Wiesnbüro. Sie stellten sich als Einsatzleitung vor. Sie müssten das Personal überprüfen. Sie hätten eine anonyme Anzeige erhalten, dass ich hier Leute ohne gültige Papiere beschäftigte.

Sie waren sehr sachlich und auch sehr höflich. Sie sagten, sie erfüllten nur ihre Pflicht.

„Ja", sage ich, „sind Sie zu zweit?"

„Nein, wir sind mit 40 Mann hier."

Sage ich:

„Das ist aber ein gewaltiges Aufgebot."

Sie entgegneten, sie seien alle in Zivil, sie würden sich bemühen, nicht aufzufallen.

Sage ich:

„Bitte entschuldigen Sie mich, ich bin gerade
bei der Preisverteilung. Sie können ruhig
mitgehen, damit Sie sehen, dass ich da nicht
irgendwie noch etwas unternehmen will in
dieser Sache."

Ich verlieh dann die letzten Preise und bin dann wieder zu den Beamten. Die Prominenten hatte ich an einem Seitenausgang entlassen, damit die nichts mitbekommen. Vor allen Dingen wollte ich den Polizeipräsidenten da heraushalten. Das wäre doch zu peinlich gewesen. Er feiert in der Schießanlage, und nebenan im Zelt ist der Teufel los.

Die Presse hätte wahrscheinlich auch nichts mitbekommen, wenn sie nicht alle ins Büro herein gestürzt wären, um ihre Berichte an die Zeitungen abzusetzen. Damals gab es noch keine Handys. Und sie sahen: Da ist Ramba-Zamba in meinem Büro. Alle waren aufgeregt, wahnsinnig nervös, es mussten ja die Papiere hergerichtet und offen gelegt werden. Papiere von mehr als 300 Leuten, die ich in meinem Zelt in diesem Moment beschäftigte, etwa ein Drittel davon Hilfs- und Ordnungskräfte. Ich habe gesagt:

> *„Das ist eine Razzia."*

Das haben die Beamten nicht gerne gehört. Sie nahmen 23 Hilfskräfte mit auf das Polizeipräsidium in der Ettstra-ße, Hilfskräfte, die keine Arbeitserlaubnis hatten. Für die Wiesn brauchten damals ausländische Mitarbeiter – „Gast-arbeiter" – eine Arbeitsgenehmigung, das war mir natürlich bekannt. Aber bis dahin wusste ich nichts von der Illegali-tät einiger meiner Hilfskräfte.

Die Staatsanwaltschaft ermittelte gegen mich wegen „Verdacht eines Verstoßes gegen das Ausländergesetz", Herr Kreisverwaltungsreferent Gauweiler leitete – so las ich's in der Presse – das „gaststättenrechtliche Verfahren zur Über-prüfung der Zuverlässigkeit des Wirtes und zur Fortsetzung des Betrieb des Festzeltes" ein. Und erklärte:

> *„Der Vorwurf, wir hätten uns auf Herrn*
> *Süßmeier eingeschossen, ist ... dumm und*
> *unzutreffend."*

Schon am Mittwoch, zwei Tage nach der Razzia, stellte die Münchner Presse die existenzielle Frage:

> *„Verliert Richard Süßmeier seine*
> *Wiesn-Konzession?"*
> *„Aus für Wien-Wirt Süßmeier?"*
> *„... droht der Rausschmiss."*

Ich habe sofort meine mit mir befreundeten Anwälte ange-rufen, die schon erwähnten Dr. Boele und Dr. Peter. Unse-re Hauptstrategie war, im Falle eines Konzessionsentzugs, „den sofortigen Vollzug der Anordnung bis nach der Wiesn auszusetzen." Auf einer Pressekonferenz sagte ich:

> *„Ich bin mir keiner Schuld bewusst. Ich bin kein*
> *notorischer Straftäter und Schankbetrüger. Ich*

lasse mir meine Berufsehre nicht abschneiden.
Ich kämpfe!"

Die *Münchner Abendzeitung* titelte:

„Wiesn-Krieg. Süßmeier schlägt zurück".

Die *Welt*:

„Wiesn-Napoleon marschiert Richtung Water-
loo."

Ich kämpfte, befürchtete, auch die Konzession für meine anderen Gaststätten zu verlieren. Ich ahnte nicht, dass die Gegenseite mich mit einem Argument niederwerfen würde, das für mich unvorstellbar war: das Argument der Gesundheitsgefährdung! Meine Gäste seien durch die Beschäftigung von Arbeitnehmern ohne Gesundheitszeugnisse gefährdet! Bei mir im Zelt herrschten unhygienische Zustände! Das war der schlimmste Vorwurf, den man mir machen konnte. Da hätte der Herr Referent seine Beamten nur fragen brauchen, wie es bei mir im Zelt zugeht. Inzwischen sind die Gesundheitszeugnisse längst abgeschafft und durch eine „Belehrung" ersetzt worden.

Am mittleren Sonntag, am Hauptsonntag, dem 30. September, gab die Kreisverwaltungsbehörde ihren Beschluss bekannt, zog eine riesige Show ab.

Zwölf Uhr mittags: Pressekonferenz im Rathaus. Mit Kronawitter und mit Gauweiler. Übertragung im Fernsehen, im Radio.

Punkt zwölf Uhr wurde auch ich informiert.

Es war eine konzertierte Aktion. Es gibt ein schönes Bild, auf dem Gauweiler so quasi in sich hineinlacht. So als sage er sich: Es hat funktioniert. Aber vielleicht lege ich das auch nur in dieses Bild hinein. Woher soll ich wissen, was dieser Mann denkt?

Ich bekam das Schriftstück ins Büro – überreicht von einem Boten. An diesem Sonntag Punkt zwölf Uhr hat man mir die Entlassung von der Wiesn mitgeteilt. Eine „sofort vollziehbare Anordnung."

„Die festgestellten Ereignisse insbesondere an-
lässlich der Kontrolle am 24.09. rechtfertigen
die Annahme, dass der Beschuldigte unzuver-
lässig ist im Sinne von § 4 Absatz 1 Nummer
1 Gaststättengesetz."

Ich verliere meine Konzession und darf mein Zelt am darauf folgenden Dienstag, also in zwei Tagen, um neun Uhr
morgens nicht mehr aufsperren.

Es blieb mir und den Anwälten nur ein Tag, der Montag,
um gegen diese Anordnung beim Verwaltungsgericht Ein-
spruch einzulegen. Ich hatte und habe den Verdacht, das
war gewollt. Vielleicht hat man sich gesagt hat, wir verkün-
den die Anordnung am Sonntag, da kann er keinen Anwalt
mehr zur Hilfe holen, und er hat am Montag keine Chance
mehr, gegen unsere Maßnahme vorzugehen.

Es war Sonntag 12 Uhr, es kam in den Nachrichten, es
sprach sich herum, und Sie können sich nicht vorstellen,
was das für eine Wirkung erzielt hat. Die Gäste wussten ja
nicht, was passieren würde von Dienstag an. Wird das Zelt
geschlossen für den Rest der Wiesn? Ich war immer noch
Herr im Haus insoweit, dass ich bestimmen konnte, niemanden mehr hereinzulassen. Es war mein Zelt, ich war ja
nicht Pächter, ich war der Hausherr. Ich hätte ohne weiteres
am Dienstag entscheiden können:

„Gut, lassen wir das Zelt zu. Schluss aus,
die Wiesn ist für mich erledigt. Ich fahre
auf die Bahamas oder nach Buxtehude."

Viele Gäste schienen das auch zu befürchten. Sie hatten Sor-
ge, dass ihre Marken – ihre Essens-, Hendl- und Biermar-
ken – verfallen würden. So erlebten wir an diesem Sonntag
von ein Uhr mittags an eine riesige Schlange von Leuten an
unserem Hendlstand, die ihre Marken einlösen wollten. Ich
versicherte, dass, ganz egal, wer Nachfolger im Zelt werde,
die Marken weiter gültig sein würden. Aber ich konnte den
Leuten erzählen, was ich wollte. Sie bestanden auf ihr Geld
oder auf ihre halben Hendl. Sie rissen uns die Hendl aus der

Hand, so schnell haben wir überhaupt nicht braten können. Am Schluss haben wir ein ganzes rohes Hendl hergegeben für eine Halbe-Hendlmarke.

In diesem Durcheinander stieg Heidi Brühl, die ja öfters bei mir zu Gast war, auf das Podium hinauf und rief, sie verstehe die Stadt nicht. Diese Maßnahme sei für sie unverständlich, ich sei ein tüchtiger und guter Wirt.

Sie bekam riesigen Beifall. Meine Stammgäste erschienen mit Spruchbändern:

„Richard wir halten zu dir."

Ich erhielt Solidaritätsbekundungen noch und noch, den ganzen Tag.

Ich habe versucht, Kontakt zum Ministerpräsidenten Franz Josef Strauß aufzunehmen. Als er noch Finanzminister in Bonn war, kam er auch hin und wieder zum Prominentenschießen. Er hat sehr gut geschossen, ja, wir waren alle von ihm angetan. Er war mir immer wohlgesonnen. Wir sind uns oft auf Veranstaltungen begegnet. Er hatte für die Wirte sehr viel Verständnis. Ich sprach mit der Paulaner-Brauerei, und man sagte mir:

„Das trifft sich gut, der Herr Ministerpräsident ist heute Abend bei uns. Im Paulanerzelt.
Wir werden das arrangieren."

Also gut. Ich wartete. Wurde am Abend wieder angerufen, ich solle um 20 Uhr in das *Paulanerzelt* kommen, möge aber den Hintereingang benutzen, den Lieferanteneingang. Damit ich kein Aufsehen errege. Ich schlich mich also hinten hinein, schaute kurz in die Küche und bat, man möge Willy Kreitmair, dem Pächter des Zeltes, langjährigen Kollegen und Freund, ausrichten, dass ich da sei. Der Willy kam auch sogleich und hat mich in sein Stüberl geführt, er hatte wie jeder Wirt auf der Wiesn ein kleines Kammerl, in das er sich zurückziehen konnte.

Er wusste von der auf mich lastenden Drohung und bat mich, ich solle im Stüberl auf weitere Meldungen warten. Ich habe gewartet und gewartet, doch es erschien niemand.

Ich ließ noch einmal Willy Kreitmair kommen, und dieser zog noch einmal los – und dann tauchte jemand aus dem Gefolge von Strauß auf, der in einer Boxe im Zelt saß. Ich weiß nicht mehr, wer dieser Jemand war. Er richtete mir aus:

Der Herr Ministerpräsident lasse grüßen, aber könne jetzt nicht weg. Er würde mir aber einen Rat geben: Ich möge mich um einen guten Anwalt bemühen.

Ich antwortete:

„Sagen Sie ihm einen schönen Gruß,
den habe ich schon."

Einunddreißigstes Kapitel:

Verbannt in alle Ewigkeit

Am Montag haben dann meine Anwälte in aller Frühe mit einem Eilantrag Einspruch gegen die Anordnung der Stadt erhoben. Doch ich hatte keine Chance. Absolut keine Chance. Die 16. Kammer des Verwaltungsgerichtes bestätigte den „Entzug der Festzelt-Konzession ... in Hinblick auf die erhebliche Gefährdung der Gäste des Festzeltes durch die Beschäftigung von Arbeitnehmern ohne Gesundheitszeugnisse ...“

Ich durfte also am Dienstag mein Zelt nicht mehr aufsperren. Es war nicht so, dass ich zusperren musste, sondern ich durfte einfach nicht mehr aufsperren. Das war ganz neu für mich, nicht mehr aufsperren zu dürfen. Wir überlegten, was zu tun ist. Ich wurde hundertprozentig unterstützt von der Paulaner-Brauerei, die wiederum einen direkten Draht zum Oberbürgermeister Kronawitter hatte.

Noch am Montag überbrachten an die hundert meiner Angestellten und Bedienungen dem Herrn Oberbürgermeister Georg Kronawitter im Rathaus eine Petition, ein Gnadengesuch:

Lasst uns unseren Wirt!
Viele weinten.

Aber der Herr Kronawitter berief sich auf das Gesetz. Er sei da gefangen, er könne nicht anders. Ich darf Ihnen sagen, am meisten hat mich geärgert, dass man Herrn Gauweiler hat schalten und walten lassen, wie er wollte, und dass ihm niemand in den Arm gefallen ist. Sich niemand traute, ihm in die Parade zu fahren. Man hat vermutet, dass er – wenn ich mich so ausdrücken darf, der erste Jünger von Franz Josef Strauß' Gefolgsleuten war. Strauß habe – sagt man – sehr große Stücke von ihm gehalten.

Meine Kollegen sind alle in den Unterstand gegangen, als sie merkten, dass jetzt scharf geschossen wird. Sie wollten keinen Streifschuss und schon gleich gar keinen Blattschuss abbekommen. Bei mir gab es Hausdurchsuchungen. Eine Sonderkommission der Kripo durchkämmte unsere Wohnung, holte Geschäftsunterlagen aus dem *Spöckmeier*, parkte ihr Dienstauto auffällig und allen Passanten sichtbar mitten in der Fußgängerzone, die *tz* titelte:

  „Süßmeier: Neue Durchsuchung."

Meine Frau Gitta hat alles miterlebt und zu mir gehalten.

Ich habe tagsüber im Spöckmeier *gearbeitet, in der Küche an der Ausgabe. Und dann abends ab fünf Uhr auf der Wiesn. Ich war jeden Tag bis zum Schluss dort, kümmerte mich meist um die prominenten Gäste. Ich habe Richard sehr bewundert. Bei seinen Pressekonferenzen war ich zwar nie dabei, aber er hat zu Hause ausführlich mitgeteilt, was los war. Als er mir von den Gauweiler-Plakaten* „Gauweiler sieht dich", „Gauweiler is watching you", *erzählte, fragte ich Richard:* „Meinst nicht, dass das ein bisschen übertrieben ist?"

Sie hatte Recht. Ich ahnte nicht, wie beleidigt Herr Gauweiler war. „Wenn über einen selbst gelacht wird", so offenbarte er später dem *München Journal*, „ist man sauer und furchtbar beleidigt. Ich bin genauso – leider." Ja – leider.

Wir hatten an einem Tag insgesamt neun Hausdurchsuchungen. Punkt neun Uhr. In unserer Wohnung, in den Geschäftsräumen, im *Spöckmeier*, in Starzhausen, auch bei den führenden Mitarbeitern. Jede Menge Unterlagen wurden abgeschleppt, man fand nichts, nichts Belastendes. Steuern, Sozialabgaben – alles ordentlich bezahlt. Überhaupt: Alle meine Mitarbeiter sind gut bezahlt worden.

Gitta und ich waren völlig überrascht. Überall bei den Aktionen waren Staatsanwälte zugegen. Nicht nur Polizisten, sondern auch Staatsanwälte. Sagt einer:

„Ja, überrascht Sie das?"

Geb' ich zurück:

„Ja, freilich. Ich weiß gar nicht, was man bei
mir finden will."

Sagt er:

„Das hätte Sie nicht überraschen dürfen."

Um elf Uhr hatte ich im *Bayerischen Hof* eine Festrede zu halten – zum 60. Geburtstag meines langjährigen Freundes Josef G. Rösch, dem Hauptgeschäftsführer des *Bayerischen Hotel- und Gaststättenverbandes*. Ich bekam von dem leitenden Staatsanwalt die Erlaubnis, an dieser Geburtstagsfeier teilzunehmen, er ließ mich ohne Aufpasser gehen. Ich erschien im *Bayerischen Hof* in meinem „Kampfanzug", in meiner Lederhose und meinem Trachtenjanker; alle anderen kamen hoch herrschaftlich gekleidet. Gleich zu Beginn meiner Rede entschuldigte ich mich für meine Garderobe.

„Es ist nicht so", sagte ich, „dass ich nicht
auch einen gestreiften Anzug zu Hause im
Schrank hängen habe, aber im Moment habe
ich eine Aversion gegen gestreifte Anzüge."

Daraufhin haben alle gelacht – bis auf den CSU-Generalsekretär Gerold Tandler und dem damaligen Wiesn-Bürgermeister Dr. Winfried Zehetmeier.

Ich bekam es langsam mit der Angst zu tun, weniger für
mich als für meine Familie. Diese Anrufe, diese Drohanrufe:

„Du Sau, du dreckate."

Es war sehr, sehr schlimm. Man schnitt mich, wollte
mich nicht mehr kennen. Freunde wechselten die Straßenseite, sobald sie mich sahen. Wenn wir in der Oper waren,
grüßten sie nicht mehr.

Die unmittelbaren Nachbarn, die waren okay. Aber diejenigen, die gleichaltrige Kinder hatten ... Ich hab' mir im-

mer wieder überlegt, was rätst du deinen Kindern, Barbara und Michael. Also, es war schlimm.

Doch es war eine gute Lehre. Heute sehe ich das so. Damals war ich entsetzt.

Meine Berater – allen voran mein langjähriger Freund, Rechtsanwalt Josef Rösch – waren alle meiner Meinung, dass es zu keinem Konzessionsentzug kommen werde. Dann erst, als am Sonntagmittag über die Medien, über Rundfunk und Fernsehen, die Mitteilung kam, dass ich am Dienstag das *Armbrustschützen-Zelt* nicht mehr aufsperren dürfe, und als dann am Montag das Verwaltungsgericht gegen mich entschieden hatte, sagte ich zu mir:

„Es ist am vernünftigsten, dass ich aufgebe, so lange ich noch selbst Entscheidungen treffen kann."

Ich war verzweifelt. Ich lag zum ersten Mal am Boden – mit einer Sauwut.

Von überall her kamen die Journalisten und die Kameraleute – man kann es sich ja gar nicht vorstellen. Jeder wollte mich in der Pose sehen, wie ich niedergeschmettert irgendwo im Eck liege und mit den Nerven fertig bin. Ich habe das überspielt. Ich sagte zu mir:

„Du hast in deinem Leben schon genügend Prüfungen gehabt. Dieses hier ist eine der besonderen Art. Damit wirst du fertig."

Ich hätte – wie gesagt – nun mein Zelt zusperren können, es war ja mein Zelt. Nicht auszudenken – ein Geisterzelt auf der Wiesn! Ich gab den Kampf auf. Es hatte keinen Sinn mehr. Ich schaute, dass ich einen Nachfolger finde, der kauft, was mir gehört – die Einrichtung zum Beispiel, die zwei Balkone, die Dekoration, die Küche, das Inventar – und der den Betrieb übernimmt. Damit das Personal bleibt, damit die Gäste weiterhin versorgt werden.

Natürlich hatte ich auch erwogen, mein Zelt zu verpachten. Aber man gab mir zu verstehen, dass also irgendwelche Hilfskonstruktionen nicht infrage kämen. Man befürchtete, der Süßmeier verpachte das Zelt an Strohmänner, nächstes Jahr kommt er wieder. So ist mir bedeutet worden, es gebe keine andere Lösung als zusperren oder abgeben. Namen wurden genannt. Man konnte ja keine normale Ausschreibung machen. Bis man sich da entschieden hätte, wäre die Wiesn längst vorbei gewesen.

Immer häufiger fiel der Name Helmut Huber. Er war Pächter des *Salvatorkellers* auf dem Nockherberg und auf der Wiesn schon vertreten mit seinem Mini-Zelt *Huber-Wirt* mit 120 Plätzen. Das war ja für die Stadt Gesetz: Der Wirt muss bekannt und bewährt sein. Ich hatte ein rotes Telefon zur Brauerei, die zwischen mir und dem OB vermittelte, und so wurde mir signalisiert, der Huber habe die Chance, die Konzession zu bekommen. Wir haben die halbe Nacht verhandelt, man ist sich über die Summe einig geworden, und so kam Helmut Huber dann am Dienstag um neun Uhr und hat mein Zelt übernommen.

Dienstag, 2. Oktober 1984, zehn Uhr morgens. Für den Abend stand das Festbankett der Armbrustschützen an. 27 Jahre lang hatte ich die Gilde betreut. Gildenmeister Fritz Ruf rief unter Beifall der Armbrustschützen:

> „*Wir stehen zu unserem Mitglied Richard Süßmeier und hoffen, dass die Probleme so gelöst werden, dass er nächstes Jahr wieder unser Festwirt ist.*"

Ich montierte mein Namensschild am Eingang zum *Armbrustschützenzelt* ab und schrieb mit Kreide auf eine Tafel:

Festwirt
Helmut
Huber
ab heute, den
2.10.84

Es war ein Spießrutenlaufen bis zum Ende der Wiesn. Ich zeigte meine Gefühle nicht. Ich gab mein Amt als Wirtesprecher ab, bat meinen Stellvertreter Willy Heide, das Amt zu übernehmen. Ich machte mir große Sorgen, dass mir das Kreisverwaltungsreferat auch die Konzession für den *Spöckmeier* entzieht. Dieses Damoklesschwert hing über mir. Das war der Hauptgrund dafür, dass ich den *Spöckmeier* Peter Pongratz übergab und mich ganz aus München zurückgezogen habe.

Der Dienstagabend, mein Abschiedsabend, war ergreifend. Es ist ein alter Brauch, dass sich am letzten Tag auf der Wiesn der Festwirt bühnenreif mit einer Schlussszene verabschiedet. Der Hermann Haberl drüben im *Ochsen* bläst auf der Trompete, der Willy Heide rührt noch mal ein Schlagzeugsolo. Jeder Wirt hat seine eigene Art, sich bei seinen Gästen zu verabschieden. Er bedankt sich bei seinen Mitarbeitern, bei der Kapelle, auch beim Herrgott oben, dass alles friedlich über die Bühne gegangen ist.

Ich wollte an diesem Tag gar nichts veranstalten. Ich sagte, ich sehe es nüchtern, und je unauffälliger wir bleiben, desto besser ist es für alle. Keine große Szene. Aber nun gut, die Musiker wollten das so haben, meine Stammgäste wollten das, mein Personal wollte das – einen feierlichen Abschied.

Wir, meine Frau, meine Kinder und ich sitzen inmitten unserer Stammgäste in der Wirtsboxe. Der Kapellmeister Adolf Beham setzt an und bläst das Trompeten-Solo aus dem Film *Verdammt in alle Ewigkeit*. Alle um mich herum beginnen zu weinen. Die Stammgäste, die Bedienungen, Gitta, es haben alle geweint. Es war, als wäre ich gestorben. Aber ich war ja noch da.

„*Ned woana, ned woana*", hab' ich gesagt.

„*I leb' ja noch.*"

Richard war sehr verschlossen, er schirmte sich ab. Man kam ganz schlecht an ihn ran. Er ist der Richard. Er lässt nicht in sich hineinschauen. Er macht das mit sich selber aus. Auch wenn ich ihn gefragt habe, was empfindest Du denn jetzt?

Ein Jahr danach waren wir wieder auf der Wiesn. Wir beide sind alleine über die Wiesn gegangen. Und dann habe ich gesagt:

„Was empfindest du denn jetzt?"

Ich habe ihn so richtig geschüttelt und habe gerufen:

„Lass es doch einmal raus!"

Er hat nichts gesagt. Er hat gesagt, er sei in Ordnung, und es gehe ihm gut.

Ich darf in unserer Geschichte fortfahren: Zehn Monate nach diesem Trompetensolo *Verdammt in alle Ewigkeit* befreite mich der Münchner Amtsrichter Helmut Mebs vom Vorwurf des Schankbetrugs. Er folgte mir und den Aussagen meiner Mitarbeiter: Aus dem Fass des Anstoßes sei auch Bier für Radler-Maßen gezapft worden. Freispruch!

Im Vorfeld dieses Prozesses erlebte ich noch einmal die Methoden der Gegenseite. Sie erinnern sich an den Film, den vom Balkon aus der Kassier von der Schänke und seiner späteren Braut gedreht hat? Dieser Film wurde von der Staatsanwaltschaft angezweifelt: Er wäre eine Konstruktion. Den hätte ich möglicherweise bei der Bavaria in Geiselgasteig gedreht. Selbst inszeniert! Die Wohnung des Kassier wurde durchsucht, die Kamera beschlagnahmt und man behauptete allen Ernstes, die Kamera sei 1983 noch nicht auf dem Markt gewesen. Es half nichts, alles klärte sich auf – und zu meinen Gunsten. Freispruch.

IM NAMEN DES VOLKES

URTEIL

Des Amtsgerichts München

„In der Bußgeldsache gegen Süßmeier, Richard ... wegen Zuwiderhandlung gegen das Gaststättengesetz:

Der Betroffene Richard Süßmeier wird freigesprochen."

Ich war zu erschöpft, mich zu freuen.

Das Kreisverwaltungsreferat ging in die Knie. In der **Rathaus-Umschau** vom 15.7.1985 erschien eine Mitteilung zu meinem Fall:

> *„Sollte Herr Süßmeier im Bußgeldverfahren*
> *rechtskräftig freigesprochen werden, verpflich-*
> *tet sich die Beklagte, in der „folgenden Ausgabe*
> *der Rathaus-Umschau folgende Erklärung an*
> *auffälliger Stelle abdrucken zu lassen:*
> *„Gegen Herrn Süßmeier war der Vorwurf*
> *erhoben worden, in seinem Festzelt seien beim*
> *Oktoberfest 1984 aus einem 152 Liter-Fass*
> *198 Maß Bier ausgeschenkt worden. Nach den*
> *gerichtlichen Feststellungen im Bußgeld-*
> *verfahren kann dieser Vorwurf nicht aufrecht*
> *erhalten bleiben."*
> *Ohne dazu verpflichtet zu sein, erfüllt die*
> *Stadtverwaltung dieses Zugeständnis schon*
> *jetzt."*

Am folgenden Tag plakatierte die *Münchner Abendzeitung* ihre Verkaufsstände mit Riesen-Lettern:

> *„Bierwunder-Prozess gegen Süßmeier.*
> *Gauweiler hat widerrufen."*

Der liebe AZ-Leser erfuhr.

> *„Im Bierwunder-Prozess ... hagelte es ...*
> *für den Kreisverwaltungsreferenten Peter*
> *Gauweiler und seine Mannen richterliche*
> *Watsch'n."*

Das Verfahren wegen illegal Beschäftigter endete später mit einer freiwilligen Geldbuße von 100 000 Mark.

Ein Triumph für mich. Ein schaler Triumph. Mein Zelt hatte ich verloren – für immer.

Als ich mich 1989 – unterstützt von der Hacker-Brauerei – um das *Hackerzelt* bewarb, stimmten die Fraktionen von SPD und CSU geschlossen gegen mich.

Damit war mir klar:

Auch die Wiesn war für mich verloren. Für immer.

Zweiunddreißigstes Kapitel:

Keine Krapfen mehr

Lerne leiden ohne zu klagen, hatte mein Vater auf die Rück-
seite eines Porträtfotos meiner Mutter geschrieben. Nach
meiner Vertreibung von der Wiesn konzentrierte ich mich
mit Gitta ganz auf mein *Forsthaus Wörnbrunn* und auf
mein Hotel, bescheidener gesagt: auf die 17 Zimmer im ersten Stock. Der Herr Ministerpräsident Franz Josef Strauß
war bald schon mein Gast in *Wörnbrunn*, ich sah ihn gern
und traf ihn oft auch bei anderen Gelegenheiten. Beim Besuch der Berufsschule für das Gaststättengewerbe band er
sich eine Küchenschürze um, setzte sich eine Kochmütze auf
und ließ sich mit mir und einem Kochlöffel in der Hand fotografieren. Im Dezember 1985 bekam ich einen Brief von
ihm des Inhalts, dass er sich bis zuletzt für einen Kompromiss und mein „Verbleiben auf dem Oktoberfest" eingesetzt
habe. Herr Dr. Gauweiler habe sich an diesem von ihm ge-
wünschten Kompromiss nicht mehr gebunden gefühlt – wegen des Ermittlungsverfahrens. Der Brief endete mit einem
Trostpflasterl für mich:

> *„Ich bin mit Ihnen auch der Meinung, dass*
> *künftig Äußerungen unterbleiben sollten, die*
> *als Angriff auf Ihren guten Ruf oder als Vor-*
> *verurteilung verstanden oder missverstanden*
> *werden könnten. Mit freundlichen Grüßen*
> *Ihr FJ Strauß."*

Bei einem späteren Besuch fragte er:

> *„Seid's Euch jetzt wieder einig?"*

Ich antwortete:

„Naa, Herr Ministerpräsident, des kenna S'
von mir ned verlanga."

Sein Kommen hatten wir in erster Linie seinem „General-quartiermeister", wie ich Karli Dersch scherzhaft titulierte, zu verdanken. Obgleich Niederlassungsleiter von Mercedes, ließ Karli Dersch es sich nicht nehmen, FJS persönlich zu chauffieren, auch zu mir nach *Wörnbrunn.* Er kündigte sich selber und seine hohe Begleitung mitsamt der löblichen Absicht, bei uns speisen zu wollen, immer telefonisch an:

„Sei so nett und reservier' uns den Tisch, an
dem wir immer sitzen; wir kommen in einer
halben Stunde."

Der Tisch, den der Herr Ministerpräsident bevorzugte, steht in der Alten Stube hinter einer kleinen Garderobenwand. Die Plätze sind kaum einsehbar; Franz Josef Strauß konnte daher in Ruhe und ungestört sein Essen einnehmen. Das war verständlich, und wir unternahmen jedes Mal alles, um den Tisch – falls er besetzt war – freizubekommen, und jedermann hatte ein Einsehen.

Jedermann?

Wieder einmal kündigte Karli Dersch seinen Chef und sich selber an und bat um diesen Tisch.

„Wird erledigt", sage ich großspurig, ohne
zu ahnen, ob sich das bewerkstelligen lässt –
wie sonst auch.

Ich gehe an den besagten Tisch, der von einer Gesellschaft besetzt ist, die anscheinend etwas feiert, ich gehe hin und sage:

„Sie entschuldigen Sie vielmals, grad bin i an-
gerufen worden, der Herr Ministerpräsident
ist unterwegs zu uns. Das macht er sonst
nicht, dass er sich so kurzfristig anmeldet.
Jetzt muss ich Sie bitten, ob ich Sie nicht wo-
anders platzieren darf, weil das eigentlich sein
Tisch ist. Ich habe für Sie einen gleichwertigen
Tisch vorbereiten lassen und würde Sie sehr

herzlich bitten, auf diese Plätze umzuwech-
seln."

Keine Reaktion.

Eine ältere Dame in der Runde meldet sich in spitzem Ton zu Wort:

„Für wen, sagen Sie, sollen wir da aufstehen?"

Ich wiederhole:

„Für unseren Ministerpräsidenten."

Die Frau:

„Für Herrn Strauß?"

Ich wiederhole meine Bitte erneut.

„Für den Herrn Ministerpräsidenten
Franz Josef Strauß."

Darauf die Frau:

„Für'n Strauß steh ich ned auf."

Basta. Ich musste einsehen, hier war nichts mehr zu machen. Jetzt war Eile geboten. Bevor ich mich umsah, stand Strauß schon unter der Türe. Freundliche Begrüßung.

Karli Dersch:

„Ist unser Tisch frei?"

Nach dem Motto: „Wenn die Not am größten, ist die Lüge am nächsten", flunkere ich ihm vor:

„Naa, no ned, stell dir vor, grad wollt' ich
die Leut' umsetzen, da hat man ihnen das
Essen serviert. Jetzt hab' ich schlecht sagen
können, nehmen S' Eahnan Schweinsbraten
in d' Hand und gengan S' auf an ander'n
Tisch. Ich hab' g'hofft, ihr kommts a bissl
später, und dann hätt's scho funktioniert.
Setzt euch halt solang auf den Tisch da im
Eck, der geht doch auch zur Not."

Karli Dersch schaute Strauß an, Strauß nickte. Er war hungrig und daher offensichtlich mit allem einverstanden.

Wir bemühten uns natürlich an diesem Abend ganz besonders um unseren hohen Gast, und so vergaß Strauß schließlich ganz, dass er nicht an seinem gewohnten Tisch saß.

Einem alten Stammgast schilderte ich später den Vorfall. Seine Meinung dazu:

„Des hätt's früher ned geb'n. Des hamma jetzt
von unserer Demokratie."

Thomas Wimmer hätte hinzugefügt:

„So weit geht die Demokratie nicht, das jeder
doa ko, was er mag."

Ein anderes Mal, nachdem der Gedenkbrunnen für Marianne Strauß eingeweiht worden war, wurde für 20, 25 Leute ein Raum bestellt: Der Herr Ministerpräsident wolle anschließend etwas essen. Wir haben ihm das Stüberl reserviert, und dann kommt ein Anruf:

„Wenn die Sonne scheint, möchte der Herr
Ministerpräsident draußen sitzen. Und die
eine Hälfte der Gesellschaft will Plätze in
der Sonne haben, die andere Hälfte Plätze
im Schatten."

Antworte ich:

„Das kann ich natürlich nicht für die ganze
Zeit garantieren, denn die Sonne hält sich
nicht an unsere Vorschriften."

Also gut: Wir geben das Stüberl frei für die Gäste und decken auf im Garten. Jetzt kommt der Herr Ministerpräsident, er setzt sich hin, die Sonne scheint, und auf einmal sagt er:

„Da ziagt's."

Da war natürlich nichts zu machen. Dem Herrn Ministerpräsidenten zog es, und folglich wollte seine Begleitung hinein in das Stüberl, in dem aber schon Leute saßen. Diese waren in diesem Falle sehr verständnisvoll und haben das Stüberl frei gemacht.

Ich hatte auch stets Aug' und Ohr für die oft bizarren Dialoge meiner Gäste.

Es ist bayerischer Brauch, in einem Wirtshaus nicht lange zu warten, bis ein Tisch frei wird, sondern man fragt:

„Is recht?" und setzt sich zu den Gästen dazu.

So beobachtete ich einmal:

Ein Ehepaar sitzt im Forsthaus an einem Tisch im Garten. Er liest Zeitung, sie studiert die Speisekarte.

Eine ältere Frau setzt sich hinzu und wird Zeuge der Unterhaltung der beiden. Sagt die Frau:

> *„Also, da steht soviel drob'n, dass i gar ned weiß, was ich b'stell'n soll."*

Er (hinter der Zeitung) knurrt:

> *„Du weißt doch nie, was d' willst."*

Nach einiger Zeit murrt sie:

> *„Also, alles was recht ist, da geh'n wir alle heiligen Zeiten amal aus, und dann musst du Zeitung lesen."*

Knurrt der Mann:

> *„Des is mir aa lieber als deinen Schmarrn anzuhör'n."*

In diesem Stil geht die Unterhaltung weiter.

Die ältere Frau steht genervt auf, beugt sich hinab zu der Frau:

> *„Sag'n S' amal, is des Eahna Mo?"*

Darauf die Frau erbost:

> *„Was erlauben Sie sich! Moana S', mit am solchan hätt' i a Verhältnis?"*

So durchschritt ich die Gaststuben, spielte in TV- und Kinofilmen mit als Großwesir, Volkssänger oder Wirt, gab den Bürgermeister in Michael Verhoevens *„Das schreckliche Mädchen"*, und alles ging seinen Gang. Schien seinen Gang zu gehen.

Vielleicht hat auch der Verlust der Wiesn mit dazu beigetragen, dass meine Frau und ich uns trennten. Ja, Gitta und ich, wir haben uns 1987 scheiden lassen. Die verlorene Wiesn – ich muss das wiederholen – war nicht spurlos an mir und meiner Frau vorbeigegangen. Fast genauso oft wie ich – 27 mal – war ich Festwirt und Gitta die Festwirtin, eine begeisterte und begeisternde Festwirtin. Sie kümmerte sich um die vielen Stammgäste, dirigierte jeden Abend mehrmals mit Schwung die Kapelle, pfiff zum Schlittschuh-Walzer durch ihre Finger – und alle im Zelt pfiffen hingerissen mit. Ich denke, der Verlust der Wiesn ging meiner Frau nicht weniger zu Herzen als mir.

Für mich war das Oktoberfest nicht nur Gaudi und Spaß. Die Wiesn war auch ein gutes Geschäft, und der Gewinn floss jedes Jahr nach *Wörnbunn*, um Schulden zu tilgen. Schulden, die ich nicht hätte machen können – ohne Wiesn.

Gitta sitzt neben mir: Wir wollen uns gemeinsam erinnern.

Wir hatten von Anfang an in unserer Ehe getrennte Bereiche. Die Erziehung der Kinder war meine Sache. Richard hat sich da nicht eingemischt. Wenn es mal Probleme gab, dann habe ich schon mit ihm gesprochen, und wir haben das gemeinsam gelöst. Ich habe mich auch nie beschwert. Wenn ich mir zum Beispiel mal gewünscht habe, dass wir richtig in Urlaub fahren, dann ist Richard mir ausgewichen. So kam es, dass wir nur zweimal auf Urlaubsreise gingen ... einmal nach Jesolo und einmal nach Inzell.

Du hast Recht, so war es. Es ging halt zeitlich nicht anders.

Als die Kinder 18 waren, sagte ich zu ihnen:

„So, ihr seid jetzt erwachsen."

Sie sind ja dann auch bald ausgezogen, und ich wollte wieder arbeiten. Womit nicht gesagt sein soll, dass Kindererziehung keine Arbeit ist. Ich half im Spöckmeier *im Büro und mittags am Büffet. Ob das so furchtbar wichtig war, weiß ich nicht, aber immerhin, ich habe es gemacht. Auf der Wiesn übernahm ich jede Art von Aufgaben, das hat Richard schon erzählt, und dann kam ja* Wörnbrunn, *und da war ich von Anfang an mit dabei. Das fand ich also sehr, sehr schön. Leider hat man sich dann irgendwann einmal auseinandergelebt.*

Das ist ja nicht so ungewöhnlich. Wir waren 25 Jahre beieinander. Wir hatten unsere getrennten Bereiche. Der

Richard hat mir auch nie in meinen Bereich hineingeredet. Wir haben auch nie gestritten ... das kann man mit ihm nicht, und das kann man mit mir nicht.

Ja, wir haben uns auseinandergelebt. Ich wollte schließlich mein eigenes Leben leben. Ich bin gegangen.

Dass mir das nicht Recht war, das können Sie mir schon glauben. Aber ich habe das respektiert. Ich hatte das Gefühl, dass ich nicht noch mal von vorne anfangen konnte, mit Krapfen oder mit Blumen oder mit Blasmusik. Ich spürte, da waren Blumen und auch selbstgebackene Krapfen verloren.

Ja, mehr ist nicht zu sagen.

Nein, mehr ist da nicht zu sagen. Alles, was man sagt, muss wahr sein, aber man muss nicht alles sagen, was wahr ist.

Dreiunddreißigstes Kapitel:

Wörnbrunn brennt

Die Nacht, die das *Forsthaus Wörnbrunn* fast ganz ruinierte, war eine laue Sommernacht 1991, die Nacht auf Montag, den 25. Juni. Ich wohnte inzwischen in Grünwald – allein. Ich war zuhause und habe einen gesunden Schlaf. Ich nahm dieses scharfe Gewitter nur ganz kurz wahr und bin dann wieder eingeschlafen. Der Sonntagsstammtisch war erst um Mitternacht auseinander gegangen; von einem Gewitter war zu diesem Zeitpunkt noch nichts zu ahnen. Ich bin, wie gesagt, nur einmal kurz aufgewacht, weil es wahrscheinlich ganz in der Nähe eingeschlagen hat. Es schepperte fürchterlich; ich schlief wieder ein.

Dann ging das Telefon, ich weiß nicht, wie lange es schon geläutet hatte. Die Polizei: „Bei Ihnen im Forsthaus brennt es."

Die Grünwalder Feuerwehr mit ihren Löschfahrzeugen war schon eingetroffen. Der Dachstuhl im Mitteltrakt brannte lichterloh, ich hatte keine Hoffnung mehr. Das ist verloren, da ist nichts mehr zu machen. Meine wichtigste Frage war:

„Ist jemand verletzt?

Ist jemand ums Leben gekommen?"

„Nein, es gibt nur Verletzte."

Zwei Kinder habe man schon ins Krankenhaus gebracht, sie hatten sich die Fersenbeine gebrochen, als sie in Panik aus dem Fenster gesprungen waren.

Inzwischen waren die Feuerwehren aus der ganzen Umgebung angerückt, aus Baierbrunn, Oberhaching und Unterhaching, von überall her. Die Münchner Feuerwehr fand gar keinen Platz mehr, wartete im Wald. Der Kommandant, der den Einsatz leitete, klärte mich über die Löscharbeiten auf:

„Wir versuchen, den Brandherd einzugrenzen."

Das Feuer war in der Früh um drei Uhr ausgebrochen. Im Forsthaus übernachteten nur die Hotelgäste. Das Personal schlief in einem Anbau hinter dem Haus, bekam am Anfang vom Brand nichts mit.

Unter Lebensgefahr stiegen die Männer auf ihren Leitern hinauf und schlugen eine Schneise, damit die Flammen nicht auf den Rest des Hauses übergriffen. Und vor allen Dingen nicht übergreifen auf die Nachbarschaft, auf die Pferdeställe, auf das Heu, auf das Stroh, auf die Pferde.

Nachdem das Dach mehr oder weniger gelöscht war, durchsuchten die Feuerwehrleute das Haus und fanden den Toten.

Es war unser kanadischer Gast.

Er war nicht am Rauch, sondern an den Gasen, die sich aus schmelzenden Kunststoffmassen entwickelt haben, erstickt. Er lag oben im Gang.

Seine Tochter erzählte später, dass ihr Vater schon von Kindesbeinen an Angst vor Gewitter hatte. An diesem Abend hatte er sich samt Gewand ins Bett gelegt, war also bis auf die Schuhe völlig angekleidet. Er ist also nicht etwa im Nachthemd von dem Unwetter überrascht worden. Man rekonstruierte, dass er im fensterlosen Hotelgang unter einen Tisch gekrochen war, um eine Art Höhle um sich zu haben. Dort sah er die Blitze nicht, die ihm Angst machten, hörte nur den Donner.

Weiter rekonstruierte man: Das Feuer war am Hotelempfang entstanden – durch eine Überhitzung der Telefonkabel. Ein Blitz, der in unmittelbarer Nähe des Forsthauses einschlug, hatte eine Überspannung hervorgerufen. Diese Überspannung verschmorte die Telefonkabel und löste den Brand aus. Durch die giftigen Gase, die sich aus den brennenden Kunststoffen am Empfang entwickelten, ist unser am Boden unter dem Tisch liegender Gast ums Leben gekommen.

„*Süßmeier: Forsthaus abgebrannt ... 1 Toter.*"
„*Brand in* Wörnbrunn ... *Süßmeier wird vom Unheil verfolgt.*"

So titelten die Boulevard-Zeitungen.

Es war ein großer Schock. Nichts Schlimmeres kann einem Wirt passieren, als wenn ein Gast zu Schaden kommt. Mein Gott, ich war wie betäubt. Am liebsten hätte ich gesagt, das stimmt nicht. Das ist ein böser Traum. Aber dieser Traum war Wirklichkeit. Ich hatte das ja während des Krieges ein paar Mal erlebt, dass unser Wirtshaus, unsere Wohnung ein Trümmerhaufen war. Ich hatte diese Bilder in meinem Kopf, und in meiner Nase hatte ich den Geruch von Schutt und Asche.

Von unserem hoch geschätzten Nachkriegs-Oberbürgermeister Thomas Wimmer ist der Ausspruch überliefert: Rama damma. Auf hochdeutsch: Wir räumen jetzt auf, räumen Schutt und Trümmer weg. Ich ließ von einer Zeltfirma in Augsburg Planen bringen, um die Dachstuhlruine abzudecken, ließ ein Gerüst aufstellen, die verrußte Hauswand streichen. Stammgäste von uns reinigten die Küche und das ganze Geschirr. Die elektrischen Geräte, die Kaffeemaschinen, die Registrierkassen waren nicht mehr zu gebrauchen.

13 Jahre lang zogen sich die Auseinandersetzungen mit der kanadischen Familie hin. In der Hauptsache ging es darum, nach welchem Recht die Schadensersatzansprüche bewertet werden sollten, nach kanadischem Recht oder deutschem Recht. Meine Versicherung hat letztendlich mit den Angehörigen des toten Kanadiers einen Vergleich geschlossen.

Mein Hauptbestreben nach dem Brand war in erster Linie, den Betrieb so schnell wie möglich wieder aufzubauen. Das gelang mir: Wir haben nach fünf Tagen bereits wieder aufgemacht – allerdings nur den Stadl. Viele Leute kamen aus Neugierde, sie waren dann enttäuscht, weil sie, den Pressemeldungen folgend, glaubten, das Forsthaus sei total bis auf die Grundmauern abgebrannt, sie murrten:

> *„Ja so was! Jetzt sind wir extra rausgefahren,*
> *und da sieht man ja nichts."*

Es ist mir gelungen, schon bald die größten Brandwunden zuzudecken, das Haus wieder in den alten Zustand zu versetzen, und ich hoffte auf großen Zuspruch. Das Gegenteil war der Fall: Viele Stammkunden blieben fern aus einer gewissen Scheu heraus. Sie sagten sich:

> *„Lassen wir ihn in Ruhe."*

Es hat eine Zeit gedauert, bis wir wieder völlig oben auf waren. Ich habe den neuen Dachstuhl eingeweiht, den Glockenturm, die Fassade – alles nacheinander. Ich habe die Feuerwehr eingeladen, die Presse. Mit dem Erfolg, dass immer wieder die Fotos gezeigt wurden, die nach der Brandkatastrophe veröffentlicht worden waren. Aber genau die Bilder einer rauchgeschwärzten Ruine wollte ich ja aus den Köpfen herausbringen!

Das Hotel haben wir nicht wieder eröffnet. Es gab früher schon Probleme wegen des Lärms, weil sich manche Veranstaltungen bis in die Morgenstunden hinzogen, und die Gäste sich beschwerten. Einige von ihnen kamen am anderen Morgen und verlangten ihre Rechnung mit den Worten:

> *„Wir bezahlen das Frühstück, selbstverständ-*
> *lich. Aber für die Übernachtung zahlen*
> *wir nichts. Wir haben kein Auge zugetan."*

Ich überlegte mit meinen Kindern Barbara und Michael, inzwischen 29 und 28 Jahre alt, ob es nicht sinnvoller wäre, im ersten Stock Tagungsräume einzurichten. So geschah es, wir haben die Tagungsräume auch vermieten können. Aber nun fragten die Gäste:

> *„Haben Sie auch Zimmer dabei?"*

Nein, wir hatten ja kein Hotel mehr. Wir hatten uns unser zweites Standbein selber abgeschnitten.

Vierunddreißigstes Kapitel:

Was bleibt

Die Scheidung 1987, in der Folge davon eine Vermögensaufteilung und vor allem der Brand 1991 verdüsterten die Aussichten, meine Schulden jemals tilgen zu können. Ich hatte – wie bereits erzählt – das *Forsthaus Wörnbrunn* damals nur kaufen können, weil ich mir bei der Bank sehr viel Geld geliehen hatte, und 1983 für den Umbau lieh ich mir wiederum einen Batzen Geld. Der Umbau verschlang mehr als veranschlagt: Mein Forsthaus war – so gesehen – ein Bankhaus, weil es mindestens zur Hälfte der Bank gehörte.

Ich sprach mit Münchens berühmtesten Baulöwen, dem alten Herrn Josef Schörghuber, dem „Tycoon" der Paulaner Brauerei. Ich schlug ihm vor, gemeinsam im Nachbarhaus ein größeres Hotel zu realisieren. Josef Schörghuber ließ beiläufig erkennen, dass er das Forsthaus gerne ganz übernehmen würde. Ich ließ durchblicken, dass ich mit ihm sehr gerne zusammenarbeiten würde, dachte mir dabei:

Eigentlich ist es egal, ob *Wörnbrunn* jetzt zur Hälfte der Bank oder ganz dem Herrn Schörghuber gehört.

Als ich dann merkte, dass mich die Summe, die zur Debatte stand, von meinen Schulden befreien würde und ich damit auch meine Scheidung verkraften konnte, sagte ich zu. Es war wirklich sinnvoller, sich zu trennen – auch um meine Kinder später nicht vor einem Schuldenberg stehen zu lassen. Herr Schörghuber war ein sehr honoriger Partner in diesen Gesprächen und ein sehr klar denkender Mann – kein Erbsenzähler. Und da ich ihm versprach, in *Wörnbrunn* weiter als sein Pächter zu wirken, entschloss er sich zum Kauf.

Ich verkaufte *Wörnbunn* 1995, gab es endgültig 1996 ab, ein Jahr nach meinem 65. Geburtstag. Diesen 65. haben wir noch groß gefeiert: Mit meinen Kollegen Willy Heide, Wiggerl Hagn, Manfred Vollmer, Toni Roiderer, mit Margot und Günter Steinberg, mit den Ex-*Hippodrom*-Wirten Toni und Marianne Weinfurtner. Mit Artur Fichtel, Josef Gassner, Bernhard Hoffmann, Richard Schandner. Mit Peter Pongratz und Arabella Schörghuber und mit der Grünwalder Prominenz.

Ich hing an der Wand – gemalt von Eleonore Berchtold.

Paulaner-Vorstand Dr. Peter Kreuzpaintner übergab mir eine Karikatur von Dieter Hanitzsch, der mich als Märchen-König inthronisierte. Der Gratulationsreigen meiner Freunde und Stammgäste: Erni Singerl, Natascha Ochsenknecht, Franz Gundacker, der „Alte" Rolf Schimpf und Filmarchitekt und Oskar-Preisträger Rolf Zehetbauer. Ernst von Khuon, Karl Dersch, Peter Feldmeier, Hilde Ott, Thomas Wendlinger und Hans Schiefele – um nur einige zu nennen.

Der Grünwalder Bürgermeister Hubertus Lindner schenkte mir eine grüne Trambahn „mit Aussicht auf eigenen Gleisanschluss", Fotograf Heinz Gebhardt ein Foto, das mich schon in der Ruhmeshalle zeigt. Von der Presse begrüßte ich Gerhard Merk (*AZ*), Helmut Stegmann (*tz*), vom *Bayerischen Rundfunk* Michael Stiegler und vom *Bayerischen Fernsehen* Anne-Marie Sprotte und Wolf Feller.

Der Herr Ministerpräsident a. D. Max Streibl sandte mir einen Brief:

> *„Unter den vielen schmeichelhaften Beinamen,*
> *die Ihnen verliehen worden sind, trifft der*
> *Wiesn-Napoleon besonders: ... auch, weil Sie*
> *das seltene Talent besitzen, jeden Raum mit-*
> *tels Ihrer Präsens zu zentrieren."*

Meine Tochter Barbara überreichte mir ein selbstgemaltes Bild, eine Fantasie in Grün, mein Sohn Michael einen Ruhestandssessel in Goldbrokat. Andreas Geitl kochte ein

Meister-Menü: eine Kürbis-Supp'n mit g'röste Körndl und zweierlei vom Ochs. Einige Tage zuvor war es in denselben Räumen ebenfalls hoch hergegangen – beim Geburtstagsfest des Bestattungsunternehmers Karl Denk. Er hatte mir schon früher ein kostenloses Begräbnis versprochen – aber soweit war es noch nicht.

Ein Jahr später, 1996, überlegten meine Kinder: Veranstalte ich ein großartiges Abschiedsfest oder nicht? Ich habe es dann sein lassen. Wir waren alle der Meinung, es sei am vernünftigsten, wenn wir das Geschäft nahtlos weiterlaufen ließen. Der Nachfolger hatte auch kein besonderes Interesse, das Personal ebenfalls nicht, das „Ende der Ära Richard Süßmeier" einzuläuten. Vielleicht feiern wir später miteinander ein Abschieds- und ein Einstandsfest, so hieß es. Aber, wie so oft im Leben, es ist dann doch nichts daraus geworden.

Nein, ich fühlte mich nicht leer oder gar abgestürzt. Ich war noch Gemeinderat in Grünwald. Ich nahm mir Zeit für meine Bücher, mein Archiv. Ich engagierte mich verstärkt bei den *Dorfschreibern*. Die *Dorfschreiber* sind ein Pendant zu den *Turmschreibern*, einer Vereinigung von professionellen Literaten, von Journalisten, von Autoren, ja, auch Regisseuren wie zum Beispiel Kurt Wilhelm.

Die *Dorfschreiber* nennen sich so, weil sie ursprünglich aus einer Dorfgegend kommen, aus Wolfratshausen, Beuerberg, Schliersee, Kreuth und Hartpenning, wo Barbara Haltmair und Egon Schäffner sie erstmals als „Dichterwerkstatt" aus der Taufe hoben. Die Dichter – wie Hans Sollacher, Hans Lautenbacher, Rosi Heindel, Dr. Peter Hollmann – trugen ihre Texte anfangs im Bekanntenkreis vor, sie erzählten und erzählen humorvoll von den kleinen alltäglichen Dingen des Lebens. Sie traten auch in *Wörnbrunn* auf, der *Bayerische Rundfunk* übertrug die Veranstaltungen, dadurch sind sie bekannt geworden. Ihr Organisator, der Edi Wutzer, von Beruf Bahnhofsvorstand im

Münchner Hauptbahnhof, forderte mich schließlich auf mitzumachen, und so wurde ich Gastleser.

Edi Wutzer, das sei noch nachgetragen, fragte mich humorvoll zu meinem 65. Geburtstag, was er mir schenken könnte:

Was schenkt man oa'm, den's recht gut kennst,
den lange Zeit schon Richard nennst.

Was schenkt man oa'm, der pumperlgesund
Mit'm Gwicht z'frieden ist mit jedem Pfund?
der sich Humor und Witz bewahrt
und auch noch freundlich Radl fahrt?

Was schenkt man oa'm, der schon Jahrzehnt
am Boden steht wie ein Monument –
und trotz so manchem Schicksalsschlag
allweil noch freundlich lachen mag.

Was schenkt man oa'm, dem's Weibergewand
wie die Uniform gut stand?

Was schenkt man einem solchen Mo,
was er vielleicht noch brauchen ko?

Ganz anders als mit de' Präsent'
Ist's mit de' Wünsch, die san im Trend.
Das fangt mit der Gesundheit o,
die wünschen wir dir gleich engros
von Kopf bis Fuß, außen und innen,
und dass die Säfte fleißig rinnen.

Wir wünschen dir ein langes Leben,
und a geschickte Hand daneben.
Und wenn's ärgern dich recht umeinand,
dann wünschen wir dir einen Ruhestand

einen solchen wunderbaren süßen,
dass sich die andern ärgern müssen.

Was schenkt man oa'm, der Richard heißt,
für den partout i kein Geschenk net weiß?
I schenk ihm unveröffentlicht,
i schenk ihm – dies Gedicht.

Ich bin sofort ans Podium und habe geantwortet:
    „Es is immer das Gleiche. Jeder fragt,
    was soll man eam bloß schenka?
    Und koaner fragt mi!"

Ich habe mich sehr schnell eingelebt in meinen Ruhestand, wenn man ihn so nennen mag. Ich gehe gerne unter Leute, nach wie vor. Ich bin ich fast jede Woche mit meinen Kindern und den Kindeskindern beieinander. Ich trete anlässlich des Maximator-Anstichs als Festredner auf beim *Symposium Bavaricum*, das Professor Dr. Wolfgang Pförringer ins Leben rief, *Augustiner*-Legende Ferdinand Schmid präsidiert und zu dem Dr. Jannik Inselkammer ins *Augustiner* einlädt. Ich lese als Bruder Barnabas beim Salvator-Anstich im *Kurhotel Luitpold* in Bad Wörishofen den Kurgästen die Leviten, gebe auch gern für Hermann Haberl am *Chinesischen Turm* den Nikolaus, spiele bei den „Freunden Grünwalds" Theater, trete als Soubrette in Karl Valentins „Orchesterprobe" auf.

Und dann sind ja auch noch die Stammtische, die sich oft schon vor vielen Jahren zusammengefunden haben.

Ein Stammtisch trifft sich jeden Mittwoch in Straßlach in der *Gaststätte Wildpark* beim Toni Roiderer, dem jetzigen Wiesnwirte-Sprecher. Ein anderer Stammtisch rekrutiert sich in der *Gaststätte Großmarkthalle* aus ehemaligen Mitarbeitern des *Bayerischen Hotel- und Gaststättenverbandes*: Rechtsanwalt Josef G. Rösch, seinerzeit Hauptgeschäftsführer, Erich Ergenzinger, ehemals Pressesprecher, Hans Heinrich Klarner, Unternehmensberater im Verband,

Baron Wolf von Sternburg, einst Prokurist bei den *Hoff-mannschen Gaststätten*.

Aus einem Aschermittwoch-Essen mit Michael Stiegler bei mir im *Spöckmeier* ging der Stiegler-Stammtisch hervor. Sie erinnern sich: Michael Stiegler, der nach geglücktem Anstich zur Eröffnung der Wiesn den Ruf des Oberbürgermeisters aufnahm:

„O'zapft is!".

Gesellig sind wir miteinand alle vier Wochen im *Braunauer Hof*: der ehemalige Messechef Dr. Werner Marzin mit seiner Frau Gerti, der ehemalige Chefredakteur des *Münchner Stadtanzeigers*, Erich Hartstein mit Frau Mariele, Ex-Sparkassenchef Josef Turiaux mit seiner Frau Maria, und wiederum Josef G. Rösch mit seiner Gabriele und Herr von Sternburg, befreundet mit mir über die *Vereinigung ehemaliger Hotelfachschüler*. Diese treffen sich – die Reichenhaller, Sektion München – einmal im Monat im *Spatenhof*. Michael Stiegler ist nicht mehr unter uns, seine Witwe Sophie präsidiert heute den Stiegler Stammtisch.

Der Stammtisch des *Sparvereins Rote Schnalle* aus den fünfziger Jahren hat, es ist kaum zu glauben, fast 50 Jahre überlebt. Aber wir sind weniger geworden beim *Sedlmayr* in der Westenriederstraße. Die meisten am Tisch sind Witwen, lauter lustige Witwen. Die Püppi, die Ilse, die Ingrid, die Elfie, die Traudl, eine zweite Traudl, zwei Heidis, die Muschi – die Christl Mayer vom *Bundesbahn Hotel*, um die ich mich einst vergeblich bemühte.

Hin und wieder sitze ich auch am Fotografen-Stammtisch im *Weißen Bräuhaus*, beim BR-Kameramann und unübertroffenen Geschichtenerzähler Hans Schrödl, beim Zettler Manfred von der *Bildzeitung*, bei den alten Haudegen Guido Krzikowski und Manfred Roedel.

Etwas ganz Besonderes ist der Bedienungsstammtisch in der *Großmarkthalle*. Einige der Bedienungen in dieser Runde waren nicht nur von Anfang an bei der Wiesn dabei, sondern „stammen" noch aus meinem Leben als Wirt des *Straubinger Hofs*. Zum Teil sind sie noch wirklich gut beieinander. Die eine oder andere, die ist zwar nicht mehr die schnellste. Aber sonst sind alle noch frisch und munter. Die Wörmann Frieda und die Würz Frieda, die Irmi Braun, die Margarete Wittmann, die Gina Moser, die Hilde Brunner, die Betty Baumgartner, meine Büroleiterin Elisabeth Igl und der Biwi. Und die Maria Zürn, die 1952 zu uns in den *Straubinger Hof* kam. Sie weiß noch alle Namen der Gäste von damals, ihre Eigenheiten und ihre Macken.

Ja, wenn ich mich so alles in allem betrachte, dann darf ich den Satz, der schon für Thomas Wimmer galt, übernehmen:

> *„Er ist den Kreisen, aus denen er gekommen*
> *ist, treu geblieben."*

Was bleibt? Ich habe meine Ziele erreicht, Selbstständigkeit, ein eigener Betrieb – das ist mir gut gelungen. Ich habe mit meinen Talenten etwas angefangen. Das *Armbrustschützenzelt* habe ich aus den kleinsten Anfängen heraus zu dem gemacht, was es heute ist, den *Spöckmeier* habe ich in der Kreitmair-Tradition weiter geführt, die *Großmarkthalle* ist heute noch ein Geheimtipp, der *Straubinger Hof* gehört zu Münchens beliebten Gaststätten. Was ich in die Hand nahm, ist mir gut gelungen.

Gern erinnere mich an die Bekanntschaften und Freundschaften, die ich gewonnen habe. Ich muss dem Herrgott dankbar sein, dass er mir bislang ein so langes Leben geschenkt hat. Ich habe gute und tüchtige Kinder und war 25 Jahre glücklich verheiratet: Was will man eigentlich mehr?

Hätte ich einiges anders machen sollen? Die Frage ist, ob dieses „anders" dann besser gewesen wäre. Nun gut, ich würde das eine oder andere riskante Manöver vielleicht sein lassen. Ich liebe das Leben und habe so gelebt, wie ich es mir vorgestellt habe. Ein schönes Leben, weil man mit so vielen Menschen zusammenkommt in den verschiedensten Situationen. Als Gastwirt lernen Sie den Menschen untertags und am Abend kennen, Sie lernen ihn kennen, wenn er in Gesellschaft ist, wenn er alleine dasitzt. Ich lernte die Menschen richig kennen. So ist mein Beruf zutiefst menschlich. Wirt sein heißt einfach Mensch sein. So bin ich aufgewachsen, so habe ich's von meinen Eltern übernommen. Um es noch einmal mit Thomas Wimmer zu sagen:

> *„Die Hauptsache ist, dass der Gast nichts entbehrt, was ihm zur Verstimmung Anlass gibt."*

Oder mit den Worten meiner Mama:

> *„Der Gast muaß z'fried'n sein."*

Was noch zu sagen ist:

Wallners berühmte Weißwurst ist es wert, daran zu erinnern, dass es der Vater vom jetzigen Großmarkthallenwirt Ludwig Wallner, dass es der Heinz Wallner war, der den Ruf der Wallner-Weißwurst begründet hat. Heinz Wallner erlernte sein Handwerk beim Ludwig Hagn sen. im *Rheinhof*, dort also, wo auch ich mir die Grundlagen des Wirtsmetzgerhandwerks aneignen konnte.

Der Michi Stiegler, das Wiesnsprachrohr des *Bayerischen Rundfunks* schlechthin, fehlt mir sehr. Er gehörte zu denen, die meine Versuche, wieder als Wirt auf die Wiesn zurückzukehren, in aller Öffentlichkeit unterstützte. Dr. Peter Kreuzpaintner, vormals Direktor der *Hacker-Pschorr-Brauerei*, dem ich noch heute freundschaftlich verbunden bin, stand ihm hierin nicht nach.

Personenregister

A

Adam, Sepp 205
Angerer, Oskar 63
Auer, Hannelore 177
Auringer, Fritz 231

B

Baader, Kurt 191
Bader, Werner 231
Bardot, Brigitte 183
Baumgärtel, Fred 207
Baumgärtel, Helga 208
Baumgartner, Betty 285
Baudrexel, Josef 82
Bayerle, Albert 177, 180
Bayerle, Alfons 186
von Bayern, Prinz Luitpold
  124, 126
Beham, Adolf 264
Benscher, Fritz 73, 204
Bernbacher, Ingeborg 207
Bernbacher, Josef 207
Berchtold, Eleonore 208
Bichler, Paule 62
Bilek, Franziska 156, 176,
  219-222, 227
Bocuse, Paul 183
Boele, Klaus 247, 253
Bölkow, Erika 207

Bölkow, Ludwig 207
van Bourg, Lou 177
Braun, Irmi 285
Brühl, Heidi 186, 256
Brunner, Hilde 285
Buhrmester, Willi 86f.

C

Callas, Maria 182
Clinton, Bill 226f.
Cocker, Joe 224

D

Darboven, Albert 239
Delonge, Franz-Josef 211
Denk, Karl 281
Dersch, Karl J. 231, 268f.,
  280
Deuringer, Karl 231
Deutsch, Aaron 136, 185
Dietz, Ricarda 139, 235
Distler, Richard 58
Dix, Rudi 73
Dohn, Dagobert 208, 231
Drechsel, Sammy 50

E

Eckart, Werner 189
Eglinger, Poppy 231

Ehard, Hans 184
Eisenmann, Hans 251
Engelhard, Hans A. 230
Ergenzinger, Erich 283
Everding, August 191, 238

F
Feldmeier, Gustl 70
Feldmeier, Peter 280
Feller, Wolf 280
von Ferenczy, Czeba 207
Fichtel, Artur 230, 280
Fingerle, Anton 190
Fischer, Engelbert 57
Frankenhauser, Berti 214
Frederking, Gerd 208
Freisleder, Franz 87, 118
von Frundsberg, Kaspar
    Winzer Georg 88
Fröbe, Gert 68
Fuchs, Guido 91
Fuchsberger, Joachim 218
Füß, Josef 29

G
Ganghofer, Ludwig 171
Gantzer, Peter Paul 213
Gassner, Josef 280
Gauweiler, Peter 157, 211f.,
    215, 231ff., 235, 238f.,
    241f., 247f., 252ff., 259f.,
    266f.
Gebhardt, Heinz 280
Geisel, Carl 166
Geitl, Andreas 218, 225, 281
Glas, Uschi 177

Graeter, Michael 207
Graser, James 231
Greger, Max 224, 252
Greger jun., Max 224
Grimm, Hans 73
Groß, Carl 50
Gruben, Hinni 218
Gundacker, Franz 280

H
Haberl, Hermann 264, 283
Häring, Gustav 251
Hagn, Ludwig 47, 49
Hahn, Alois 171
Halbe, Max 171
Halsey, Brett 186
Haltmair, Barbara 281
Hamburger, Julius 18
Hanika, Sylvia 252
Hanitzsch, Dieter 154, 172,
    206, 252, 280
Hartstein, Erich 284
Hartstein, Mariele 284
Heesters, Johannes 50f.
Heide, Georg 230
Heide, Willy 31, 137, 263f.,
    280
Heiden, Burschi 73, 110,
    119
Heilmannseder, Xaver 54f.,
    93, 103, 133-136, 138f.,
    141, 235
Heimer, Helene 143f.
Heimer, Josef 144
Heindel, Rosi 281
Heino (Kramm, Georg) 177

Herbert, Max 61
Hiebl, Franz 61, 190
Hiebl, Otto 172, 175, 211
ten Hoff, Hein 204
Hoffmann, Bernhard 280
Holenia, Putzi 231
Hollweck, Ludwig 236
Hollmann, Peter 281
Huber, Helmut 159, 214, 263
Hürlimann, Ernst 118
Huhle, Kurt 72, 225
Hundhammer, Alois 177

I
Igl, Elisabeth 285
Inselkammer, Jannik 283

J
Jahn, Friedrich 93, 180
Jauch, Günter 212
Jaumann, Anton 230

K
Käfer, Gerd 219
Kaltstetter, Sigi 203ff.
Kaut, Ellis 172
Kautzner, Leo 138
Keller, Erhard 207, 231
Kessler, Alice 207
Kessler, Ellen 207
von Khuon, Ernst 280
Kiesl, Erich 185, 211
Klarner, Hans Heinrich 215, 230, 232f., 235, 251, 283
Koch, Marianne 177

Koch, Sis 72, 95, 110, 197
Köhnlechner, Manfred 207
Kohl, Helmut 229
Kraus, Peppi 118-123, 126-129, 131, 133
Kraus, Ulla 119f., 126
Kreitmair, Willy 85, 94, 209
Kreuzpaintner, Peter 280
Kriener, Albert 70, 99
Kronawitter, Georg 230, 232f., 235, 254, 259
Krzikowski, Guido 284

L
Lamm, Otto 229
Lang, Theo 41
Lautenbacher, Hans 281
Lehmeyer, Leo 50, 110
Lindner, Alois 190
Lindner, Anni 65
Lindner, Hans Hubertus 280
Lippert, Franz 60
Löwe, Rüdiger 226
Ludwig I 125, 197
Ludwig II 186, 232
Ludwig III 28

M
Marcus, Jürgen 208
Marguth, Frank 208
Marzin, Gerti 284
Marzin, Werner 251, 284
Mayer, Claus 67f., 86
Mayer, Christl 82, 102, 110, 284
Mayer, Horst 67

Mayerhofer, Edgar 103
Mebs, Helmut 265
Merk, Gerhard 280
Moser, Gina 285
Moser, Sepp 164
Müller-Heidenreich, Eckart 173
Mrkva, Rudi 81ff., 85, 87, 90
Murken, Jan 208
Murr, Robby 68

N
Neuhäusler, Anton 14
Noga, Gregor 73

O
Obermeier, Hannes 73
Ochsenknecht, Natascha 280
Öchsle, Karl 203f.
Orwell, George 234
Ott, Hilde 280

P
Peitzner, Evelyn 208
Peitzner, Günter 208
Peter, Robert 247
Pfaff, Wolfgang 61, 63, 68, 72, 74ff., 110, 211, 231
Pförringer, Wolfgang 283
Pfülf, Hans 71, 103
Plapperer, Kurt 182
Polanski, Roman 183f.
Pongratz, Edith 207, 217
Pongratz, Irma 206f.

Pongratz, Peter 155, 207ff., 217ff., 264, 280
Preis, Kurt 171
Pschorr, Walter 101, 104, 110, 113f.

R
Rebroff, Ivan 178f.
Reiber, Caroline 27
Reiß, Schorsch 119, 138, 141ff.
Reiß, Rosa 142f.
Reiter, Rudolf 238
Rettenmeier, Fritz 199, 206, 231
Riedl, Florian 125
Ringseis, Franz 14
Roedel, Manfred 284
Rökk, Marika 182f.
Rösch, Gabriele 284
Rösch, Josef G. 261, 283f.
Rössler, Johann 80f.
Roiderer, Toni 280, 283
Rosemeyer, Bernd 208
Rosemeyer, Michaela 208
Roth, Eugen 171
Ruf, Fritz 159, 263
Rummenigge, Karl-Heinz 207
Rummennige, Martina 207

S
Sachs, Gunter 183
Sänger, Irene 236
Sahm, Walter 231
Salewski, Lilo 36

Sanden, Heini 73
Schaeffer-Kühnemann,
  Antje 207
Schäffner, Egon 281
Schandner, Richard 143,
  280
Schautzer, Max 251
Schedl, Otto 54, 180
Scheel, Walter 118
Schessl, Rudolf 206
Scheublein, Bernhard 98,
  110, 176, 206
Scheibengraber, Rudi 214,
  230, 235
Schiefele, Hans 280
Schimpf, Rolf 280
Schmalz, Peter 213
Schmeller, Andreas 14
Schmid, Ferdinand 139, 283
Schmid, José 82
Schmidt, Günther J. 196f.
Schmidt, Otfried 73
Schneider, Friedrich 206f.
Schneider, Herbert 172
Schönberger, Margit 207
Schörghuber, Arabella 209,
  280
Schörghuber, Josef 209, 279
Schottenhamel, Ariane 208
Schottenhamel, Bobby 58
Schottenhamel, Hans 93
Schottenhamel, Max 61,
  73, 205, 208
Schottenhamel, Michael 172
Schottenhamel, Peter 230
Schreiber, Manfred 177

Schreiber, Schorsch 58
Schröder, Gerhard 123f.
Schwarz, Ludwig 136ff.
Schrödl, Hans 73, 110, 284
Schulz, Eugen 231
Sedlmayr, Helene 197
Sedlmayr, Walter 230, 284
Singerl, Erni 50, 252, 280
Sollacher, Hans 281
Sommer, Sigi 68, 73, 94,
  117ff., 197
Spanier, Julius 18
Spengler, Karl 172
Sperger, Michael 231
Sprotte, Anne-Marie 251,
  280
Stahlmann, Franz 50, 57,
  81, 235
Starringer, Adi 35
Staudinger, Resl 110
Steinbauer, Barbara 123
Steinberg, Günter 208, 230,
  280
Steinberg, Margot 208, 280
Stegmann, Helmut 229, 280
Steidle, Peps 229
Stengel, Paul 73, 229, 231
von Sternburg, Wolf 284
Steyrer, Hans 237f.
Stiegler, Michael 172, 280,
  284
Stiegler, Sophie 284
Stöckl, Rupert 251
Strauß, Franz Josef 123, 158,
  213, 230, 256, 260, 267ff.
Strauß, Marianne 270

Streibl, Max 280
Stresemann, Gustav 225
Strobl, Heinz 207, 211, 214
Ströberl, Martina 124
Stumbeck, Otto 91, 128

T
Tandler, Gerold 261
Thoma, Ludwig 117, 143, 171
Torriani, Vico 177f.
Trenker, Luis 177, 179
Trimborn, Franz 81, 119
Turiaux, Josef 284
Turiaux, Maria 284

V
Valentin, Karl 18f., 50, 67, 96, 171, 229, 283
Verhoeven, Michael 271
Vieracker, Mechtild 27
Vöth, Reinhold 251
Vogel, Hans-Jochen 180, 185f.
Vogel, Hanns 171
Volkhardt, Falk 62, 207f.
Vollmer, Manfred 280

W
Wagner, Richard 72, 127, 195, 201
Waldleitner, Luggi 251
Wallner, Heinz 195
Wallner, Ludwig 165, 195
Wallner, Ludwig („Biwi") 212f., 241-244, 285

Wedekind, Frank 171
Weinfurtner, Marianne 280
Weinfurtner, Toni 230, 280
Weishäupl, Gabriele 239
Weiß, Anton 187
Weiß, Ferdl 67, 166, 189
Weiß, Hans 251
Wendtland, Gehard 204
Wengenmayer, Franze 58f.
Werner, Margot 251
Wheathers, Felicitas 238
Wieczorek-Zeul, Heidi 84
Wilhelm, Kurt 281
Wilhelm II 185f., 225
Wimmer, Thomas 51, 59f., 95, 172, 185, 238, 270, 277, 285f.
Winter, Philippine 142
Witt, Toni 110
Wittmann, Margarete 285
Wörmann, Frieda 285
Wolf , Georg 177
Wook, Fritz 73, 230, 251
Würz, Frieda, 285
Wutzer, Edi 281f.

Z
Zechbauer, Peter 207
Zehetbauer, Rolf 280
Zehetmeier, Winfried 233, 261
Zeiss, Marianne 100
Zettler, Manfred 284
Zürn, Maria 285
Zwerschina, Karl 89

3828840R00175

Printed in Germany
by Amazon Distribution
GmbH, Leipzig